JN056680

武田信玄、遠州侵攻す

一《ひと》言《こと》坂《ざか》の戦い

岡部英一

表紙・挿絵　福田彰宏（鹿角画房）

私は、しばしば歴史の定説とされているものに疑問をなげかけてみる。
一人の技術屋として、もし自分がそこにいたら、どのような生計《くらし》を立て、
どのように考え、行動するかという想像を、なるべく理論的に組み立てるのである。
そこで納得がいかないときは定説とされている歴史のなかに、
きっと何かが不足しているのではないかと思うのだ。

本田宗一郎著　「私の手が語る」　歴史への関心　より

総目次

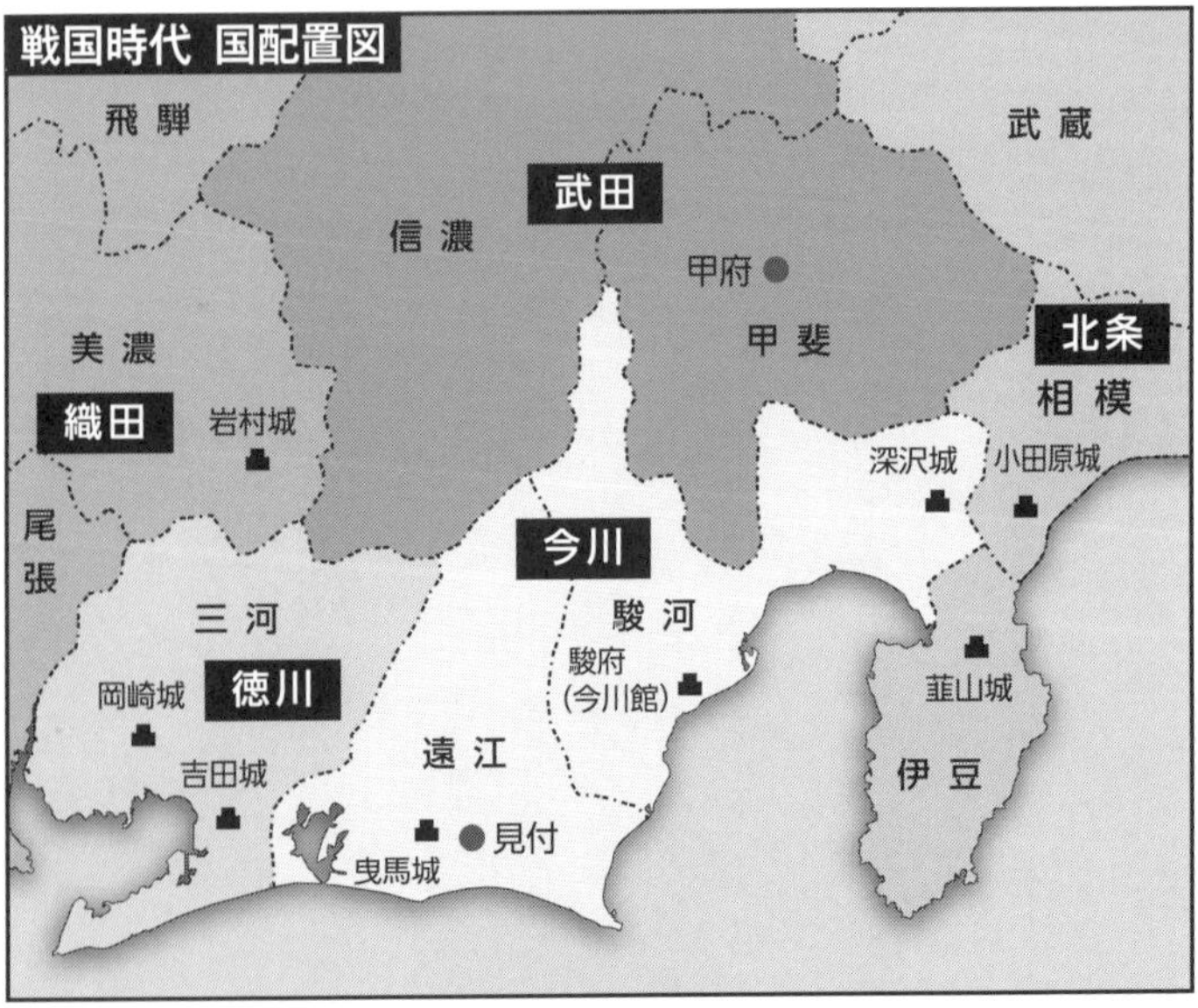

戦国大名配置図

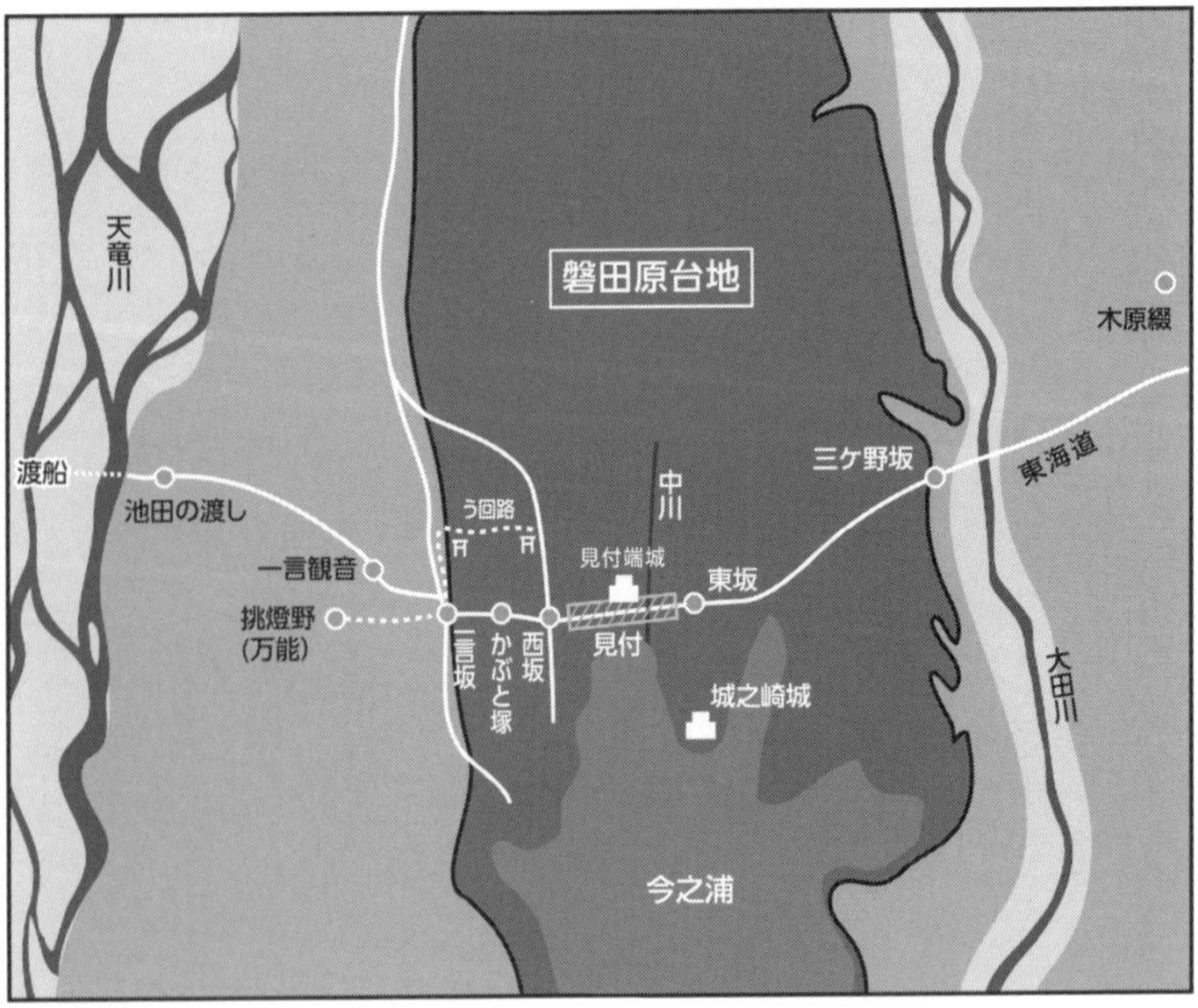

磐田原の戦い史跡配置図

「磐田原の戦い」の史跡は、台地を東西に結ぶ東海道沿い並ぶ

家康、遠江進攻図（永禄11年）

信玄遠州侵攻図 Ⅲ

本書は、信玄本隊・山県・馬場隊が、三方向から遠州へ進攻したと推定

はじめに

いまから四百五十年前の戦国時代。

武田信玄、徳川家康、上杉謙信、北条氏康、織田信長などの有力大名がきら星の如く輝き、覇権を争っていました。その中でも、甲斐国の武田信玄は「風林火山」の旗の下、全国に名を轟かせていました。

永禄三年（一五六〇）五月、尾張国桶狭間で、駿河、遠江、そして三河まで勢力下に置いていた駿河の太守、今川義元が織田信長の奇襲攻撃により討死したことにより、駿河国と遠江国に権力の空白が生まれました。

駿河を狙う甲斐の武田信玄と、それを阻止しようとする相模の北条氏康。今川氏に奪われた三河を奪回し、さらに遠江を手に入れようとする徳川家康。さらには、信玄との決定的な決裂を避けるために、武田と徳川に今川領の分割領有をさせようとする織田信長――。

さまざまな武将の思惑が絡み合った末、信玄と家康が駿河国と遠江国に同時侵攻するのは、義元の死から八年後の永禄十一年（一五六八）十二月のことです。さらに、この侵攻で徳川領となった遠江国に、駿河国を手に入れた信玄が攻撃を開始するのは、四年後の元亀三年（一五七二）十月となります。

信玄による遠州侵攻の際、まだ若く力の弱かった家康は信玄の巧みな戦術に翻弄《ほんろう》されました。その結果、「三方ケ原の戦い」では大敗北を喫します。

ただ、そこに至る前哨戦の中で唯一、徳川軍が武田軍に一矢を報いた痛快な戦いがありました。現在の磐田市で起こった「一言坂の戦い」です。徳川家臣である本多平八郎忠勝が奮闘した戦いとして有名であり、敵方の武田の軍学書である「甲陽軍鑑」ですら、敵ながら天晴《あっぱ》れな武者と誉めそやしています。その様子は、江戸時代に発展した講釈や講談においても恰好の材料となり、現代でも「一言坂の戦い」の場面は、講談師を志す入門者が最初に覚える講談話として語り継がれています。

「一言坂の戦い」とはどのような戦いだったのか

私は「一言坂の戦い」の舞台となった磐田市に住んでいます。一言坂周辺の地理や自然は身近な存在であり、戦いに関する地元の伝承に接する機会も多くあります。

しかし、「三方ケ原の戦い」に比べ、「一言坂の戦い」は知名度に乏しく、信玄と家康の最初の戦いでありながら、地元でもあまり知られていません。

この戦いは、謎に満ちた戦いです。

なぜ、家康は無謀にも天竜川を渡って武田の大軍に近づいたのか。

通説では、渡河の目的が大物見（偵察）だったとされていますが、なぜそのような戦術的にありえない行動が、理由として定着しているのか。

そして、「一言坂の戦い」は、その後の「三方ケ原の戦い」に、どのような影響を与えたのか。

これまで誰も取り組むことなく、光が当てられなかったこの戦いに光を当ててみたい。

そんな思いを、長く抱いていました。

本書で、「一言坂の戦い」がどのような戦いだったのか、その謎に少しでも近づくことができたらと思います。

ちなみに、これまで、元亀三年の武田信玄による遠江国への侵攻は、京都上洛を目指したいわゆる「西上作戦」の一環というのが通説でした。しかし、この時すでに織田信長は畿内に大きな影響を及ぼしており、すでに体調を崩していた信玄は上洛できる状況にはありませんでした。

そのため、本書は信玄の遠江国への進攻の目的は「西上作戦」ではなく、「遠江侵攻」だったとの立場を採って書き進めます。

また、家康による「遠江侵攻」と、信玄による「遠江侵攻」の明確化を図るために、信玄の侵攻を「遠州侵攻」として書き表します。

偽書とされていた「甲陽軍鑑《こうようぐんかん》」

元亀三年の、信玄の遠州侵攻に関しての一次資料（当時書かれた古文書）は、ほとんど遺されていません。戦国時代が終わり、江戸幕府が成立して戦乱の時代が終わると、信玄と家康の戦いは編纂《へんさん》され写本や版本となって人々に読まれました。「甲陽軍鑑」「三河後風土記」「武徳大成記」「武徳編年集成」「改正三河後風土記」「当代記」「三河物語」などです。これらの中心にあって、最も影響を与えた書物が「甲陽軍鑑」です。

「甲陽軍鑑」は、甲斐国の武田氏の戦略・戦術を記した軍学書です。読み書きのできない、武田四天王のひとり高坂弾正昌信（春日虎綱）が見聞きしたものを口述し、甥の春日惣次郎が書き記したとされています。高坂弾正は、天正六年（一五七八）に亡くなります。信玄の遠州侵攻部分はこの戦いに参加した高坂が、生前に口述し惣次郎が記録したものです。天正十年（一五八二）の武田氏滅亡以降、惣次郎が浪々の苦境の中で編纂を進めたこともあり、原本は傷んでいきました。これを入手した武田二十四将の一人小幡昌盛の三男小幡景憲が、傷んだ原本の書写に努め、成立させました。

「甲陽軍鑑」を口述した高坂弾正は、見聞きした出来事をいったんすべて暗記し、後日に回想しながら語ったものであり、重要な部分での日付等の誤りが多く、また歴史的な事実を書き表しているにしてはドラマチック（物語的）な内容であるため、実証主義歴史学が主流となった明治以降は、江戸時代になってから書かれた偽書（フィクション）と位置づけられてしまいました。

昭和四十年代に山梨県立大学の国語学者酒井憲二氏の研究で、原本に近い写本に辿り着き、その言葉の使われ方から「甲陽軍鑑」は間違いが多いものの、室町時代末期に書き記された、生きた戦国時代の叙述であることが立証され、偽書説が覆されました。

しかし、偽書とされた定説を覆すのに明治以降百年ほどかかりました。

多くの記憶違いはあるものの、「甲陽軍鑑」の原本が、戦国時代に書かれた真実の書であることを前提に、底本（よりどころにする本）と位置づけて本書を書き進めることにします。

その中でも、一言坂や三方ケ原の戦いを含む遠州侵攻部分は、口述者の高坂弾正が信玄の側近として直接現場を見ています。検証したこの範囲内で、一部に記憶違いはあるものの意図的な創作は見いだすことができず、信用度が高いと考えます。

本書は、この「甲陽軍鑑」と、江戸時代の先人が遺した編纂書を引用し、これに地元の伝承を組み合わせました。

地元の伝承を大切にする

地元に伝わる伝承については、何かしらの出来事があったからこそ語り継がれているものとの立場を採ります。

明らかに創作と考えられるもの以外、たとえ僅かでも可能性がある伝承は、極力取り入れて物語を構成しました。本書は、不足している多くの部分を、通説や定説に拘束されることなく自由な発想で推理を巡らせ、桶狭間から信玄の死までの十二年間を、時系列で紡《つむ》いだフィクション（創作）です。

基礎研究を積み上げて書いた歴史書ではありません。

歴史は、現在伝えられている伝承を、創作されたであろう部分を含めて、そのまま受け入れて楽しむ方法と、常に疑問を持って読み解き、本来の姿を推理して楽しむ、ふたつの方法があります。

第一章は、多くの伝承を取り入れつつ、できる限り史実に近い内容を目指したフィクション（創作）です。

第二章は、第一章を描くに当たっての、推理の背景を記しました。

そして、第三章は参考資料として、江戸時代に編纂された歴史書の読み下し文を掲載しました。

歴史は、為政者《いせいしゃ》によって後年に都合よく書き変えられるものであり、私たちはこれを前提にして読み進めなければなりません。

では、この物語のはじまり、まずは「一言坂の戦い」の十二年前から書き始めることにします。

第一章　武田信玄、遠州侵攻す

目次

第一章　武田信玄、遠州侵攻す

序　戦乱の始まり

桶狭間の戦い

永禄三年（一五六〇）五月、駿河・遠江・三河を治めていた今川義元は、尾張国への領土拡張を目指し、二万余の大軍を率いて東海道を西進した。ところが、尾張国の桶狭間まで兵を進めた時、突如として豪雨に見舞われ、これに乗じた織田信長に本陣を奇襲された。信長が僅か二千ほどの兵力で義元を討ち取ると、総大将を失った今川軍は大混乱に陥《おちい》って敗走し、多数の戦死者を出した。

今川方の討死は三千を数えた。その中には遠江国の国衆である二俣城主・松井宗信、井伊城主・井伊直盛、久野城主・久野元宗らが含まれていた。これらの有力城主の死は、義元死後の遠江国の主権を争う戦いに大きな影を落とすことになる。

この戦いで、今川方の武将として参戦し、わずか一里ほど離れた大高城でこの報を知った松平元康（後の徳川家康）は敗戦の大混乱に巻き込まれた。元康はこの時、奇襲攻撃の恐ろしさを痛感するとともに、たとえ兵力に大きな差があったとしても、敵の大将さえ討ち取れば、大軍を一瞬にして崩壊させることができると悟った。

一方、遠く甲斐国で駿河国への進出を狙っていた武田信玄は、たとえ大軍を率いていたとしても、地理に疎い敵地への進軍は大きな危険を伴うことを知った。

こうして、桶狭間における信長の奇襲攻撃は、徳川家康と武田信玄の心に深く刻まれることとなった。

この奇襲攻撃の教訓を生かし、両者が遠江国で相まみえるのは十二年後のことである。

駿河侵攻を目論《もくろ》む信玄

信玄にとって義元の死は、長年の夢だった海に面した駿河国へ侵攻するまたとない機会となった。

しかし、この頃の信玄は甲相駿三国同盟を背景に、越後国の長尾景虎（上杉謙信）との川中島の戦いを繰り広げており、直ちに駿河国へ侵攻することは困難であった。三国同盟により駿河・相模方面の安定は得られたものの、南進の選択肢が断たれた信玄は、北進して越後の景虎と戦う道を選んでいた。この時、信玄は三十八歳の働き盛りであった。

信玄と景虎の川中島の戦いの中でも、今川義元討死の翌年、永禄四年（一五六一）の第四次川中島の戦いは、最も大規模な戦いとなった。駿河に侵攻すれば三国同盟が破綻し、相模国の北条と敵対することになるため、その前に信玄は背後の景虎との決着を計ろうとした。しかし、軍師・山本勘助が進言した「啄木鳥《きつつき》戦法」が見破られ武田軍は防戦一方となり、信玄の弟の武田信繁や山本勘助が討死した。この戦いによる死者は、上杉軍が三千余、武田軍が四千余とも伝えられ、信玄は大きな痛手を受けた。

通常、戦においては死者の二倍ほどの負傷者が存在していると言われ、いかに双方に大きな被害が出たかが分かる。この損害は、信玄の念願だった駿河国への侵攻を遅らせた。信玄・景虎ともに体制の立て直しが必要となったため、この第四次合戦を契機に、両者は直接衝突を避けることになる。

こうして、北信濃は小康状態に向かい、信玄は駿河侵攻の準備に力を注ぎ始めた。

しかし、この動きは、武田家の内紛へと発展してしまう。

甲斐、相模、駿河の甲相駿三国同盟は、三家のつながりをより強固にするために武田信玄、北条氏康、今川義元の娘が、お互いの嫡子《ちゅくし》に嫁いでいた。天文二十一年（一五五二）に今川義元の娘が武田信玄の嫡子・義信に輿入れしたのを皮切りに、翌年、武田信玄の娘が北条氏康の嫡子・氏政に、さらにその翌年、北条氏康の娘が今川義元の嫡子・氏真に嫁ぐことで、三国の強い盟約を成立させていた。

ところが、永禄七年（一五六四）七月、後に武田家の存亡の一因となる大事件が起こる。信玄の後継ぎである義信が、父信玄の暗殺を企てたとする謀反《むほん》が発覚したのである。

義信の正室は今川義元の娘であり、義信は親今川の立場にあった。今川領への侵攻を目指す信玄と、それに反対する義信の間に派閥抗争が起こり、義信の謀反の疑いに発展した。

義信の死と、勝頼の後継指名

永禄十年十月、義信は義元の娘と強制的に離縁させられた上で、後継者としての地位を失い、死に追い込まれた。義信の守役は、武田家随一の武将飯富《おぶ》虎昌であった。虎昌は、信玄の父信虎の時代から武田家の譜代家老衆として仕え、信玄による信虎追放後は信玄に仕えた。信玄からの信任が厚かった虎昌であったが、嫡男武田義信の傅役《もりやく》を務めていたため、義信事件に連座し切腹させられた。

虎昌は武具を赤色で統一した、いわゆる「赤備え《あかぞな》」軍団を最初に率いた武将である。戦場で目立つ「赤備え」は、特に武勇に秀《ひい》でた武将のみに許された精鋭部隊の証しであり、虎昌の死後は弟の山県昌景（永禄九年に源四郎から改名）に引き継がれた。昌景は後に武田四天王のひとりに数えられ、三方ケ原の戦いでは徳川軍撃破の中心となる武将である。

義信を失った信玄は後継者として、四男の勝頼を指名した。勝頼は、信濃国諏訪領主・諏訪頼重の娘・諏訪御料人との間に生まれた子である。しかし、信玄が諏訪御料人を側室に迎えた際には家中に根強い反対があり、後継ぎは本家本流の嫡男義信と考えていた家臣たちにとっては、傍流《ぼうりゅう》である勝頼がいきなり後継者となったことに、戸惑いと不安を覚える者も少なくなかった。さらに、連座して詰め腹を切らされた飯富虎昌は、信玄の父武田信虎の頃から武田家を支えた武田氏随一の宿老であり、彼を信頼していた家臣たちは、新たな後継者の誕生を手放しでは喜べなかった。

甲斐国の東に目を向けると、関東には相模国の北条氏が君臨していた。永禄二年の時点で、当主の北条氏康は嫡子氏政に家督を譲って隠居している。しかし、隠居後も小田原城本丸に留まって政治・軍事の実権を掌握しながら、氏政を後見していた。

一方、西には織田信長がいた。永禄十年、信長は美濃国を平定し、尾張五十七万石と美濃五十四万石と合わせ百十万石余の大大名になり、さらに領土を広げていた。

永禄十一年九月七日には、足利義昭を奉戴《ほうたい》して上洛戦を開始し、九月二十八日に京都に入った。引き連れた上洛軍には徳川勢も加わり、総勢六万の大軍であった。農民を足軽として活用する当時、動員できる兵力は石高にほぼ比例する。

豊かな濃尾平野を領する信長に対し、信玄の甲斐国は山国で平地が少なく石高は二十二万石ほどしかなかった。甲斐国では金の産出地であり、これを軍資金として活用しても、兵の動員力において信長には到底かなわない。信玄は天文二十二年（一五五三）に信濃国をほぼ平定し、石高四十万石の領地を併合していたが、すべての領地を合わせても石高は六十二万石であり、信長の半分ほどしかなかった。

信長に対抗するためには、甲斐と信濃の六十二万石に加えて、駿河十五万石、そして遠江二十五万石と合わせ、百万石を手にする必要がある。しかも駿河国には信玄が長年夢見てきた、交易に繋がる海もあった。

無論、駿河へ侵攻すれば北条氏は今川氏に加勢し、甲相駿三国同盟は破綻する。

しかし信玄は、嫡子義信の喪失、三国同盟破棄という二つの大きな犠牲を払ってでも、駿河侵攻を成し遂げたいと望んでいた。

ただ、我が子を死に追いやった義信事件の一連の対応は、信玄にとって精神的、肉体的に大きな負担となった。この頃から、信玄は体調を崩し始めた。嘔吐《おうと》が重なり、徐々に体力が衰え、侍医板坂法印からは「膈《かく》」と診断された。「膈」とは胃が食べた物を留め得ないために吐き出す病だが、やがては「癌」に繋がる危険な前兆でもあった。

今川義元が亡くなって八年の年月が経過しようとしていた。

この頃、畿内へ勢力を広げて行った信長は、諸大名や宗教勢力などとの軋轢《あつれき》を生んでいた。信長は表向き友好関係を維持している信玄との決定的な対立を避けるべく、家康と信玄に大井川を境にして遠江国と駿河国を分け合うという密約を仲介した。

信長は、信玄が駿河国に加えて遠江国まで支配下に置き、さらに力を強めることを恐れていた。

この信長の提案を、家康と信玄は受け入れた。だが、信玄の狙いは、もとより駿河国とその先の遠江国の両方を手に入れることであった。この時、家康二十五歳、信玄四十七歳であった。

家康、遠江侵攻を目指す

後の家康となる松平竹千代は、六歳の時から織田、今川家で人質生活を過ごした。天文十八年（一五四九）に父である松平広忠が亡くなると、竹千代が松平家を継ぎ、まだ幼い当主を譜代の家臣本多広孝らが支えた。広孝は今川方の先鋒《せんぽう》として、織田氏との数多《いくた》の戦に功績を積み、その一方で今川義元に対し、駿府で人質になっている竹千代の岡崎帰城を嘆願《たんがん》した。

永禄三年（一五六〇）五月、今川義元が桶狭間で討死した直後に、今川氏を離脱した十九歳の松平元康（家康）は、十二年間離れていた岡崎城に戻った。元康が岡崎に帰城すると、譜代の家臣本多広孝らは涙を流して喜び、元康を支えて三河国の領地回復の戦いに忠節を尽くした。

しかし、元康が三河国を離れていた十二年間、岡崎城は今川氏から派遣された城代により支配され、三河国全体が今川氏の領地となっていた。まずは、本拠地である岡崎城周辺の攻略を手始めに、三河国を統一しなければならなかった。義元が討死しても三河国における今川氏の支配体制は崩れておらず、安易に松平氏に与《くみ》すればお家の滅亡に繋がることになる。

三河の国衆は、後を継いだ今川氏真の力量を見極める時間が必要であり、表向きは家康に対抗しつつ様子見に徹した。しかし、今川氏真が今川軍を率いて信長に対する弔い合戦をすることはなく、今川氏に従属していた国衆の離反が東三河でも相次ぐようになった。

永禄四年四月、松平元康は今川方である東条吉良領の牛久保城と東条城を攻めた。

吉良氏は三河国幡豆郡の東条城（愛知県西尾市吉良町）を根拠とした足利氏御一家の一つで、今川氏の宗家筋であった。四月十一日夜、元康は牛久保城へ夜襲攻撃を仕掛けた。（牛久保城の戦い）

元康の夜襲は失敗に終わったが、今川氏からの自立がここから始まった。

同月、造反した三河国衆への報復として、吉田城（豊橋市）城代小原鎮実《おはらしげざね》（別名・大原資良）は、松平氏に転属した東三河の諸氏から差し出させていた松平方の人質である妻子十三人を、城下の龍拈寺《りゅうねんじ》で処刑した。（十三本塚・豊橋市富本町）

その後も吉良氏との戦いは続き、九月には元康配下の本多広孝・松井忠次が東条城下の藤波畷《なわて》に進んだ。吉良家家老の富永忠元は吉良勢を率いて奮戦したが、本多広孝率いる松平勢に討ち取られた。頼みとした富永忠元を失った吉良義昭は戦意を失い、東条城を明け渡し降伏した。（藤波畷の戦い）

この一連の三河の混乱は、いわゆる「三河錯乱」として伝わる出来事である。

家康、三河国を統一

永禄五年（一五六二）一月、元康はすでに今川氏を見限り織田方となっていた伯父水野信元の仲介で信長と和解し、織田・松平の同盟（清洲同盟）が結ばれた。織田の後ろ盾を得たことにより、様子見をしていた三河の国衆や土豪たちは今川氏を見限って離反し、松平氏に呼応するものが相次いだ。

永禄六年二月、元康は今川氏親族の上ノ郷城（愛知県蒲郡市）を攻めた。この戦いで城主鵜殿《うどの》長照は討死し、嫡子氏長と弟の氏次を捕縛《ほばく》した。元康は彼らの身柄と引き換えに、今川氏に人質となっていた正室・瀬名姫（後の築山殿）と、嫡男・竹千代（後の松平信康）との人質交換を成功させた。

ちなみに、この鵜殿長照は桶狭間の戦いの際、大高城の城代を務めていた人物である。元康が困窮する城へ兵糧を運び入れると、守備を交代させられ、義元が討たれた後は元康よりも先に三河の本領に逃げ帰っている。人質交換された鵜殿氏長と氏次は、後に祖父と父の仇である家康から、徳川方となった二俣城の城代を任されるという数奇な運命をたどることになる。

この頃、遠江国でも今川家臣団の動揺が広がり、井伊、天野、飯尾といった諸将が離反の動きを見せていた。

元康は永禄六年、義元から頂いた「元」の字を返上して、松平家康と名を改めた。義元の死から三年、家康の三河統一は着実に進みつつあった。

ところが、この年の九月、本拠地・西三河で大規模な三河一向一揆が起こった。

この一揆は、浄土真宗の本願寺に属する一向宗の信者が起こしたものであり、家康の家臣の中にも多くの門徒がいた。当時の一向一揆は、一国の主を滅ぼすほどの団結力と実力を持っており、「三河一向一揆」は、「三方ケ原の戦い」「伊賀越え」と並び、徳川家康の三大危機とされている。

一揆は四カ月ほど続き、永禄七年（一五六四）一月の「馬頭原合戦」の勝利で、家康は優位に立った。二月十三日、上宮寺の一揆が岡崎城に攻撃を仕掛けたのを最後に、ようやく和議に持ち込んで一揆の解体に成功した。一揆に与した家臣の多くは収束により解体され、永禄七年の春には赦免されて家臣団に戻ることを許された。赦免された家臣たちは、家康に大きな恩を感じた。

主だった反乱家臣には、後に江戸幕府創成期の重臣となる本多正信、徳川十六神将に数えられる渡辺守綱、蜂谷貞次、さらには、後に三方ケ原の戦いで家康を逃がすために武田の追っ手に突入して、家康の身代わりとなって討死する夏目吉信らが含まれていた。

この一揆は、三河家臣団の半数が門徒方に与するなど、家康に宗教一揆の恐ろしさをまざまざと見せつけることとなった。この警戒感は、後の堀川城の戦いにおける殺戮《さつりく》戦の伏線となる。

永禄七年六月、三河一向一揆を鎮定した松平家康は、三河吉田城（豊橋市）攻めを開始した。

吉田城の小原鎮実の守りは堅く、家康は兵糧攻めで臨んだ。吉田城は今川氏真からの援軍もないまま、孤立無援九カ月の籠城の末に翌年、和議開城となり、小原は遠江国に退去した。ちなみに、小原鎮実はこの後、浜名湖西岸の宇津山城に籠城し、再び徳川軍と一戦を交えることになる。この戦いで酒井忠次は先鋒を務め、支城の二連木《にれぎ》城や喜見寺砦を押さえた功績により、吉田城主に抜擢された。

また、吉田城攻めと並行して、本多広孝に田原城（愛知県田原市）を攻めさせ、陥落させた。功績を認められた広孝は田原城を与えられ、酒井忠次と共に徳川家譜代家臣の城持ち衆の先駆けとなった。以降、広孝は忠次の指揮下に入り、忠次を補佐して三方ケ原を共に戦うこととなる。

吉田城や田原城、御油城も落城し、土豪の牧野氏などの諸氏も降参したため、三河国における今川氏の拠点は消失した。家康は、東三河の国衆を抱き込みながら、兵を遠江国との国境へ進めて敵対勢力を排除していった。永禄九年、桶狭間の戦いから六年後、すべての敵対勢力の駆逐《くちく》に成功し、東三河・奥三河（三河国北部）を平定して三河国を統一した。

永禄九年十二月十九日、家康は朝廷から従五位下三河守に叙任された。姓も松平から「徳川」に改姓することが認められ、ここに徳川家康が誕生したのである。

徳川家臣団（三備の軍制）

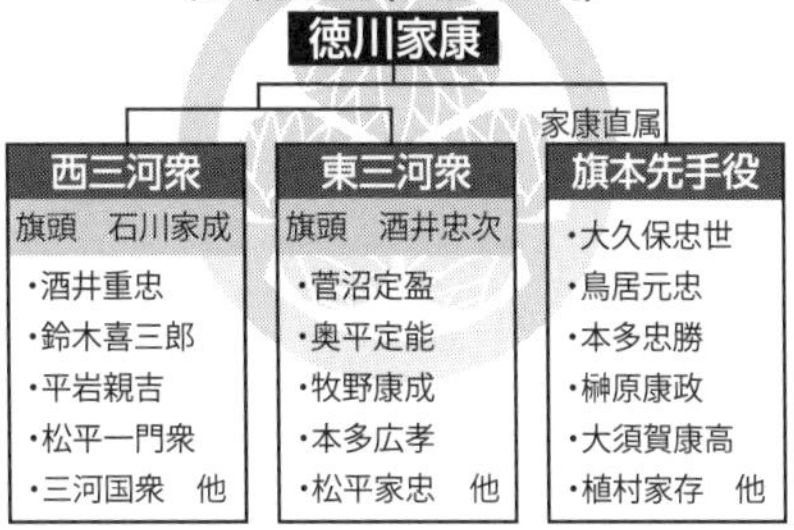

三河国を統一した家康は、三河国衆や他の松平一族を圧倒する中央集権体制を確立するため、三備《みつぞなえ》の軍制改正を行った。

まずは家康の古い地盤である三河衆から編成された「西三河衆」で、旗頭《はたがしら》は石川家成。次に三河平定以降に獲得した新領地の国衆で編成した「東三河衆」で、旗頭は酒井忠次。そして、家康の命令によってのみ行動する「旗本」には、旗本先手役《せんてやく》を新たに編制した。

旗本先手役は、家康の意のままに動く直属の機動部隊であった。家康は三河一向一揆で帰順した門徒家臣も旗本に加えることで、旗本の強化と自身の権力強化を行った。

この旗本先手役には、本多平八郎忠勝（この時十九歳）・鳥居元忠、後に榊原康政が将となった。他にも、大久保忠世・大須賀康高・植村家存・植村正勝・小栗吉忠・柴田康忠らが将となっている。

彼らの多くは幼少から家康に仕えていた側近衆であった。家康は子飼いの彼らを先手役の将に抜擢することで、三河国衆や他の松平一族を圧倒する力を手に入れた。

今川氏時代の遠江

家康がまだ三河統一の戦いをしていた頃、遠江国では義元の討死によって長年の今川氏支配体制が崩れ始めていた。もともと今川氏は、足利将軍家の親族である吉良氏の分家である。南北朝時代に足利尊氏の北朝方に属していた今川範国は、数々の功績を挙げたことで、建武三年（一三三六）に遠江守護職、次いで建武五年に駿河守護職に任じられた。以降、駿河国は代替わり時の家督争いを繰り返しながらも、今川家によって二百三十年の長きにわたり統治が続くことになる。

一方、範国の次男である今川貞世（後に了俊）を祖とする遠江今川氏は、見付端城を居城として遠江国を治めた。室町幕府の三代将軍足利義満の時代、遠江国の守護となっていた貞世（了俊）は、応安三年（一三七〇）に九州探題に任命され、以降二十五年間も任に就き続け、室町幕府の重鎮として絶頂期を迎える。しかし、晩年は謀叛《むほん》の疑いをかけられるなどして力を失った。没落した遠江今川氏に代わって、斯波《しば》氏が遠江守護職を任じられることになる。しかし、斯波氏は遠江国に赴任せず、在京のまま統治したためその支配は弱かった。

応仁の乱（一四六七〜一四七八）以降、守護大名の影響力が低下すると、各地で国衆（国人領主）が力をつけ領地を独自に支配するようになった。さらに、足利幕府の力の衰えにより、力ある大名は自らの武力によって領地を広げる戦国大名に変わっていった。駿河今川氏もそのひとつであった。斯波氏と対立を繰り返していた駿河今川氏の七代当主今川氏親は、明応三年（一四九四）に母北川殿の弟伊勢新九郎（後の北条早雲）の支援を受けて、斯波義寛が治めていた遠江国に乱入した。

その後、遠江国をめぐる戦いは一進一退を繰り返し、永正五年（一五〇八）には斯波氏に代わって今川氏親が遠江国守護に任じられ、斯波氏の守護統治は終わりを告げた。

斯波氏の勢力は、永正十四年（一五一七）に曳馬城が陥落したことにより一掃され、駿河今川氏が遠江国を平定した。駿河国と遠江国、両国の守護となった今川氏親は、将軍足利義教から惣領《そうりょう》一人一名の御免許をもらい、駿河本家のみしか今川を名乗れなくした。これにより、分家筋にあたる遠江今川氏は、今川姓を名乗れなくなり、堀越城を拠点にしていたことから堀越氏を名乗った。

この堀越氏は天文五年（一五三六）、八代当主の氏輝と上位継承者である弟の急死による家督争い（花蔵の乱）が起こったとき、了俊の曾孫《ひまご》堀越範将が、反今川義元側に加担したため領地を失った。

駿河今川氏は、当主が亡くなる度に家督争いが繰り返されていたが、義元が桶狭間で討死する二年前に、嫡子氏真に家督が譲られていたため、直ちに氏真が当主となり今川家立て直しの責務が氏真に重くのしかかった。

しかし、父義元の存在は余りに大きく、その突然の死によっていきなりの今川当主就任に氏真は困惑した。実戦を指揮した経験のない氏真には、今川家臣団を立て直して信長への弔い合戦を挑む力量はなかった。すでに、三河国では松平元康（徳川家康）による切り取りが始まっていたため、氏真は三河国との国境の守りを固めるとともに、遠江国の国衆（国人領主）に対する監視と締め付けを強化した。

しかし、二百三十年間統治を続けた駿河国に比べ、力によって服従させてきた遠江国では今川氏に反旗を翻す国衆も多く、抑えきることはできなかった。反発は徐々に顕著《けんちょ》となり、井伊、天野、飯尾といった国衆たちが離反の動きを見せていった。

井伊一族の受難

十代当主となった氏真が、最も裏切りを警戒したのは奥浜名の名門井伊氏であった。

井伊氏の始まりは約千年前の寛弘七年（一〇一〇）一月一日、龍潭寺門前の井戸から誕生したとの伝承がある井伊共保が初代とされる。鎌倉時代には、日本を代表する武家八介の一人に井伊介の名があり、遠江地方の有力国人領主として栄えた。

南北朝時代、遠江国の浜名湖北域に力を持つ井伊氏は後醍醐天皇の南朝側についた。

しかし、南朝は北朝に吸収される形で終焉《しゅうえん》を迎え、やがて北朝方の今川氏が遠江守護となり井伊氏はその支配下に置かれた。今川了俊の失脚後、斯波氏が遠江守護になり、ようやく今川氏の支配から外れたが、斯波氏の遠江国支配は弱かった。やがて、駿河国守護の今川氏親が伊勢新九郎の支援を受けて、遠江国守護の斯波氏を攻撃した。このとき、当主井伊直平は斯波氏に従って今川氏と戦ったが、斯波氏が敗れ井伊氏は再び今川氏の支配下に置かれた。

さらに天文五年（一五三六）、今川八代当主の今川氏輝が亡くなり家督相続争いが起こると（花蔵の乱）、井伊氏は反義元側についたがこれも敗れた。井伊氏は、ことあるごとに反今川体制側に与《くみ》したが、今川氏の支配を脱することができなかった。井伊氏の本拠地である井伊谷は、駿河から見て最も遠い西端にあり、地理的に三河国に近い。長年にわたる井伊氏との確執から、今川氏は井伊氏を常に警戒し井伊氏の力を削ぐために、数々の陰謀《いんぼう》を巡らせた。

天文十三年、十六代当主・井伊直平の子直満と直義は、謀反の疑いで駿府へ召喚され、義元の命により殺害された。さらに十八代当主・直盛は、今川義元の尾張国への遠征に動員され、桶狭間で家臣十六人とともに討死した。

父義元の死によって今川家当主となった氏真は疑心暗鬼となり、さらに井伊氏に対する圧力を強めた。

永禄五年（一五六二）十二月、養父・直盛の死後によって家督を継いだ十九代直親も、親今川の井伊家家老小野道好（但馬守・政次）の讒言《ざんげん》により、謀反の疑いをかけられた。直親は申し開きのために駿府へ向かう途中、掛川城下で今川家家老・掛川城主朝比奈泰朝に襲撃され、家臣十八名と共に殺害されてしまった。

さらに氏真は、直親の嫡子・虎松（後の井伊直政・当時二歳）の殺害も命令したが、新野親矩《にいのちかのり》が命乞いをして虎松を保護した。当主直親の死により、家老の中野直由が井伊家の後見役となったが、この直由も氏真の命令で曳馬城（後の浜松城）の飯尾氏を攻めたとき討死した。次いで出家していた次郎法師（直虎）が家督を継いだが、井伊氏の力はさらに衰えていった。

室町時代になると惣（農村の自治組織）の発達により、徳政令《とくせい》を求める土一揆《つちいっき》、徳政一揆などが頻発していた。

土一揆とは、室町時代中期から後期にかけて発生した民衆の政治的要求活動であり、徳政一揆とは、借金を棒引きにする徳政令の要求が目的の一揆である。

永禄九年（一五六六）、今川氏真は奥浜名湖の井伊谷一帯（井伊谷と都田）に徳政令を出すように命じた。井伊谷に本拠を構える井伊家は、相次ぐ戦乱によって疲弊し、経済は気賀の商人たちに依存していた。徳政令によって商家が倒れれば井伊家が成り立たなくなるため、直虎は徳政令に抵抗し、今川氏真の意に反して商家を守った。一方、庶民は直虎の姿勢に反感を覚え、今川氏を後ろ盾にして徳政令の実施を迫った。井伊家では、徳政令拒否派の直虎と、徳政令要求派の家老小野道好（但馬守）との対立が起こり、今川氏真が井伊家に介入して井伊直虎を失脚させる絶好の機会となった。

徳政令は二年間実行されなかったが、永禄十一年（一五六八）十一月、ついに今川氏の圧力によって強行された。井伊家の混乱に付け込んだ今川氏真により、抵抗した井伊直虎は井伊谷城を奪われ、井伊家は家老の小野道好に乗っ取られた。直虎は井伊家の菩提寺である龍潭寺に身を寄せ、虎松（後の井伊直政）は龍潭寺の南渓和尚によって、奥三河の鳳来寺に逃された。

そして、この一カ月後の永禄十一年十二月、徳川家康による遠江侵攻が始まるのである。

遠州忩劇

遠江国北部に位置する二俣城の松井氏は、今川範国に属して戦功を挙《あ》げ、今川氏の有力な国衆となった。享禄二年（一五二九）に当主の松井信薫が病死して弟の宗信が当主となったが、宗信は息子の松井助近とともに義元の尾張攻めに参陣し、桶狭間で討死した。

助近は宗信の首を織田方に取られまいとして、袖に包んで戦場を離脱し、五日後に二俣城に戻った。そして菩提寺である天龍院（磐田市上野部）に葬り、供養塔を建てた。

二百三十年もの長きにわたって、今川氏の影響下にあった遠江国衆は、今川義元の死によって、それぞれが生き残るための模索を始めた。

永禄六年（一五六三）、遠江国衆の曳馬城主・飯尾連龍《つらたつ》と犬居城主の天野景泰・元景父子が今川氏に対し謀叛を起こした。氏真はこれらの鎮圧を、遠江国の国衆に命じた。

義元の死によって力が衰えたとはいえ、長年続いた今川氏の支配力は依然として根強く、掛川城の朝比奈泰朝や堀江城の大沢基胤《もとたね》などの有力な国衆が今川家に忠誠を続ける中、遠江国衆は今川家の無理な命令を受け入れるしかなかった。

永禄六年、井伊家十六代当主の井伊直平が今川氏真の命により、今川から離反した天野景泰・元景父子が守る八代山城（社山城）を攻めようとした矢先に曳馬城内で死去した。年老いた直平の突然の死は毒殺説も囁かれた。

さらに、永禄七年（一五六四）には、今川氏真の命令で、今川氏を離反した曳馬城の飯尾連龍を攻めた。曳馬城攻めには、井伊家などの今川家に反感を持つ、遠江国の国衆同士を戦わせ、互いの力を弱める狙いがあった。

曳馬城主の飯尾連龍はよく守り、双方に大きな損失が出た。結局今川方は曳馬城を落とすことができず、氏真は連龍と和睦しいったん退いた。この戦いで井伊家にゆかりがある寄せ手の新野親矩や三浦正俊、中野直由らが、飯尾氏の側でも重臣湯屋、森川、内田等が討死した。

連龍に対する疑念を拭い去ることができなかった氏真は、連龍を駿府に呼び寄せた。永禄八年十二月、連龍はわずかな供を連れて駿府に入ったが、駿府城内で氏真の命令によって謀殺された。

二俣城の松井氏は、桶狭間での城主宗信の死後、信薫の子・宗親が二俣城主となったが、今川氏真に叛意を疑われたため、飯尾連龍と共に駿府で誘殺され、その跡を宗信の子・宗恒が継いだ。

遠州の有力国衆である井伊氏、飯尾氏、松井氏の力は次第に衰えていった。

今川氏を守るためとはいえ、繰り返される氏真の陰湿《いんしつ》な謀略は、力で従属させてきた遠江の国衆の反発を一層顕著なものにしていった。

この遠江による混乱は、後に遠州忩劇《えんしゅうそうげき》として語られる。しかし、混乱はまだ始まったばかりであり、武田信玄と徳川家康の駿河・遠江侵攻によって、さらに混乱を深めていく。

遠江の国衆は、今川家に対する長年の恩顧に報いるために忠義を貫く者と、積極的に今川家を離れてより強い武将への鞍替えを目論む者に分かれた。しかし、多くの国衆は今川氏の報復を恐れ、自国の領地安堵のために、今川、徳川、武田の中からより強いものを見極めようと様子見に徹していた。

本書における、主な登場人物と、その生没年

武将名	生没年	年齢	武将名	生没年	年齢
徳川　家康	1543-1616	29	松平　信康	1559-1579	13
徳川四天王					
酒井　忠次	1527 - 1596	45	榊原　康政	1548-1606	24
本多　忠勝	1548　-1610	24	井伊　直政	1561-1602	11
徳川十六神将（四天王を除く）					
大久保　忠世	1532-1594	40	平岩　親吉	1542-1611	30
大久保　忠佐	1537-1613	35	服部　正成	1542-1596	30
内藤　正成	1528-1602	44	鳥居 元忠	1539-1600	33
米津　常春	1524-1612	48	鳥居 忠広	不詳 -1573	
高木　清秀	1526-1610	46	渡辺 守綱	1542-1620	30
蜂屋　貞次	1539-1564	33	松平 康忠	1545-1618	27
石川　家成	1534-1609	38	石川　数正	1533-1593	39

武将名	生没年	年齢	武将名	生没年	年齢
武田　信玄	1521-1573	51	武田　勝頼	1546-1582	26
武田四天王					
馬場　信春	1515-1575	57	山県　昌景	1529-1575	43
高坂　弾正	1527-1578	45	内藤　昌豊	1522-1575	50

武将名	生没年	年齢	武将名	生没年	年齢
北条　氏康	1515-1571	没	北条　氏政	1538-1590	34
今川　義元	1519-1560	没	今川　氏真	1538-1615	34
織田　信長	1534-1582	38	上杉　謙信	1530-1578	42

※年齢は、一言坂の戦い（1572）の時の推定年齢です。
生没年は諸説あり、あくまでも参考年です。
※井伊直政は、三方ケ原の戦いの時、まだ家臣に取り立てられていません。

●備考　浜松凧揚げの起源

永禄年間（一五五八〜一五七〇）と言えば、今川義元の死による遠江国混乱時に、曳間城（現在の浜松城）の城主であった飯尾豊前守（飯尾連龍）が、長男・義広の誕生を祝って大凧を揚げた、とする史書「浜松城記」の記述が伝承されている。

しかし、近年になってこの縁起そのものが大正時代の創作であるとする研究が進んでいる。

確かに、飯尾連龍が今川氏真によって誅殺される直前の逸話としては、いささか無理な感じを拭えない。

しかし、「浜松城記」が、何らかの伝承に基づくものなのか、全くの創作によるものなのか、真偽のほどは定かではない。

一　信玄の駿河侵攻

駿遠分割領有の密約

今川義元が桶狭間で討死して八年後の、永禄十一年（一五六八）三月。織田信長の仲介により、武田信玄は穴山梅雪を三河国に遣わし、大井川を境にして駿河国を武田領、遠江国を徳川領とする駿遠分割領有の密約を交わした。

同年十二月六日、武田信玄は甲府を発ち、密約通り駿河侵攻を開始した。家康も十二月十三日、ほぼ時を同じくして遠江国への侵攻を開始した。

この一カ月ほど前の十月、破竹の勢いの織田信長は足利義昭を奉じ、六万を超える兵を従えて途上の国々を降伏させ、上洛を成し遂げていた。家康も信長からの出兵要請により、松平信一《のぶかず》率いる千余りの兵を派遣し、上洛軍の先鋒として従軍させていた。

同じく上洛を目指す信玄は、信長に対する後れを取り戻すべく、まずは駿河国への侵攻を急がねばならなかった。

駿河へ侵攻するに当たって、信玄の最大の障害となったのは、今川家ではなく、甲相駿三国同盟の破棄に憤慨した北条氏康・氏政親子であった。武田と北条は、元亀二年（一五七一）十二月二十七日に北条氏康の遺言によって甲相同盟が締結されるまで、三年に及ぶ激しい攻防を続けることになる。

信玄の駿河侵攻により、北条氏との同盟関係は手切れとなり、武田氏は相模国との長い国境に対する備えが必要となった。これにより、信玄が駿河攻めに投入できる兵は一万二千ほどしかなかった。一方、駿河の国衆は父義元の弔い合戦もままならない氏真の力量を見限っていた。二百三十年もの長きにわたり、他国と戦ったことのない今川軍と、川中島で謙信と渡り合い続けた武田軍の力の差は歴然であった。

薩埵峠《さったとうげ》の戦い、今川館炎上

信玄の駿河侵攻に対抗するため、今川氏真は重臣の庵原忠胤《いはらただざね》に一万五千の軍勢を預け、薩埵峠で迎え討つように命じ、自らも興津の清見寺に陣を構えた。甲府を発った武田軍は富士川沿いに南下して蒲原に至り、その西にある薩埵峠で今川軍と対峙した。この時、信玄は今川本隊との決戦を優先し、今川方の蒲原城を落とさないまま西に向けて兵を進めた。蒲原城は富士川西岸の、東海道と駿河湾を見下ろす山の頂にある。

由比・興津間にある薩埵峠は、高い山地がそのまま駿河湾に突き出す地形であり、狭い平地部分に街道が通る東海道随一の難所とされる。

永禄十一年（一五六八）十二月十二日、武田軍が薩埵峠から今川軍に向けて進軍を開始すると、今川軍は戦うことなく退却を始めた。信玄は、予《かね》てから今川軍の戦意の乱れに付け込み、今川氏の有力家臣に対して武田方に寝返るように調略していた。今川一門である瀬名氏を筆頭に、裏切った有力城主や国衆は二十一を数えた。今川軍は戦う前から戦意を喪失していた。建武五年（一三三八）に今川範国が駿河守護職に任じられてから二百三十年間続いた駿河今川軍は、あっという間に崩壊した。（薩埵峠の戦い）

今川軍の崩壊以降、駿河国の諸城は組織だった戦いができなくなり、単独で武田軍に対抗せざるを得なかった。今川軍を追走した武田軍は翌十二月十三日に駿府に乱入し、今川館は大混乱となった。さらに支城である愛宕山城や八幡城も落とされたため、氏真は今川家重臣である遠江国掛川城の朝比奈泰朝を頼って落ち延びた。

このとき、氏真の正室早川殿（北条氏康の娘）や侍女らは輿《こし》も用意できずに徒歩で逃げざるを得ないという切迫した状況であった。武田軍は駿府の町を焼き払い、二百三十年にわたる今川氏の支配に終止符を打った。

一方、北条氏康は同盟を破った信玄を討伐すべく、嫡子北条氏政に命じて今川氏真への援軍を命じ、北条軍を駿河国に向かわせた。

今川軍の総崩れによる敗走によって一気に駿府の今川館へ到達した武田軍だったが、兵站《へいたん》（補給）を伴わない長期作戦は困難であった。今川氏救援のため、北条氏政が派遣した北条氏信率いる援軍は、蒲原城に入り武田軍封じ込めの拠点とした。深追いした武田軍は退路を断たれる危険があり、やむを得ず駿府から撤退し、いったん興津から北上し甲府へ退いた。（第一次駿河侵攻）

甲相駿三国同盟は今川氏にとって、北条氏の力を利用して武田氏を海から遠ざけることができる有利な盟約であった。しかし、この盟約が崩れた今、信玄は駿河に進出して国力を付け、やがては北条を脅かす存在になるだろう。そのことを恐れた北条氏康は今川氏に援軍を送り、信玄の封じ込めを図った。

年が明けた永禄十二年一月、北条氏政は薩埵山に出兵し、武田軍と北条軍は興津において対陣した。さらに、三月十三日には薩埵峠を封鎖した北条軍と武田軍が対陣したが、いずれもお互いに睨みあったままで勝敗はつかなかった。

これを受けて信玄は、永禄十二年（一五六九）六月、伊豆に侵攻して北条軍を牽制した。その上で駿河に

再び侵攻して、富士郡の要衝である大宮城を攻略、富士郡を支配下に収めた。（第二次駿河侵攻）
北条との武田との攻防はさらに続いた。
武田と北条が駿河東部で攻防を繰り返していた頃、駿府を脱出した今川氏真は、永禄十二年（一五六九）一月十二日から五月十五日までの四カ月間、掛川城に籠って徳川軍と攻防を繰り広げていた。

武田・北条、三増峠《みませ》の戦い

永禄十二年九月下旬、武田軍は関東北部の北条領に向かい、防備が手薄となっていた上野国へ攻め入った。諸城を牽制しながら武蔵国へ南下して相模国へ入り、北条氏の本拠地である小田原城を包囲した。越後国の上杉氏に対する警戒が必要な中、信玄が小田原に進出したのは、北条氏を牽制して守りを厚くさせることにより、駿河方面の守りを薄くさせ、駿河国への侵攻を容易にするための作戦であった。

牽制の目的を果たした武田軍は、小田原城下に火を放ち、わずか三日間包囲しただけであっさり撤退した。

北条氏康は、相模国に深く侵入した武田軍が、甲斐国へ撤退する途上にある甲府と相模を結ぶ交通の要衝三増峠で、武田軍の退路を断つ作戦に出た。十月六日北条氏輝（氏康の四男）・北条氏邦（氏康の五男）が三増峠で待ち伏せ、小田原城から打って出た氏政軍との挟み撃ちを狙ったが、氏政軍の到着が遅れ、挟み撃ちの体制が整う前に戦いが始まってしまった。

「三増峠の戦い」として伝承されるこの戦いは、双方合わせて三万以上が戦った戦国時代における最大の山岳戦であった。

この戦いで、武田軍は勝利を収めたものの、北条側の死傷者三千二百余りに対し、武田側も九百余りの死傷者を出した激しい戦いであった。

三増峠の戦いで北条軍に一応の打撃を与えた信玄は、再び駿河東部に侵攻して横山城を落とし、さらに蒲原城を攻めた。武田軍封じ込めの拠点だった蒲原城守備隊の北条氏信ら北条勢と今川勢は、わずか千ほどの兵で籠城して奮戦したが、十二月六日に壊滅し落城した。

交通の要衝である蒲原城を得た信玄は、自ら城に入って改修し、北条氏に対する防衛拠点とした。武田軍に対する絶好の封じ込め拠点を失った北条軍は、武田軍に押し込まれ富士川を大きく越えての後退を余儀なくされた。

武田軍、大井川に達す

永禄十三年（一五七〇）正月、武田軍の別動隊は駿河国西部に進出して、小原鎮実（別名・大原資良）の立て籠もる花沢城（焼津市）を攻めた。武田軍は高草山中腹に布陣し、武田勝頼・武田信廉・長坂長閑らが攻撃を行った。花沢城は小原の指揮下で十四日間に渡り奮戦したが、一月二十七日降参し開城した。

この小原鎮実は終世今川氏に忠誠を尽くし、数奇な運命をたどった武将であった。

もともと、三河国吉田城の城代であり、永禄八年に三河国統一を目指す松平家康によって吉田城を追われ、遠江国宇津山城（湖西市）を攻略して入城した。永禄十一年に遠江へ侵攻した徳川軍に再び攻められ落城直前に脱出し、駿河国花沢城の城将となっていた。

花沢城が落ちたことにより、今川軍は徳之一色城（藤枝市・後の田中城）も明け渡して撤退した。

今川義元が桶狭間で討死して十年、信玄の駿河侵攻開始から二年、武田軍は今川勢を駆逐してついに大井川に達した。そして信玄は、遠江国境の最前線となる田中城に、武田家随一の猛将山県昌景を入れた。（第三次駿河侵攻）

深沢城の攻防

永禄十三年（一五七〇）四月二十三日、元号が元亀となった。

元亀元年、北条軍は駿河国と相模国の国境近くにある深沢城（御殿場市深沢）へ大軍を送り込み、攻防二カ月の末に奪い返した。深沢城は永禄十一年末に、武田信玄が大軍を率いて開城させ、武田氏の支配下となっていた城である。北条氏は猛将として知られる北条綱成を城将とし、松田憲秀を添えて守りを固めた。

同年十二月、信玄は富士口から進攻して興国寺城（沼津市根古屋）を押さえると深沢城に迫った。だが、城を守る北条綱成が頑強に抵抗したため、容易には落ちなかった。

年が明けて元亀二年（一五七一）の正月三日、信玄は開城勧告の文書を矢に結んで城中に射込んだ。徐々に攻囲を狭められていた綱成は、援軍の期待もなく十六日についに開城撤退を決した。

再び武田方の城となった深沢城には、前城将であった駒井昌直が入城して守りを固めた。その後、度々北条方の攻撃を受けたが退けた。

深沢城を手に入れたことで、信玄は旧今川領だった駿河国のほぼ全域を支配下に収めた。これにより武田軍は、北条軍に対して次第に優位に立ち始めていった。

西駿河においても武田軍の侵攻は大井川まで達した。しかし、依然として北条との戦いは続いており、氏康が信玄との対決姿勢を貫き続けたため、信玄が遠江国に攻め込むには、まだ機が熟していなかった。

しかし、病が北条氏康の体を徐々に蝕《むしば》み始めていた。

二　家康の遠江侵攻

同時侵攻の開始

三河を統一し、遠江国へ侵攻する体制が整った家康は、信玄の駿河侵攻と同時に行動を起こした。両軍が共に侵攻すれば、今川氏は軍を二つに分け、二正面作戦を強いられることになる。今川家が武田への対応に追われれば、遠江国まで援軍を送り込む余裕は無くなるだろう。

この時点で家康が遠江侵攻に当てられる兵力は、四千ほどだった。徳川にとって武田との連携は、限られた兵力で遠江国を攻略することができる最も有効な手段であった。

また信玄にとっても、北条氏や上杉氏に対する備えが必要であり、駿河攻めには一万二千ほどの兵力しか投入できなかった。そこで、まずは駿河国を手中に収め、その後、まだ力が弱い徳川氏を攻めることにした。うまくいけば、駿河国と遠江国の両方を手に入れる絶好の機会であった。

家康は岡崎城を嫡子信康に任せ、「西三河衆」の旗頭・石川家成やその甥の石川数正、さらには岡崎城の守備兵をぎりぎりまで減らして、嫡子信康の家老中根正照ら岡崎勢も遠江遠征軍に加えた。

吉田城（豊橋市）の城主である「東三河衆」の旗頭・酒井忠次には、三河東部の諸松平家や国衆を統率する役割を与え、さらに奥三河における武田氏との国境の守りと、浜名湖西岸の今川勢力の駆逐《くちく》を担当させた。

遠江国には義元が亡くなったとはいえ、長年の恩顧により今川家に忠誠を尽くす国衆が多く、わずか四千ほどの兵力では遠江侵攻は困難であった。そのため、まずは反今川勢力への調略《ちょうりゃく》（寝返り工作）が必要であった。家康は、まだ態度を明確にしていない遠江の国衆に対し、徳川方に寝返れば本領を安堵するとの書状を送った。

井伊谷三人衆の調略

家康は、守りの強固な浜名湖周辺の直接攻撃を避け、奥三河の野田城主菅沼定盈《さだみつ》を使って今川氏の治世に不満を持つ国人領主の調略を進めた。菅沼一族は奥三河の土着有力勢力であり、東三河を中心に広く分布し、野田菅沼氏、田峯菅沼氏、長篠菅沼氏などに分かれていたが、いずれも長く今川氏に従っていた。しかし、桶狭間の戦いで義元が横死した後、野田城主の菅沼定盈は、いち早く家康側に帰属していた。

定盈は、同族のよしみで長篠菅沼家の分家である都田城主菅沼忠久に接触した。忠久が縁戚の柿本城主鈴木重時を抱き込み、井伊家の与力的な立場であった宇利城主近藤康用まで取り込んだ。

家康は十二月十二日付けで、この井伊谷三人衆に対し、起請文を発行して本領を安堵するとともに、井伊家の領地をも分け与える約束をした。

古くから井伊谷の有力国衆であった井伊家は、永禄五年十二月に当主の直親が、親今川の家老小野道好の讒言《ざんげん》によって、今川氏真の命により殺害され、井伊谷城は小野に乗っ取られていた。井伊谷周辺の国衆であり、井伊家の被官でもあった三人衆は今川氏真の治世に不満を持っていたため、家康の起請文を受けて今川を見限り徳川方に寝返った。

今川氏真、掛川城に逃げ込む

家康が遠江への進攻を開始した永禄十一年十二月十三日は、奇しくも薩埵峠で北条軍と戦うことなく撤退した今川氏真が、駿府の今川館を追われ、遠江国掛川城主の朝比奈泰朝を頼って駿府を脱出した日であった。

元々、遠江国には国衆を束ねる総大将がいない。それは家康にとって有利に働くはずであったが、厄介な人物が転がり込んできたことになる。当然、氏真は生き残りのために、遠江の国衆を束ねる策を講じるであろう。

しかも、朝比奈泰朝は、氏真の命令で井伊直親と家臣十八名を掛川城下で殺害するほどの忠臣であり、有力な国衆であった。今川家当主の氏真が掛川城に入ったことで、長年今川氏の恩顧を受けて来た遠江の国衆は、心情的に徳川に鞍替えしにくい状況となった。

今川氏による国境の備え

今川氏真は三河を統一した家康に備え、三河国と遠江国の国境の守りを固めていた。

浜名湖の東岸には、要の城である堀江城（浜松市西区舘山寺町）があり、今川氏真に忠誠を尽くす有力国衆である大沢基胤が守っていた。また奥浜名湖には、大沢氏の支援を受けた気賀の土豪や町衆が砦を築き、地名から堀川城（浜松市北区細江町気賀）と名付けていた。さらに、気賀の町にほど近い都田川の対岸にある刑部城を整備し、徳川勢の侵攻に備えていた。

一方、浜名湖西岸の要の城は宇津山城（湖西市）であった。宇津山城は、浜名湖に突き出した岬に構築され、三方が浜名湖に囲まれていた。

この時、城を守っていたのは小原鎮実であった。小原は永禄八年（一五六五）徳川軍の攻撃により、三河国吉田城を開城して撤退した今川家の武将である。吉田城を追われた小原は、反乱を起こして徳川方となっていた朝比奈真次（掛川城主朝比奈家の分家）が守っていた宇津山城を攻略していた。

永禄十年七月、今川氏真は宇津山城の支城として、三河国との国境に新たに吉美城（境目城・湖西市吉美）を築城した。

今川範国以来、斯波氏の統治期間があったものの、二百三十年間今川家の影響下にあった遠江国衆は、今川氏に服従して生きることが染みついており、家康はあくまでもよそ者であった。

中でも、奥浜名湖の中心地である気賀では、一カ月ほど前に井伊家の弱体化を狙った今川氏真の命によって、徳政令（借金の棒引き）が実施されたばかりであり、庶民の間に強い今川びいきがあった。

陣座峠を越え、刑部城を攻める

浜名湖周辺には、宇津山城、佐久城、堀川城、刑部城、堀江城など今川方の城が湖を取り囲むように点在し、徳川に対する守りを固めていた。これらの城の中で、佐久城、堀川城、刑部城は家康の本拠地三河と遠江を結ぶ本坂道沿いに位置していた。

今川の勢力が強い浜名湖沿いの本坂道を、徳川軍が長い隊列を組んで進めば襲撃される恐れがあった。この本坂道を避けて、北に位置する陣座峠から遠江入りした徳川勢は、野田城主菅沼定盈と井伊谷三人衆の道案内で、小野道好が乗っ取っていた井伊谷城を攻略した。小野道好は捕らえられ、翌年、井伊直親を讒言したかどで家康によって処刑される。家康は、さらに気賀の町近くの刑部城（細江町中川）を囲ませた。

刑部城には徳川に反発する気賀周辺の土豪たちが立て籠もっていた。気賀は浜名湖北部の交通の要衝であり、商業が盛んな町であった。自立心も高く、商人たちは銭を納めて今川家から自治を買い取っていた時期もあった。

刑部城への攻撃は、菅沼定盈勢が中心となった。城は守備兵が百人に満たない小城であり、菅沼勢の熾烈な攻撃によりあっけなく落城した。

家康は曳馬城（後の浜松城）への攻撃を優先させるため、刑部城を菅沼定盈の叔父菅沼又左衛門と井伊谷三人衆である近藤康用とその嫡子近藤秀用、鈴木重時、菅沼忠久に任せた。

菅沼又左衛門は、井伊谷三人衆と共に千ほどの兵で、対岸の気賀の町と、刑部城から僅か十町（一キロ）ほどしか離れていない堀川城、さらには浜名湖東岸の要の城である堀江城の動きに目を光らせた。

刑部城の陥落により、堀川城と堀江城は孤立した。

堀川城を守っていたのは土豪や町衆たちであり、訓練された徳川正規軍に比べてその力は著しく弱かった。また堀江城の大沢基胤は千余りの兵数で籠城しており、打って出る様子はなく、さしあたっての脅威は少なかった。

家康率いる徳川本隊は、戦略上、より重要な曳馬城の攻撃に向かった。遠江国西部の中心に位置する曳馬城を押さえれば、天竜川以西を制することができる。刑部城と曳馬城の間には城や砦は無く、徳川軍は何ら抵抗を受けずに、三方ケ原台地を縦断して曳馬城に到達した。

酒井勢、宇津山城を攻略

永禄十一年（一五六八）十二月十三日、徳川本隊が陣座峠を越えて井伊谷に侵入した時を同じくして、三河国吉田城を任されていた東三河衆の旗頭・酒井忠次率いる別動隊五百余りが東海道筋を東進し、国境を越えて浜名湖の西岸にある吉美城を攻めた。

吉美城は、家康の遠州進出を阻止するために新たに築城された今川氏の前衛基地であったが、十分な防御力がなく酒井勢の猛攻により、瞬く間に落城し、逆に今川氏の浜名湖西岸における要の城である宇津山城攻略のための拠点とされた。

吉美城攻略の二日後の十五日、忠次は配下の松平忠家に命じて、城将小原鎮実が籠城している宇津山城を囲ませた。宇津山城は浜名湖に突き出した岬に造られた城であり、三方が湖に囲まれていた。守備兵は二百ほどであった。

寄せ手の大将酒井忠次にとって、同時侵攻している家康本隊に遅れをとることは、東三河衆の恥辱に繋がるため猛攻を仕掛けた。さらに城将小原鎮実は三河国吉田城代を務めていた頃、今川方から寝返った松平方の人質十三名を串刺しにして処刑しており、忠次には遺恨を晴らしたいという思いがあった。猛攻に耐えきれなくなった小原は、対岸の堀江城に船を使って援軍を求めたが叶わなかった。

籠城戦とは援軍の望みがあって初めて成立する戦術である。しかし既に統一軍としての指揮系統が崩壊しており、城ごとの単独した戦いになっている今川軍に援軍を送る力はなかった。

援軍の当てのない籠城戦は勝利の見込みがない。そのため、小原の家老増田団右衛門は城が完全に包囲される前に城から打って出たが、徳川軍に討ち取られてしまった。小原は城に爆薬を仕掛け、寄せ手が城内に押し入った際に爆発させて、舟隠し場に備えていた船を使って逃れた。寄せ手の酒井忠次は、落城した宇津山城に守備兵を配置し、家康率いる本隊に合流すべく、今川の拠点を制圧しながら浜名湖東岸に向けて兵を進めた。

小原鎮実はこの後、駿河国に逃れ、花沢城（焼津市高崎）の城将となり、駿河侵攻の武田軍と戦うことになる。武田軍の猛攻を受けて花沢城を開城した後は、遠江国高天神城（掛川市）の小笠原氏助の元に身を寄せたものの、氏助は既に徳川家康に内通していたため首をはねられてしまった。

浜名湖の支湖である猪鼻湖に突きだした地にある佐久城（浜名城・三ヶ日町都筑）は、遠江国と三河国を結ぶ主要道である本坂道近くに位置し、この街道を使って移動する徳川軍としては、押さえておかなければならない城であった。

南北朝時代、浜名湖周辺は南朝方の井伊氏の勢力が強かったが、城主の浜名清政は井伊氏に従わず北朝側に立った。やがて、北朝方の勝利で南北朝が統一されると、遠江国守護の今川氏に従って井伊氏攻めに加わった。以降、浜名氏は湖北一帯を治める領主として代々続き、当主浜名頼広は桶狭間の戦い以降も、今川家に対する忠節を続けた。永禄十一年十二月の家康による遠江進攻に対し、攻め寄せる徳川勢と対峙して籠城したが、多勢に無勢であり翌永禄十二年二月徳川軍の力に屈した。

浜名湖周辺の今川方勢力は徐々に駆逐され、残る拠点は堀川城と堀江城のみとなった。

浜名湖湖岸の今川方の城を次々に落とした東三河の旗頭・酒井忠次指揮下の五百余りの兵は、刑部城で忠次配下に組み込まれていた菅沼又左衛門や井伊谷三人の兵と合流し、千五百の兵で堀川城とその先にある堀江城の監視を担当した。

曳馬城攻め開始

曳馬城は、三方ケ原台地の南端に主郭を置いて、丘の東から南にかけて土塁と堀で囲んだ曲輪を配した平山城であった。城の南に広がる城下には東海道が通り、北側のなだらかな丘陵を上り切ると三方ケ原台地上に出る。

城主だった飯尾連龍が氏真の命令によって謀殺されたため、この後、曳馬城は家老の江間泰顕と、その弟の江間時成によって守られていたが、城内は武田と徳川の二派に分かれて激しい内部抗争が繰り返され、千ほどいた城兵は半分に減少し、自滅同然の状態になっていた。

この時、曳馬城には、亡くなった連龍の妻であるお田鶴《たづ》の方（椿姫）がいた。お田鶴の方の父は、三河国上ノ郷城の鵜殿長持、母は今川氏親の娘で今川義元の姪であり、生粋の今川の女であった。

三河上ノ郷城は、永禄五年（一五六二）に三河統一の戦いによって松平家康からの攻撃を受け陥落、長持の家督を継いでいた兄の鵜殿長照が討死した。お田鶴の方は曳馬城に立て籠もり、駿府の今川氏真に対し、夫の連龍に別心無きことを訴え続けていた。

永禄十一年（一五六八）十二月二十四日、曳馬城を囲んでいた家康は降伏を促したが、上ノ郷城を攻め落とし、兄の仇でもある家康の軍門に下ることは考えられず、お田鶴の方はこれを拒否した。

翌二十五日、家康は石川家成らに総攻撃を命じ、城方の兵二百余りが討死した。お田鶴の方も侍女十八人と共に城外に打って出て全員が討死した。

力攻めをした徳川方にも三百ほどの死傷者が出た激しい戦いであった。お田鶴の方は、徳川家康の正室築山殿と同族の今川氏の女であり、母同士が義理の姉妹にあたる。

築山殿は、その死を哀れに思い、塚に堂を建て周囲に椿を植え、お田鶴の方の霊を祀ったことから、以後この堂は椿姫観音（浜松市中区元浜町）と呼ばれるようになった。

曳馬城の差配を石川家成に任せた家康は、掛川城を攻略すべく今川氏から寝返った久能城主久能宗能《むねよし》に命じて架けさせた天竜川の舟橋を渡った。

途中には、今川方の匂坂《さぎさか》城（磐田市匂坂）があった。匂坂城は、天竜川を天然の堀とする平城であり、磐田原台地の手前の平地には居館が、台地の上には詰城がそれぞれあった。城主は、兄政能の死後家督を継いでいた匂坂吉政である。

吉政は家康から本領を安堵され、今川氏を見限って徳川へ寝返った。この後、匂坂氏は家康の旗本となり、政能の長男政祐と次男の長政は、後の姉川の戦いの時、朝倉義景の重臣真柄十郎左衛門直隆を討ち取る大手柄を立てる。

こうして徳川軍は、何ら国衆たちの抵抗を受けることなく、永禄十一年十二月二十六日、遠江国の国府の地である見付に至った。

今川・徳川・武田、迷う国衆

遠江国の西に位置する西遠地方の要の城は曳馬城であり、中央に位置する中遠地方の要の城が掛川城である。さらに東に位置する東遠地方の要の城が高天神城であり、北に位置する北遠地方の要の城が二俣城である。

これ以外にも堀江城の大沢氏、天方城の山内氏、犬居城の天野氏は手強い有力国衆であった。

今川範国が遠江守護職になり、一時斯波氏の統治時代があったものの、二百三十年もの長い間、遠江は今川氏の影響下にあり、今川氏に従うことによって保たれている社会の仕組みが、簡単に壊れることはなかった。有力国衆は保守的であり、大きな変革を恐れていた。

この時点で、今川恩顧《おんこ》の国衆にとって、家康はあくまでも隣国三河国からの侵略者であり、今川義元が横死したときに、いち早く主君を見限った裏切り者でもあった。

今川氏に従っていた有力国衆は、お家の存続を図るため、誰に与《くみ》するべきか迷った。

長年の今川氏の恩顧に対し忠誠を尽くし続けるか、それとも跡を継いだ氏真の凡庸《ぼんよう》さを見限るか。曳馬城を落とし、遠江を席巻しつつある徳川家康に与するか。それとも、駿河国を攻めている「甲斐の虎」との異名を持つ猛将武田信玄に従うべきか。家中で意見が対立する国衆もあり、大きな混乱が生じた。

しかし、信長との同盟、三河国の統一、曳馬城や見付までも勢力下に置いた家康を評価して、徳川に与する意見が国衆の間で次第に優勢となった。そして、有力な国衆である高天神城（掛川市上土方）、馬伏塚《まむしつか》城（袋井市浅名）、二俣城（浜松市天竜区）、久野城（袋井市鷲巣）が徳川方に寝返り、大勢が決まっていった。

「高天神を制するものは遠州を制する」と言われた高天神城は、遠江国の東に位置し大井川を境とする駿河国との最前線にあった難攻不落の山城である。城主・小笠原氏助の曾祖父である小笠原長高が今川氏親に仕官し、文亀元年（一五〇一）の頃、小砦であった馬伏塚城と、その周辺の浅羽の荘（三輪、岡崎、清ヶ谷、横須賀の四郷）を与えられた。

祖父小笠原春義が当主の時、天文五年（一五三六）に起こった今川家のお家騒動「花蔵の乱」で、今川義元側に味方して台頭し、高天神城と馬伏塚城の二城を任され、今川一門衆に準じて遇された。

当初氏助は、武田方に与《くみ》しようとしていたが、すでに徳川に恭順していた三河国幡豆《はず》城主小笠原安元や小笠原清有ら一族の説得により、配下の同心衆とともに、知行《ちぎょう》を安堵するとの誘いを受け入れ、家康の傘下となった。この高天神城の徳川方への恭順は大きかった。

馬伏塚《まむしつか》城は、沼地と湿地に囲まれ、唯一北側が丘陵と繋がっている浮き城のような地形に構えられていた。

東遠地方にある本城の高天神城から、西へ二里半（十キロ）ほどの位置にあり中遠地方に位置する。元々小笠原氏の拠点であった小城であったが、沼に囲まれた攻め難い城に改造された。城主は、高天神城の小笠原氏助の父で隠居していた氏興が守っていたが、永禄十二年六月に氏興は馬伏塚城内で亡くなり、氏助が城代を置いて兼任していた。高天神城が徳川に恭順したことにより、馬伏塚城も徳川方の城となった。

二俣城は、天竜川と二俣川が交わる要害の地に築かれた山城である。諏訪湖に源を発する天竜川は、この地から平野を流れ始め、川幅を大きく広げて河岸段丘である三方ケ原台地と磐田原台地を形成している。二俣は信州に向かう塩の路の通過地点でもあるため、遠江国の諸城の中で最も戦略上の重要な拠点であった。周囲を断崖に囲まれた城は相応の兵数と期間を要さなければ落とせず、難攻不落として名高い堅城だった。

そんな二俣城では、家康の開城要求を受けて、激しい意見の対立が起こっていた。

城主・松井宗恒《むねつね》は武田恭順を主張した。宗恒は桶狭間の戦いで討死した松井宗信の子である。

この宗恒の意向に反して二俣城を徳川恭順へと導いたのは、客将として城に身を寄せていた鵜殿氏長と氏次の兄弟である。

五年前の永禄六年（一五六二）二月、松平元康（家康）は三河国を統一する過程で、上ノ郷城（愛知県蒲郡市）を攻めた。この戦いで、今川義元の甥である城主・鵜殿長照が討死し、元康は長照の嫡子氏長と弟の氏次を捕縛した。そして、二人の身柄と引き換えに、今川氏に人質となっていた正室・瀬名姫（後の築山殿）と嫡男・竹千代（後の松平信康）との人質交換を成功させた。

解放された氏長と氏次は今川家に戻り、この時、二俣城の客将として身を寄せていた。氏長と氏次、そして松井一門衆は、宗恒には従わず徳川への恭順を主張した。氏長にとって家康は父長照の仇であり、叔母である長照の妹お田鶴の方も曳馬城で討ち取られている。それにも関わらず、氏長は鵜殿家の存続を第一に考え、徳川に与することを選択した。今川一門につながる氏長の選択は城内で重く受け止められ、城主松井宗恒は袂を分けて二俣城を退き、甲斐国に去った。二俣城の無血開城は、家康の遠江国統一にとって最大の朗報であった。

二俣城の守りを固めるには千人ほどの兵が必要となる。掛川城を攻めようとしている家康にはその余力は無かった。家康は、鵜殿氏長の開城に至る働きを大きく評価し、敵将だった氏長に城代を命じ、氏長とその配下の兵に遠江の要の城である二俣城を任せた。この破格の扱いに恩義を感じた氏長は、その後、三河吉田城の酒井忠次の旗下に置かれ、姉川の戦いや長篠の戦いにも徳川家臣として出陣することになる。

久野城は、永禄三年（一五六〇）桶狭間の戦いで、城主久野元宗と弟の宗経が討ち死にすると、三男の宗《むね》能《よし》が跡を継いだ。宗能は今川家の恩に報いるために、当初は家康に対抗して久野城に籠った。

掛川城の途上にある久野城は、小城ではあるが堀に囲まれ守りの固い平山城である。久野城を囲んで兵と時間を割くことは家康にとって得策ではなかった。

家康は早い段階から宗能の懐柔《かいじゅう》を続けており、「仏《ほとけ》高力」の異名を持ち、人望がある高力与左衛門清長を使者として宗能のもとへ派遣し、味方となるように説得した。今川氏の没落は誰の目にも明らかである。

宗能は一族存続のために城内の異論を押さえて家康に従う決意を固めた。久野一族の中には、主君今川氏真への忠義心から、家康軍の背後を突いて家康の謀殺を計画するものがあったが、宗能が同意せずに内紛となり、家康の支援を受けて鎮圧した。

今川氏から寝返った宗能は、曳馬城を落として見付に向かう徳川軍のために天竜川に舟橋を架けた。

犬居城の天野景貫も恭順を伝えてきた、しかし、遠江国の最北部に位置し、武田と直接領地を接している天野氏は、密かに武田氏にも内通していた。

家康、不入斗《いりやまぜ》に進出す

永禄十一年十二月二十六日、見付を押さえた徳川軍は掛川城攻撃のため三ケ野川（太田川）を渡り、不入斗（袋井市国本）に陣を構えた。家康あるところに必ず旗本先手役（浜松衆）がある。家康は「浜松衆」を意のままに操った。桶狭間の戦いの時、鷲津砦攻撃隊として弱冠十三歳で初陣を果たした本多平八郎忠勝は、あれから八年が経過し、今や旗本先手役随一の将に成長していた。翌二十七日、家康は直属の機動部隊である本多忠勝と小笠原氏助配下の兵に、掛川城の威力偵察を命じた。

威力偵察とは、部隊を展開して小規模な攻撃を行うことによって敵情を知る偵察行動である。主目的は敵の撃破ではなく、機動力に優れた精鋭部隊による素早い行動で、情報を持ち帰ることにある。

本多忠勝率いる威力偵察隊は掛川城下に至り、町屋に火を放って牽制し、そのまま家康の本陣に引き揚げた。家康は、掛川城に籠城している今川氏真と朝比奈泰朝に対し再度降伏を促したが、掛川城は徹底抗戦の構えを崩すことはなかった。

家康が示した開城の条件は、本領安堵による恭順ではなく、あくまでも降伏であった。西遠では浜名湖の堀川城と堀江城が依然として抵抗を続けており、徳川方の井伊谷三人衆とにらみ合いを続けている。さらに中遠では天方城（周智郡森町）の天方氏と、飯田城（袋井市飯田）を拠点とする山内氏も対決姿勢を強めていた。

初代範国以来、長きにわたって今川の影響下にあった遠江の国衆には、今川氏による支配が染みついており、その体質は簡単に変わるものではなかった。既に恭順を示した国衆もいるものの、多くは家内の意見対立を経た上での意思決定であり、今川氏を支持する潜在的な力は侮れないものがあった。

もし、氏真が掛川城から打倒徳川の強い決意を示し、戦いの先頭に立てば、情勢がひっくり返る危険すらある。そのため家康は、対抗する他の城攻めを後回しにして、中核となる掛川城の今川氏真を遠江国から排除することを最優先にした。

今川本家を忠実に守ってきた朝比奈泰朝は、氏真の命の保証だけではなく、今川氏を存続させるための所領安堵を求めている。

しかし、今川本家の血を遠江国に残せば、いつ反徳川の旗頭として祭り上げられるかもしれず、徳川家の安泰に禍根《かこん》を残すこととなる。家康にとって、氏真の排除は妥協できない絶対の条件であった。

結局、両者の折り合いは付かず、家康は力攻めにより氏真を降伏させることを選択した。

原川城攻め

この年、家康は見付で越年した。明けて永禄十二年（一五六九）一月、掛川城に向けて軍を進めた。

掛川城を目指す徳川勢は、まず各和城の近くの原川城に向かった。城主の原川大和守頼政と弟讃岐入道は原川城を枕に討死するより、城を捨てて掛川城へ籠り、主家今川氏の恩義に報いる道を選んだ。

空城となった原川城は徳川軍によって焼き払われ、灰燼《かいじん》に帰した。

各和城攻め

さらに家康は石川家成に命じ、徳川方に寝返った久野城の久野宗能や家成配下の本間十右衛門らを先手として各和城を攻めさせた。

遠江各和氏は、今川了俊の子息貞継の流れをくむ今川一門であった。今川氏親の代に駿河本家のみしか今川を名乗れなくなったとき、遠江各和郷に本拠地があったため、各和氏を名乗っていた。

家康の掛川城攻撃により、周辺諸氏が次々と徳川へ恭順する中にあって、今川氏の一族である城主各和三郎兵衛は、今川方の旗を掲げて頑なに籠城の態勢をとっていた。

各和三郎兵衛も、原川城の原川兄弟と同様に掛川城に籠るという選択肢があったが、敢《あ》えて城を枕に討死する道を選んだ。徳川に恭順したばかりの久野宗能は、戦働きによって家康の信頼を得なければならないため、先陣に立ち激しい攻撃を加えた。各和城の守りは堅固とはいえず、掛川城からの援軍もなかったため、攻防二日で、城兵の多くが倒れ各和三郎兵衛は討死した。

掛川城を包囲す

掛川城の北東に子角山《ねずみやま》（別名天王山）という山があり、ここに掛川城の前身、掛川古城があった。

掛川城のある高台は龍頭山と呼ばれ、その北に位置する掛川古城は龍胴山、さらに北にある龍尾神社が龍尾山と呼ばれていた。この「頭・胴・尾」の高台は一連の峰で繋がっており、その姿が龍が地上に横たわっている姿に似ていることから名付けられた。

掛川城の前身である掛川古城は、今川義元の祖父にあたる駿河今川家第八代当主の今川義忠が、東遠江支配のため文明五年（一四七三年）頃に朝比奈泰煕に命じて天王山に築かせた。

城主となった朝比奈氏は、泰煕《やすひろ》・泰能・泰朝と三代続き、泰能の時代（一五一二年頃）に手狭となったため新城（掛川城）を築いて移っている。

天守閣を備えた城は安土城（一五七九年築城）が最初であり、それ以前の城は天守閣が無く、自然の地形を利用し、堀や土塁等によって守りを固めていた。

当時の建物は瓦葺ではなく板葺や茅葺《かやぶき》であり、掛川城もこのような木と土で造られた城であった。

泰煕が天王山に築いた古城は、新城から三町（三百㍍）ほどの近い距離にあり、守りの拠点となっていた。

新城から北北東に八町ほど（八百㍍）離れた地に龍尾神社がある。この神社は掛川城の北東（鬼門）に位置することから、掛川城の守護神として崇敬を受けていた。この龍尾神社は城としての防御能力を持たせ、掛川城が攻められたときには出城とする位置づけであった。

永禄十二年一月十二日、掛川城に至る抵抗勢力を排除し、今川方から寝返った遠江国衆の兵で数を増やした徳川軍は、総勢五千の兵で二千ほどの今川勢が守る掛川城を取り囲んだ。まず攻撃目標としたのは防御力の弱い龍尾神社であった。今川軍は、本城と天王山の古城に兵力を集中させていたため、龍尾神社の僅かな守備兵では徳川軍の猛攻に耐えることができなかった。龍尾神社の境内に本陣を置いた家康は、次いで天王山の古城を攻めた。しかし、後がない状況に追い込まれていた今川軍の抵抗は強く、天王山の古城を落としたのは二月に入ってからであった。

二月十七日、家康自身も龍尾神社から天王山に本陣を移し、以降家康はここを掛川城攻略の拠点とした。

至近距離にある掛川城と天王山の間で、連日激しい攻防が続いたが掛川城の防御は固く、攻めきれないまま三月に入った。三月五日になると家康自身が出馬して、大手南町口・西町口・松尾曲輪・天王小路などを攻めた。この時、先陣を務めたのは、本多平八郎忠勝と松平又八郎伊忠であった。

本多忠勝は旗本先手役の将であり、後に「徳川四天王」にして「徳川十六神将」「徳川三傑」の一人に数えられる猛将である。松平伊忠も、三河以来の徳川家の家臣として勇猛果敢な武将であった。

伊忠は、五年前の永禄七年（一五六四）、家康に背いて一向一揆に加わった夏目吉信を野場砦で生け捕りにする活躍を見せている。

さらに、後の長篠の戦いで、敵将・武田信実（河窪信実・信玄の異母弟）を討ち取るという功績も挙げたが、残敵追撃中に討死することになる。

この勇猛な本多勢と松平勢を先陣として徳川全軍は激しく掛川城を攻めた。今川方の兵百人余りを討ち取ったものの、徳川方も六十人余りの死傷者が出た。さらに七日にも、城下の西宿と天王山下で激しい攻防戦が繰り広げられ、徳川・今川両軍に相当の損害が出た。

しかし掛川城は強固な構えと、城主朝比奈泰朝がよく守り、戦いは長期戦の様相を見せ始めていた。三月八日、家康は一旦攻撃を停止させ、城内の氏真と泰朝に再び降伏を促したが、城側が受け入れることはなかった。今川方も多くの損害を出しており、城から打って出るほどの余力はなく、戦いは小康状態となった。

この時、刑部城を任せていた菅沼又左衛門から、気賀の土豪や町衆老若男女二千人ほどが、堀江城からの援兵を受け入れ、堀川城に立て籠もって不穏な動きをしているとの知らせを受けた。

家康は、三カ月ほど前の遠州侵攻時に、曳馬城と掛川城への攻撃を優先するため、敵対する姿勢を見せていた堀川城と堀江城の攻撃を後回しにしていた。この時、攻め落とした刑部城を、菅沼又左衛門と井伊谷三人衆に任せ、これに酒井忠次勢を加えた千五百の兵で、両城を監視させていた。

この堀川城の動きは、状況の逆転を狙った、氏真の最後の賭けであった。

報告を受けた家康は、永禄十二年（一五六九）三月十二日、掛川城攻撃隊の中から菅沼定盈、渡邉守綱ら千五百ほどの兵を割いて堀江城に差し向けた。

堀川城の殺戮戦《さつりくせん》

堀川城（浜松市北区細江町気賀）は、家康の本拠地三河と浜松を繋ぐ本坂道近くにあり、家康にとって戦略上重要な地点であった。浜名湖を背にし、前面に都田川の水を引いた縄張で、満潮時には小舟を使わないと城には入れない構えになっていた。場内には今川氏への信頼が強かった気賀の土豪や町衆たちが集まり、徳川氏に対抗して守りを固めていた。城と言っても周囲を柵で囲っただけであり、守り自体は極めて脆弱《ぜいじゃく》であった。

家康は直ちに刑部城に援軍を向かわせた。気賀は僅か四カ月ほど前、今川氏真の圧力によって徳政一揆が起こったばかりの地だったからである。

さらに堀川城へ集結した民衆の多くは、臨済宗妙心寺派の信者だった。

もともと遠江国は曹洞宗の寺院が多く存在していたが、松平竹千代（家康）が駿府で人質生活をしていた時に、勉学の手解きをした今川家の軍師太原雪斎が、今川領内に臨済宗妙心寺派を広げたため、遠江国や気賀周辺には、曹洞宗から臨済宗に改宗する寺院が多く、他派を圧倒していた。

家康は堀川城への民衆の籠城が宗教と繋がり、遠州一円に拡大することを恐れた。曳馬城を落として掛川城を囲っているとはいえ、国衆の恭順はまだ不安定なものであった。家康は堀川城での民衆の籠城が、今川氏真による策略であると疑った。もし、堀川城の混乱が一揆となって遠江国に広まれば、いまだに恭順を示していない国衆が反徳川で結集し、戦況が逆転する恐れがあった。

家康は、この五年ほど前に生涯の三大危機のひとつとされる三河一向一揆を経験しており、一揆の恐ろしさが身に染みていた。

一向一揆とは、浄土真宗本願寺教団（一向宗）の信徒たちが起こした権力に対する民衆の反乱である。

家康の宗派は浄土宗であり、旗印に「厭離穢土　欣求浄土」「おんりえど・ごんぐじょうど」の大旗を掲げていた。今川を擁護する気賀の民衆は、異宗派である家康からの迫害を恐れ、堀川城を避難場所として集まっただけなのかもしれない。しかし、家康の目には今川氏真の扇動による民衆一揆そのものに映った。

三千の徳川勢は、都田川を挟んだ対岸の松崎に本陣を置き、潮の干満の差の最も大きい三月二十七日の干潮の夜、堀川城への一斉攻撃を開始した。

宗教一揆に繋がりかねない災いの根は完全に断たなければならない、家康はいまだに恭順を示さない今川支持勢力や一揆を企てた民衆に対する見せしめのために、籠城している人々を一人残さず、なで斬りにする命令を下した。完全武装している酒井忠次配下の井伊谷三人衆や渡辺守綱ら徳川正規軍三千の圧倒的な攻撃に、城内の土豪や町衆が抗《あらが》うすべはない。暗闇の中で城内は大混乱に陥り人々は逃げ惑った。多くは柵を越えて脱出した。堀川城は、わずか一夜の戦いで落城した。

この戦いで城に籠った老若男女二千人のうち、千人がなで斬りにされたと伝わる。大混乱の中で、辛うじて城を脱出した者たちに対しても、徹底的な捜索と捕縛が行われ、寺が焼かれた。執拗な捜索は九月まで続き、捕《と》らえられて首をはねられた人数は七百を数え、百余りの首が獄門畷《ごくもんなわて》に晒《さら》された。しかし、これら人数は徳川の力を恐れさせるために誇張されたものであり、その数は定かではない。

晒された地は「獄門畷」として、現代に語り継がれている。手荒い方法であったが、堀川城を壊滅させたことにより、人々は恐れおののき、遠江国の覇権争いによる今川氏の逆転の目が無くなった。

信長による、比叡山焼き討ちの二年半前の出来事である。

堀江城、大沢氏の降伏

堀江城（浜松市舘山寺・現在の遊園地パルパル）は、浜名湖に突き出した地形の、内浦に面した小高い丘にあった。

城主の大沢基胤《もとたね》の祖は、藤原道長、そして中臣鎌足にまで遡る名家の血流であった。

堀江城は鎌倉時代に有力国衆の大沢基久が築城したと伝えられている。戦国時代も大沢氏が城主であったが、今川氏の勢力下に入り、宇津山城、佐久城などとともに、三河国に対する重要な押さえの城として機能していた。基胤は堀川城が徳川軍に包囲されると、船を使って援兵を出していたが、辛うじて脱出した兵の報せで堀川城の惨劇を聞き、徳川勢の非道ぶりに憤慨した。そして、既に負け戦であることは明白でありながらも、家康に対して一矢を報いる戦いを始めた。それは、大沢基胤が貫き通した武士の意地であり、今川家に対する最後の奉公であった。永禄十二年（一五六九）三月二十七日、徳川勢三千による堀江城の総攻撃が始まった。寄せ手の先鋒は井伊谷三人衆の近藤康用の子の秀用、そして鈴木重時、菅沼忠久、菅沼定盈らであった
このとき、鈴木重時は近藤秀用と先を争って城門に攻めかかり、城兵に鉄砲で撃たれて討死した。

しかし、徳川勢の優位は変わらず、落城は時間の問題であった。家康と大沢基胤は今川義元の配下だった時代、三河・尾張攻めにともに参加している。武勇に秀でた基胤の人となりを熟知していた家康は、城を枕に討死しようとしているかつての同僚の命を惜しんだ。さらに、掛川城攻めがこう着状態に陥ったことにも焦りを感じていたため、堀江城の開城を急いだ。

家康は、家臣の渡辺成忠を和議の使者として堀江城へ派遣し、徳川方への帰順を条件に、全員の助命と本領安堵の約束をした。四月四日、基胤は家康の攻撃に耐えきれず降伏を決意し、掛川城の氏真に降伏を許して貰うべく使者を送った。

だが、徳川勢の包囲下にある掛川城からの回答は無く、基胤は和議受け入れを決断した。

永禄十二年四月十二日　堀江城において徳川方の石川数正・酒井忠次、大沢方の中安定安・権田泰長の四名によって、和議が成立した。堀川城の壊滅と、堀江城の降伏は、氏真に遠江国からの退去を決意させる出来事であった。

その後、基胤は堀江城を安堵され、徳川の旗本となり各地の戦場を転戦、数々の武功を挙げた。

掛川城の講和

掛川城の攻防は、にらみ合いが続いていた。四カ月前、四千余りの兵数で遠江に侵攻した徳川軍は、恭順して徳川軍に加わった今川方の国衆を呑みこんで、七千ほどに膨れ上がっていた。

しかし、国衆の多くがすんなり徳川に下ったわけではない、それぞれの国衆が徳川派と今川派の家内対立を克服しての恭順であり、反徳川の勢力は潜在的に存在していた。徳川に与《くみ》してまだ日も浅いため、成り行きによっては徳川を見限って、いつ今川に再寝返りをするかもしれなかった。

それだけ、二百三十年の長きにわたる今川の影響力は大きかった。

遠江国が徳川一色に染まるのは後年のことであり、この時の徳川は、あくまでも侵略者である。

今川氏真が頼みとしたのは、堀川城に立て籠《こも》った気賀の民衆の徳川に対する反乱であった。この反乱が一向一揆のように遠江国全体に広がれば、情勢は分からなくなる。

しかし、堀川城の反乱は、家康が危機を察したことにより素早く徹底的に鎮圧され、今川氏真が遠江国に足がかりを残すという目論見は完全に潰えた。

家康にとって、危険な存在の今川氏真は遠江国から完全に排除しなければならない存在であった。

永禄十二年（一五六九）四月、堀川城と堀江城を落とした家康は本格的に和議による開城の圧力を強めた。

要求はあくまでも氏真の遠江からの退去である。この交渉のもう一人の当事者である掛川城主の朝比奈泰朝は家康と旧知の間柄であり、二人は今川義元配下の武将としてともに戦った仲である。

永禄三年（一五六〇）五月、今川義元による尾張攻めの際、家康（当時は松平元康）は大高城への兵糧搬入の任務を命じられていた。家康は、大高城に兵糧を運び入れた後、近くにある二つの砦に攻撃を加えた。丸根砦の攻撃は、家康と配下の石川家成、酒井忠次が、そして鷲津砦の攻撃は、掛川城主朝比奈旗泰朝が担当し、これに旗本先手役の本多忠勝と、叔父の本多忠真が加わった。

家康と朝比奈泰朝は、丸根砦と鷲津砦を陥落させた後、大高城内で主君今川義元が桶狭間で信長に討たれたことを知る。桶狭間は大高城から二里（八キロ）ほどしか離れていない。

織田領の最前線にいた家康は、織田軍の追撃から逃れるため大高城を脱出し、そのまま岡崎城に入り今川氏からの独立を果たした。一方、同じく大高城を脱出した朝比奈泰朝は、三河国を経て遠江国掛川城に戻った。

朝比奈泰朝が氏真の命で、井伊谷城主の井伊直親を掛川城下で襲撃し、家臣十八名とともに殺害したのはこの二年後である。以来、相まみえることなく九年が経過していた。

既に掛川城を囲んで四カ月、駿河国を攻めている武田信玄は北条氏との戦いを続けているものの、大井川に着実に近づいているとの情報を受けていた。

今川家に忠誠を尽くし続けている泰朝が、氏真の命の保証無くして家康に降ることはありえない。

家康は、急いで氏真の安全な受け入れ先を探さなければならなかった。家康は、旧知の関係にあった北条家の徳川取次役である北条氏規に今川氏真の受け入れを依頼した。

開城の条件は寛大なものであった。まずは今川氏真を助命し北条への安全移送を保障すること。城主朝比奈泰朝を含めた守備兵全員を助命し、それぞれに進むべき道の選択権を与えること。徳川に恭順し忠誠を誓うものは家臣として召し抱えることも約束した。

思えば、七歳の家康が駿河の今川館で人質生活が始まった時、十二歳の今川氏真と、五歳の北条氏規とは立場こそ違うが幼馴染であった。

それから十七年後の桶狭間における義元討死まで、家康と氏真は友好関係を保っていた。

開城を急いでいた家康は、将来氏真が希望すれば、徳川家で召し抱える約束もした。

一刻も早く氏真を掛川城から退去させ、信玄を迎え撃つ体制を整えなければならなかった。北条氏規の取り次ぎにより、北条氏康（氏政）と徳川家康は起請文を交換し、今川氏真の掛川城退去が決まった。

永禄十二年（一五六九）一月十二日から五月十五日まで、四カ月に及ぶ激しい攻防が繰り広げられた掛川城の戦いが終わった。同時に、初代今川範国から二百三十年余り続いた戦国大名としての今川家はその幕を閉じた。家康は、氏真を最後まで守護大名として扱い、礼を尽くして掛塚湊まで送った。同行する朝比奈泰朝と僅かな警護の兵は、配下の松平定家が護衛した。氏真は妻・早川殿の実家である北条氏康を頼り、蒲原を経て大平城に至り、北条氏の保護下に入った。

それから僅か二年後の元亀二年（一五七一）十月に北条氏康が没すると、後を継いだ氏政は外交方針を転換して武田氏と和睦した。（甲相同盟）

北条氏康という後ろ盾を失った氏真は、相模国を離れて浜松城の家康を頼り、徳川の臣下となった。天正三年から天正九年にかけて戦われた「第二次高天神城の戦い」では、家康配下の将として戦いに参加し、諏訪原城の名目上の城代となった。

その後、今川家は江戸幕府の高家旗本となった。

家康、遠江国を平定す

家康の遠江侵攻で、最後まで抵抗を続けたのは飯田城の山内氏と、天方城の天方氏であった。今川氏真が遠江を退去した後も、降伏する機会を逸した両城は、完全に孤立した中で籠城を続けていた。

飯田城は、応永初年の頃（一四〇〇年頃）に、天方古城（森町大鳥居）の城主であった山内対馬守道美が、飯田の荘を武力で攻略し、天方古城を嫡男の久通に譲って、自身は飯田の荘に入り、地形を巧みに利用した飯田古城（現・崇信寺）を築いた。時は戦国乱世となり、飯田古城の守りに弱点があったため、孫の山内大和守通泰の代になって、近くに新たに築城し、移ったのが飯田新城である。

一方、天方古城の城主となった道美の嫡子久通は天方姓を名乗った。

天方山城守通興の代に戦国乱世となり、飯田城同様に堅固な城塞を求めて天方古城から移ったのが、天方新城（森町向天方）である。飯田城の大和守通泰と、天方城の山城守通興は、既に今川氏真が遠江国を離れて援軍の当てがないにもかかわらず、連携して徳川家康に対抗していた。

永禄十二年（一五六九）六月十九日、家康は旗本先手役の榊原康政を先鋒として、大須賀康高らに飯田城の攻撃を命じた。徳川軍は飯田城へ殺到してたちまちの内に攻め落とした。この戦闘で通泰以下城兵は奮戦するも、主従もろとも全員が討死した。さらに徳川軍は森街道を北上して、天方城に襲い掛かった。

天方城の天方山城守通興は、山内大和守通泰の討死の報を受けても、直ちに家康に降ることなく敵対の姿勢を崩さなかった。しかし、榊原康政・天野康景・大久保忠隣ら、圧倒的な徳川軍の攻撃になすすべもなく降伏した。

家康は恭順を示した通興に、そのまま天方城を任せた。信玄との戦いを控え、戦略的に価値の少ない山城に貴重な兵を置くことを避けたかったからである。

しかし、翌元亀元年、通興に不穏な動きがあったため、再び攻撃し、改めて恭順を誓わせた。

永禄十二年六月、半年間続いた家康の遠江侵攻の戦いは終わりを告げ、家康は遠江国を完全に掌握した。三河統一までに八年の年月を要した家康だったが、遠江統一は半年余りで成し遂げた。

しかし、徳川軍の半数は新規召し抱えの国衆や土豪たちであり、その基盤は不安定なものだった。

城之崎城の築城開始

遠江国を統一した家康は、大井川に迫りつつある武田軍との決戦に備えて、強い体制作りが急務であった。

新たに徳川に恭順を示し、今川から寝返った国衆や土豪により、兵の数は二倍ほどに膨れ上がっており、これらの領地の割り当てや年貢の徴収、軍制の再構築、武田の侵攻に備えての防衛体制の整備、さらには遠江国を経営するための本拠地をどこに置くかなど、やらなくてはならないことが山ほどあった。

永禄十一年十二月二十六日に見付を制した時点で、家康は遠江統治の本拠地を見付にすると決めていた。

古来から、見付は遠江国の国府が置かれた地であり、政治・文化の中心地であった。

天平十三年（七四一）、聖武天皇が仏教による国家鎮護のため、全国に国分寺と国分尼寺を建立するよう詔《みことのり》が出され、遠江国の国分寺が建てられたのも見付の地である。

さらに、建武三年（一三三六）に遠江守護職となった今川初代の範国も、この地に守護所を置いている。今之浦から川船を使えば遠州灘へ出るのも容易なため、船輸送による年貢の集積地となり、多くの商人が店を構える、名実ともに遠江国の政治・商業・物流の中心地であった。

この見付に居城を構えてこそ、遠江支配は成し遂げられる。そんな思いが家康にはあった。

永禄十二年早々、家康は家臣の山本帯刀成氏に縄張りを命じ、それ以前の旧塁を崩して城之崎《きのさき》城の築城を開始させた。見付の町衆にとって、城之崎城の築城は大きな期待をもって迎え入れられた。

見付は今川家初代である範国の子、今川貞世（了俊）が遠江守護となり、この地に守護所を置いて治めたが、貞世の没落後、了俊の子孫である遠江今川氏は駿河今川氏の支配下に置かれ、今川の姓を名乗ることが許されなくなったため、堀越姓を名乗って見付端城と堀越城を拠点とした。

天文五年（一五三六）、花蔵の乱の時、見付端城城主だった堀越用山が反義元派に与《くみ》したため、犬居城の天野氏に攻撃され領地を失った。今川義元が守護になると、遠江国は駿河今川家の事実上の属国となり、常に駿河今川氏の支配を受ける日々であった。かつて見付の商人たちが年貢を五十貫上乗せする代わりに自治を申請し、義元が承認した時期もあったが十年ほどしか続かなかった。

しかし、わずか十年間であったとはいえ、戦国大名の領国の一部に自治を認めさせた心意気が見付の町衆にはあった。城之崎城が完成し、家康によって見付が遠江国の中心になれば、長く駿河国に抑圧された日々から解放される。

駿河国と遠江国は、地理的にも文化的にも異なる国であり、見付の町衆には東海道屈指の規模を持つ宿場町としての誇りがあった。

城之崎城が完成すれば、見付は再び遠江国の中心となり、町は栄え商売は大きく広がる。城造りの人足によって近隣の農民たちが動員され、大きな金が見付周辺に落ちた。町衆は、完成に近づく城之崎城を楽しみにし、家康への協力を惜しまなかった。

磐田原、家康の備え

家康は、城之崎城の築城を前提として、守りの備えを検討した。城之崎城の位置するところは、磐田原台地の南端であり、大きな沼地である今之浦に突き出した丘陵で三方が沼水に囲まれていた。城の北側には東西に東海道が貫いており、さらにその北には広大な磐田原台地が広がっていた。

しかし、籠城戦となった場合には城之崎城だけでは守りきれない。家康は、これを補うために東西に流れる川と、磐田原台地の高低差を利用した備えの構築を考えていた。磐田原台地は、西は天竜川によって削られ、東は三ケ野川（太田川）によって削られた河岸段丘の台地である。台地を東西に貫いている東海道には、東から順に、三ケ野坂、東坂、西坂、一言坂という四カ所の急坂があった。

その中でも台地の東端にある三ケ野坂は、坂下に三ケ野川（太田川）が流れ、高低差十三丈（四十メートル）近くにも及び、坂と言うより見上げるような急峻な崖である。東国からの攻撃に対しては、三ケ野川を外堀と見立て、三ケ野の高台に出城や砦を構築すれば十分な守りとなりうる。

また、西からの攻撃に対しては、磐田原台地の西端にある一言坂に出城や砦を構築すれば、こちらも十分な守りとなる。一言坂は、高低差九丈（二十七メートル）ほどの急坂であり、三ケ野坂に比べて高さは劣るが、その西には暴れ天竜との異名を持つ大河の天竜川がある。

家康は、三ケ野坂と一言坂の二つの坂を、敢《あ》えて道幅三尺（九十センチ）ほどの細道のままとして戦略上の防御地点とした。天竜川は、流れが速く水深も深いため、船でなければ渡ることができず、天竜川の渡船を押さえれば、敵兵を水際で迎え撃つことができる。家康は天竜川の渡船を仕切っていた池田の船頭衆に、徳川家に協力することを条件に独占的な渡船権を与えた。

いざ戦いが始まれば、敵軍に利用されないように船を対岸の葦原に隠し、家康の指示があれば素早く舟橋を天竜川に架けることも命じた。

舟橋は、永禄十一年十二月、曳馬城を落とした徳川軍が見付に進出したとき、久能城主久能宗能に命じて架けさせたことがある。大軍が機動性を持って速やかに渡河するためには、舟橋は必須の条件であり、古くから天竜川をめぐる戦いの時には舟橋が架けられていた。家康はこの舟橋を一時《いっとき》（二時間）以内の短時間で架けるよう、池田の船頭衆に命じた。

狼煙台《のろしだい》の整備

家康は、武田の攻撃に備えて狼煙台を各地に巡らせた。駿河方向から攻められた場合は、小夜の中山や高天神城を起点にいくつかの狼煙台を経由し、見付の三ケ野坂上、一言坂上を経由して急を知らせる情報網を構築した。三ケ野台の狼煙台は、磐田原台地の東端にある古墳の近く（現大日堂付近）に設置され、一言坂上の狼煙台は、台地の西端にある金比羅神社の近くに設置された。

一言坂の狼煙は曳馬城の物見櫓から直接見ることができ、高天神城付近での異変は、一時《いっとき》（二時間）以内に曳馬城に伝わる体制を作った。見付にある二カ所の狼煙台の運営は見付町衆の交替番制によって運営された。家康が見付に築城を決めたのは、商業、物流、文化の拠点であるからなのだが、磐田原を要塞化すれば、遠江国の中心として、十分な守りの拠点にもなり得るとの判断からであった。しかし、武田信玄は駿河国を席巻し、まもなく大井川に到達しようとしていた。磐田原の防御を完成させるには余りにも時間がなかった。

織田軍の援兵がないまま、城之崎城で武田の大軍を迎え討てば、守り抜くことは困難であった。

秋山虎繁、北遠から侵入

永禄十二年（一五六九）十二月十八日、武田の別動隊秋山虎繁率いる下伊那衆が北遠から足早に侵入し、二俣（阿多古）から見付に至って徳川方と小競り合いをした。この突然の侵入は、遠江国を統一したばかりの家康の守りを調べる威力偵察であった。さらに、遠江国衆に武田軍の力を見せつけ、寝返りをさせようとするものでもあった。この威力偵察により、信玄は家康の遠江国の統治が予想以上に順調に進んでいることを知り、遠江への侵攻を急がねばならないことを知った。

大井川を境にするとの約束を破った信玄に対し、家康は強く抗議をした。秋山勢は、月見の里（袋井市山梨）から原川の谷、倉見、西郷を通って小夜の中山を経て大井川を渡り、駿河に引き揚げた。信玄が、駿河国を押さえた後に、引き続き遠江国に兵を進めようとしていることは明白であった。

永禄十三年正月、武田軍別動隊は駿河国西部に進出して小原鎮実（大原資良）の立て籠る花沢城（焼津市）を攻めていた。花沢城を落とせば、残る今川軍の拠点は徳之一色城（藤枝市・後の田中城）しかない。武田軍は大井川直前まで迫っていた。

姉川の戦いへ出陣

永禄十三年（一五七〇）四月二十三日、元号が元亀に変わった。

元亀元年四月、家康が遠江国の体制作りに慌《あわ》ただしくしている中、信長から越前国朝倉義景との戦いに援軍の派遣を要請された。織田と徳川は同盟関係とはいえ、力関係は主従関係に近く、要請には応じなければならない。いずれ訪れるであろう信玄による遠州侵攻時に、信長からの援軍を頼むためにも、徳川は全力を上げて支援しなければならなかった。

家康は、石川数正、酒井忠次、本多忠勝、榊原康政、本多広孝、そして高天神城主小笠原氏助ら主力五千を率いて遠征した。四月二十五日の金ケ崎の戦いで、信長は義弟浅井長政のまさかの裏切りにより退路を断たれ、辛うじて京へ逃げ延びた。（金ヶ崎の戦い）

六月二十八日、態勢を立て直した織田・徳川連合軍は朝倉・浅井連合軍と姉川で激突した。

織田軍が押し込まれている中、浅井・朝倉連合軍の陣形が伸びきっているのを見た家康は、榊原康政・本多広孝に命じて側面から攻めさせ、朝倉・浅井軍敗走のきっかけを作る活躍をした。（姉川の戦い）

この戦いで本多平八郎忠勝は、家康本陣に迫る朝倉軍一万に対して、無謀とも思える単騎駆けを敢行した。

この時、忠勝を救おうとする徳川軍の行動がきっかけとなって朝倉軍が崩れた。さらに、この戦いにおいて朝倉軍の豪傑真柄十郎左衛門直隆を、家康の旗本である遠江匂坂城の匂坂政信・吉政兄弟（一時期向坂姓を名乗る）が、討ち取る大手柄を立てた。この戦いにおける徳川軍の強さは、遠く甲斐国の信玄にも伝わった。

この時、家康が遠江で動かせる兵力は七千ほどであり、その内の半数以上である五千近くを信長の援軍に回したため、平定したばかりの大井川以西の防備力は著しく低下していた。

それでも家康が遠江国を留守にして遠征ができたのは、北条氏が武田氏を牽制し続けたからこそである。信玄にとって、家康が二カ月以上遠江国を離れている時こそ、大井川を越えて侵攻する好機であった。しかし、信玄はその主力を駿河東部の北条との戦いに割いており、この好機を活かすことができなかった。この時、効力を発揮したのは、相模の北条と三河の徳川の間の連携である相三盟約ともいえる関係であった。この時の北条側の取り次ぎ役は、掛川城開城時にも今川家との間を取り持った北条氏規である。

北条氏規は、北条氏の当主氏康の三男として、天文十四年（一五四五）に誕生した。天文二十三年（一五五四）、父氏康が今川義元の嫡子氏真に娘（早川殿）を縁組みした時、今川家と北条家との同盟を保証するために、駿河国に送られ人質になっていた。氏規が人質だった時、二歳年上の家康もまた、駿河で人質としての日々を送っていた。この時、義元から与えられた屋敷が隣同士だったこともあり、二人は親しく付き合っていた。

こうした背景から、信玄は駿河東部で北条の牽制を受けており、姉川の戦いで遠江が手薄になったにもかかわらず、その好機を生かすことができなかった。

徳川と北条との関係は、元亀二年（一五七一）十二月二十七日、北条氏康の遺言によって武田と北条による甲相同盟が締結されるまで続いた。

城之崎築城を断念

永禄十二年（一五六九）に城之崎城（現在の城山球場）の築城を命じ、一年ほどが経過した。家康は遠江国の運営のための拠点を、岡崎城から見付の城之崎城に移すつもりだった。しかし、そのことを知った信長は、城之崎城の守りの欠点を指摘した。

見付に居城を構えると、信玄が駿河から攻め込んで来た場合、天竜川を背負うことになり退路が失われる。織田軍が援軍を差し向けても天竜川を渡ることは難しい。そのため信長は家康に対して、居城を天竜川の西側に変更するよう強く求めた。

城之崎城は今之浦という沼地に三方を囲まれているが、遠江国は地震で隆起する地形のため水深が浅くなり、守りが弱くなるという問題点があった。

永禄十三年一月四日、信玄本隊が駿河国東部で北条氏との戦いを続けていた時、武田別動隊は駿河国西部に進出して、花沢城（焼津市）を攻めた。さらに一月八日、花沢城を落とすと、さらに徳之一色城（藤枝市・後の田中城）も一気に落とした。

武田軍が大井川まで到達するのは時間の問題であり、直接対決の危機が迫りつつあった。

一方、家康は元亀元年（一五七〇）、遠江国の支配をより盤石なものにするために、古来から国府のあった見付の町の中心に位置し、広く崇拝されている遠江国の総社、淡海国玉神社《おうみくにたまじんじゃ》の管理を大久保一族の次男である大久保忠佐《ただすけ》に任せた。忠佐は旗本先手組として各地を転戦していたため、不在時は長子の彌九郎《やくろう》に祭祀を任せることとした。

家康は見付を押さえることで、軍事、経済、信仰、すべての面で遠江国の支配を進めようとしていたのである。

しかし、武田氏の勢力は大井川まで迫っており、城之崎城は完成間近とはいえ、磐田原の防衛態勢を整えるにはあまりにも時間が足りなかった。

そこで家康は信長の意見を取り入れ、城之崎城を泣く泣くあきらめ、まだ片田舎でしかなかった曳馬城（後の浜松城）に本拠地を移すことを決め、大規模な城の拡張に着手した。

一方、磐田原を東西に横断する東海道の急坂においては、上り坂の三ケ野坂と西坂に防御地点を設け、東から攻めてくる信玄に備えた。

城之崎城を断念した家康であったが、見付との繋がりは消えたわけではなく、後年、見付・中泉を天領として城郭構えの中泉御殿を造り、度々鷹狩などに使用した。また、関ケ原の戦いではこの中泉御殿から出陣し、大坂冬の陣でも軍議が開かれるなど、軍事的にも活用された。

彌九郎の子孫も、幕末まで十四代、三百年にわたって淡海国玉神社の宮司を務めている。

家康、浜松城へ入る

元亀元年（一五七〇）七月初旬、姉川の戦いから戻った家康は、本拠地を三河国岡崎城から遠江国曳馬城に移した。九月十二日、家康は曳馬城へ入り、大規模な拡張や改修を指揮し、城下町の形成を進めた。

この時、曳馬城という名称は「馬を引く」、つまり敗北につながり縁起が悪いことから、かつてこの地にあった荘園（浜松荘）に因んで城名・地名ともども「浜松」と改めた。当初の本拠地であった岡崎城は、嫡男の信康に譲られた。

山県昌景軍、大井川を渡る

徳之一色城（藤枝市）を落とした武田別動隊は、その名を田中城と改名し、山県昌景が城代となった。

信玄は昌景に、大井川を渡って家康への挑発を命じた。

元亀元年（一五七〇）十月始め、山県勢は大井川を越えて遠江国に侵入し、年貢米を奪って田中城に運び込んだり、小山方面に兵を出して徳川領内で略奪を行ったりした。

大井川を境界とする家康との密約を破っての越境であった。信玄の最終目的はあくまでも遠江国を手中に収めることにあった。

武田軍の本隊は、依然として駿河国東部で北条軍と対峙しており、小競り合いを繰り返していた。

時は、元亀二年になろうとしていた。

駿河国を平定しつつある信玄と、掛川城を開城させ遠江国を平定した家康。大井川を隔てた両者の直接対決は、間近に迫っていた。

三　家康と信玄、戦いの予兆

元亀二年の攻防

相模国の北条氏康は元亀元年（一五七〇）八月頃から病を得て、元亀二年に入るとさらに体調が悪化した。

発給の文書は印判だけで花押が見られなくなり、五月十日を最後に文書の発給は停止された。病に侵された氏康は、かつて武田氏に通じていた北条高広を介して、武田信玄との和睦・同盟を模索した。

北条氏康の病が重く、和議を模索していることを知った信玄は、北条が動けない隙を突いて、本格的に遠州攻略の準備に着手した。

小山城、滝堺城の築城

元亀二年（一五七一）二月、武田軍は大井川を渡って西岸の山崎の砦（能満寺山）を攻めた。

兵数は、甲州から遠征した一万二千。これに、今川氏から武田氏に恭順した駿河の国衆八千を加えた、およそ二万の規模であった。この遠征は、本格的な遠州侵攻に備え、新たに武田軍に加わった旧今川衆を信玄の指揮下で動かすことで、自軍との一体化を図る軍事演習を兼ねたものであった。この時点では、いまだに北条氏との和議は成されておらず、北条との国境の警戒を解くことはできなかった。

家康は、松平真乗（家康の又従兄《はとこ》）に砦周辺の領地を与え、元亀元年（一五七〇）四月下旬、今川方の砦を落とすことに成功していた。しかし、圧倒的な武田軍の進攻を知り、松平真乗《さねのり》は戦わずして砦を放棄した。信玄は、馬場美濃守信春に砦を拡張させ、名を「小山城」と改めた。そして、山県昌景の与力である大熊朝秀を城主にして遠州攻略の拠点とした。

それまで小規模な砦にすぎなかった小山城は、武田方の改築によって本格的な城郭に拡張された。さらに信玄は、海岸沿いに勝間田方面へ二里（八キロ）ほど兵を進め、大規模な山城である滝堺城（牧之原市片浜）の築城を開始した。近くには勝間田氏の築いた古城（滝堺古城）跡があったが、手狭なために新たな城を築くことにした。

この城は、牧之原台地が駿河湾に最も迫った先端部分に築かれ、駿河湾内を一望することができた。信玄は来るべき遠州侵攻のため、海運を活用して兵器・食糧などを輸送・備蓄させる機能をこの城に持たせた。

さらに、馬場信春に命じて小山城と滝堺城の北方、牧之原台地の東端に城を造るべく縄張りを命じた。この地は、城域内を金谷から小夜の中山に抜ける東海道が通る東西交通の要衝であり、古くから今川氏の拠点のひとつだった金谷城の跡地である。後年の天正元年（一五七三）、馬場はこの城を大規模な山城に拡張し、諏訪原城と名付けて、勝頼の高天神城攻めの拠点とする。

高天神城の包囲

滝堺城の差配を終えた信玄は、さらに兵を進め、元亀二年（一五七一）三月、高天神城を包囲した。

高天神城を守る小笠原氏助は、前年六月の姉川の戦いに徳川方として参加し、武功を挙げたことは信玄の耳にも届いていた。

信玄は、武田四天王の一人、内藤昌豊を先鋒として城攻めに取り掛かった。

しかし、高天神城は天嶮の要害に築かれた堅城であり、簡単に落とせる城ではなかった。

もとより信玄は、本格的な城攻めをするつもりはなく、この攻撃は城方の勢力や装備などを把握するための、兵站（補給）態勢を伴わない威力偵察行動であった。

高天神城は、浜松城から最も離れた東遠に位置し、籠城戦となった場合は浜松からの援軍が難しい地にある。

このとき、高天神城を守っていたのは、城主小笠原氏助以下、千数百の兵であった。

信玄の作戦は、武田の大軍で城を包囲して威圧し、氏助を説得して徳川から武田へ寝返りさせることに狙いがあった。しかし、城側の士気は高く、幾度かの小競り合いを仕掛けられても、氏助は信玄の開城勧告を頑として受け付けなかった。

信玄が大井川を渡って威力偵察をしたもうひとつの目的は、遠州攻めの道筋を見極めることであった。

高天神城は、滝堺城と遠江国の中心地である見付のほぼ中間に位置する。

滝堺城から見付へと向かうには、高天神城脇を通り、牧之原台地を突っ切って掛川城をかすめ、東海道を西進する道筋がある。

しかし、この道筋は起伏が多く、途中にある高天神城に加えて、掛川城という徳川方の堅城近くを進まなくてはならない。掛川城には「西三河衆」の旗頭の座を甥の数正に譲った石川家成がおり、守りを固めていた。

信玄には、十二年前に今川義元が桶狭間で奇襲攻撃を受け、討死した事が常に頭にあった。山を進む道は、隊列が長く伸びるため、行軍中に伏兵によって横から攻められると対応が難しい。この道を進むことは、地の利がない信玄にとって得策ではなかった。

もうひとつ、起伏の多い牧之原台地を避けて開けた海沿いに迂回し、御前崎（御厩崎《うまやざき》）方向に兵を進め、高天神城の南を進む道筋もあった。横須賀（掛川市大須賀）、芝原（袋井市浅羽）を経て、見付に向かう平坦な道である。

高天神城の強い抵抗は、信玄に海岸沿いの道を選択させることになった。

北条氏康が病に苦しんでいるという情報はあったものの、北条との対立はまだ続いており、本格的な遠州侵攻作戦をするには、まだ機は熟していなかった。そのため、武田軍は威力偵察の目的を達し、高天神城の包囲を解き甲斐国へ引き揚げた。

武田軍、三河侵入

元亀二年（一五七一）四月、信玄本隊が大井川を越えて高天神城を包囲していた頃、信玄は家康の守りを分散させるために、伊那郡代の秋山虎繁に三河への侵攻を命じた。侵攻したのは、秋山虎繁の手勢と信州の諏訪衆、伊那衆二千余りであった。家康はこの時、信玄による高天神城の包囲を受け、遠江に兵力を集結させていたため、完全に虚を衝かれる形となった。長篠城の菅沼正貞は武田軍の進攻に対し、大きな犠牲を払って抵抗したが、家康が援軍を送れなかったため、心ならずも武田軍の圧力に屈し従属した。

さらに武田軍は、菅沼定忠が守る田峯城と、奥平貞能が守る作手城（亀山城）を攻めて降伏させた。

武田側に属することにより、生き残りの道を選んだこの山家三方衆を案内人として、三河国に向けてさらに兵を進めた。

武田軍は四月二十八日、菅沼一族の菅沼定盈《さだみつ》が守る徳川方の大野田城を攻めた。大野田城は野田城から八町（八百メートル）ほど東にある小城で、今川氏との戦いで損傷した野田城を修復するための仮城であり、城の体裁を整えたとはいえ、実戦に耐えられるほどの防御力はなく、武田軍迫るとの報を受けた定盈は大野田城に火を放ち、城を捨てて豊川対岸の西郷へ逃れた。

大野田城を落とした武田軍は、さらに西進して三河吉田城（愛知県豊橋市）に迫った。吉田城は、家康が今川氏を離反した時に攻略した城で、豊川と朝倉川の合流点の丘陵上に築かれた平山城であった。この時、吉田城を守っていたのは、「東三河衆」の旗頭・酒井忠次であり、簡単には落とせる城ではなかった。そこで武田軍は吉田城の支城に標的を変更し、手前半里（二キロ）東にある、支城の二連木《にれんぎ》城（豊橋市仁連木町）を攻めた。

酒井忠次は吉田城の守りに徹し、防御力の弱い支城の二連木城を守ることができなかった。

二連木城は落城し、城兵は吉田城へ撤収した。（二連木城の戦い）

武田軍はさらに吉田城に迫ったが、落とすためにはそれなりの日数が必要である。

長期戦ともなれば、家康や盟友である織田信長が後詰に駆けつけることが考えられ、二連木城を落とした武田軍は間もなく長篠城へ引き揚げた。元々、武田軍の三河侵攻は、間近に迫った遠州侵攻のために、より多くの兵を吉田城の守りに回させて、浜松城の防御を薄くさせるための作戦であった。

徳川方は、武田方となった長篠城と直接対峙している野田城の改修を急ぎ、吉田城も守備兵を増やして守りを固めることとなり、信玄の三河における徳川牽制の狙いは功を奏した。

北条氏康の死

元亀二年（一五七一）十月三日、氏康は小田原城において死没した。享年五十七。信玄が駿河国に侵攻を開始して三年余り、武田と北条は繰り返し戦い続けていた。このまま抗争を続けて体力を消耗すれば、やがては破竹の勢いの信長の力が関東にまで及ぶであろうとの危機感が信玄との同盟を選択させた。

氏康は、最期に氏政をはじめとする一族を集め、「上杉謙信との同盟を破棄して、武田信玄と同盟を結ぶように」と遺言を残した。すでにこの年の初めから、氏康は信玄との和睦・同盟を打診しており、北条との抗争を収め遠州侵攻を目指していた信玄にとって絶好の機会が訪れた。

氏康の死から僅か二カ月後、氏政は弟の北条氏忠、北条氏規を人質として甲斐に差し出し、元亀二年十二月二十七日には、信玄と甲相同盟を回復するに至った。そして、年が明けた元亀三年一月、上杉謙信との同盟を破棄した。再締結された甲相同盟は、北条側の信玄への譲歩による同盟である。北条氏は、戦国の乱世から生き残るための唯一の道として、武田との同盟を選択した。遠江国を手に入れれば、武田氏の領土は、甲斐一国のほか、信濃・駿河・上野西部・遠江・飛騨・越中の一部にまで及び、その石高はおよそ百二十万石ほどに達する。一方、北条氏の領土は、伊豆・相模・武蔵・上野南方・下総・上総・下野の約百五十万石ほどである。戦に動員できる兵力は石高に比例する。この石高を基にした、推定動員兵力は、北条氏と武田氏合わせて八万を超える。

これに対する織田信長の勢力範囲は、美濃・尾張・伊勢・近江・山城・大和・河内・摂津・丹波・播磨・

若狭・丹後におよび、これに家康の三河・遠江が加われば、推定最大動員兵力は八万を超え、さらに急速に拡大しつつある。甲相同盟により、武田・北条同盟は、織田・徳川同盟に匹敵する勢力となった。

締結された甲相同盟により、駿河や武蔵・西上野での武田と北条との対立は解消され、信玄はその持つ力のすべてを遠江国侵攻に注ぐ態勢が整った。さらに氏政からも、遠江侵攻時に援軍を派遣する約束を取り付けた。

信長包囲網

元亀二年（一五七一）、信長の台頭に脅威を感じた室町幕府十五代将軍足利義昭は、浅井氏・朝倉氏・三好氏・石山本願寺・比叡山延暦寺・武田信玄などに働きかけ信長包囲網を形成した。

これに対し同年九月、信長は浅井氏と朝倉氏をかばい続けた比叡山を三万の兵で包囲して焼き討ちし、数千人の僧侶や住民を惨殺した。信玄との決定的な対立を避けたい信長は、信玄が三河に侵入したり、大井川を越えて城を造っていたりすることを見て見ぬふりをしていた。

元亀二年七月、武田の勢力が遠江国を侵し得る段階となったため、信長は家康に対し吉田城まで後退し、浜松城には家老を置いて守らせたらどうかと意見した。これに対し家康は、浜松を退去するくらいなら武士を捨てる、武士として立つからには遠江の領内を絶対に立ち退かぬとの思いを信長に伝えた。

元亀二年十二月中旬、信長は信玄に対し、多くの進物を添えて徳川との和睦を勧めた。

これに対する信玄の返事は、「遠州・三河両国の境目に居住する謀反の侍（家康）の暴挙を許されよとの儀につき、納得致しかねる」との内容であった。そもそも今川領を、大井川を境にして、駿河国を武田領に、遠江国を徳川領とする仲介を行ったのは織田信長である。信長は包囲網を受け多くの国と抗争を続けており、さらに武田信玄を敵に回すことは何としても避けたかった。

家康、大井川東岸に旗を立てる

信玄が、北条と同盟を結び、遠州侵攻の準備を進めているとの情報は徳川方も掴んでいた。

家康が掛川城を開城させ、遠江国を手に入れたのは永禄十一年（一五六八）五月であり、遠江における徳川の治世は僅か四年間でしかない。遠江国衆の徳川への帰順はまだ固まりきってはおらず、武田の侵攻があれば、いつ武田に寝返ってもおかしくない状況にあった。家康は、浮き足立っている遠江国衆の士気を高めるために、元亀三年（一五七二）正月、天竜川以東の久野城、馬伏塚城、掛川城、高天神城などを巡視した。

そして、一月十三日、家康は酒井忠次、本多忠勝、小笠原氏助ら百五十騎と、軽装備で機動力を持たせた五百ほどの兵を自ら率い、井呂瀬（色尾の瀬・島田市色尾）の浅瀬から大井川を渡り、すでに武田の領地となっている島田の川原に陣し、徳川の旗を立てた。この報を受けた田中城主山県昌景は、直ちに二千の兵で追撃したが、家康はすでに陣を引き払った後であった。昌景は、さらに大井川を渡り、金谷坂を越えて入坂（日坂）まで追ったが、家康は掛川城経由で、十九日に浜松城に戻った。この情報は服部半蔵配下の忍びによって遠江国衆に伝えられた。武田軍の度重なる大井川越境に対し、家康自ら陣頭に立っての一矢を報いた渡河に、徳川方の士気は大いに盛り上がった。

この家康の大井川渡河に対し、信玄は直ちに家康に使者を派遣した。その口上は、「先の約束は天竜川を境にして東西を分かち領せんとするものであり、家康が約束を破って大井川を渡河し、武田領内に乱入したのは、遠州を侵さんとする姦計《かんけい》（悪だくみ）である。これにより、ついに徳川は武田の敵讎《てきしゅう》（仇）となった」との内容であり、大井川を勝手に天竜川に置き換えた無理筋の抗議であった。

信玄、遠州侵攻の準備整う

相甲同盟が成った元亀三年（一五七二）に入ると、信玄は遠州侵攻に向けて本格的な準備に着手し、滝堺城や小山城へ武器や兵糧の搬入蓄積を開始した。また、田中城代は山県昌景を遠州攻めの先鋒に当てるべく、板垣信安に交代させた。さらに信玄は、背後の敵である上杉謙信の封じ込めを謀《はか》った。

信玄は、反織田勢力とともに信長包囲網を構築していた石山本願寺の住職である顕如《けんにょ》に、越中での一向一揆を蜂起するよう要請した。顕如の妻である如春尼の実の姉は、武田信玄の正室・三条夫人であり、信玄と顕如は義兄弟にあたる。これにより、謙信は主戦場を関東から越中へ移すことになる。

信玄の遠州侵攻のために動員した兵力は、不要となった相模国との国境警備の兵力を可能な限りかき集め、三万の大軍であった。さらに、北条氏政から同盟の証しとして足軽大将大藤《だいどう》秀信、伊豆衆の清水政勝など千七百の兵を援軍として受け入れた。当時、軍を構成する足軽は、農繁期を終えて手空きとなった農家の男たちである。遠州侵攻の時期は、秋の米の収穫が終わり、足軽として調達が可能となる元亀三年の秋と決まった。

守りを固める徳川軍

家康が遠江国へ侵攻して以降、その兵数は二倍ほどに膨れ上がっていた。これら新規に徳川家に属した国衆や土豪たちは、それぞれ最寄りの将の配下とし、武田との対決に備えた軍制を整えた。

遠州東部の要の城である高天神城は本領安堵の約束に基づき、小笠原氏助に兵千余りを持って馬伏塚城（兵二百）共々任せた。小笠原氏は花蔵の乱で手柄を立てて高天神城を任された元今川の家臣で、氏助はこの城で生まれ育った三代目の城主である。氏助は、姉川の戦いでも目覚ましい働きをし、先代から引き継いだ高天神城を、命を投げ打ってでも守ろうとする気概がある武将であった。外様ではあるが、家康からの絶対の信頼があった。

遠州中部の要の城である掛川城は、西三河衆の旗頭だった石川家成が、甥の石川数正に旗頭を引き継いで城主となった。その兵数千余り。

遠州北部の要の城である二俣城は、今川方だった鵜殿氏長を城代にしていたが、武田の攻撃に晒される危険な城であり、籠城戦となった場合、天竜川を挟んで援軍を送ることが難しい地であるため、岡崎城で信康の家老だった岡崎衆の中根正照を城主とし、これに同じ三河衆の青木貞治を副将として付けた。

いずれも三河以来の譜代の家臣である。城兵の数は千二百とした。この他、久野城は本領安堵の約束に基づき、久野宗能に任せた。兵数は三百である。

今川氏から寝返った外様家臣である小笠原氏助と久野宗能は、元主君である今川氏真が籠城する掛川城攻めにおいて、先陣を切って攻撃に参加し、徳川家に対する忠誠を示していた。

三河吉田城（豊橋市）は、引き続き東三河衆の旗頭・酒井忠次が城主となり、兵数を千五百に増強して長篠方面からの武田軍の進攻に備えた。

三河岡崎城は嫡男の信康に守らせた。この時、信康十三歳、信康は浜松に遠征して父家康とともに戦うことを強く主張した。十二年前、家康が丸根砦を攻めた時、家臣の本多平八郎は十三歳で初陣を飾っており、家康も信康の望みを叶えてやりたかった。しかし、家康は勝ち目の少ない武田との戦いに、信康の初陣をさせることを許さなかった。次男の於義丸（後の結城秀康）は、いまだ二歳に満たず、家康が万一のとき、徳川家の未来を託せるのは信康しかいなかった。

信康は、せめて岡崎城を守る兵を削って、自身の代わりに一兵でも多くの岡崎衆を浜松に援兵させるように求めた。信康の申し入れを受けた家康は、最低限の千余りの兵で岡崎城を守らせ、家老の中根正照と配下の岡崎衆を二俣城の守りに回した。

この十二年間で信玄を取り巻く環境は一変した。信長の台頭により上洛で先を越され、その勢力は信玄を遥かに凌ぐものとなっていた。この時、信長が動かせる兵の数は、その領地の石高から八万から十万とも予想され、いかに武田軍が精鋭とはいえ、僅か三万の遠征軍では如何ともし難かった。

反信長の武将による織田包囲網が形成されてはいるが、同床異夢の連合体であり、誰がいつ裏切るか分からず、これを過度に信頼して上洛すれば梯子を外されかねない。上洛するためには、三河から京の都まで、地の利がない信長の領地を進軍することになる。今川義元が侵攻途中、土地勘のない桶狭間で襲撃されたことは、信玄にとって重い事実であった。上洛することが、事実上不可能であることは信玄が一番理解していた。

信玄の目的は、あくまでも家康に打撃を与えて、三河へ退かせ、遠江国を手に入れることであった。遠州侵攻は、上洛を目指す西上作戦に非ず、ただ遠江攻略が目的であった。

信玄が上洛を断念していた理由が今一つあった。信玄の体調に異変が生じていたからである。永禄十年（一五六七）、体調を崩していた信玄は、侍医である板坂法印の見立てで、「膈《かく》という病」と診断された。「膈の病」とは食べ物が通らなくなる病気であり、やがては胃癌・食道癌などに繋がる危険があった。

元亀二年（一五七一）末時点でも体調不良が続いており、次第に気力が衰え、心地が良い時はまれであった。

四　一言坂、そして三方ケ原へ

武田軍、遠州侵攻の開始

元亀二年（一五七一）十月、相模国の北条氏康の死により結ばれた「相甲同盟」により、相模との国境を守る兵を減らすことが可能になり、信玄はより多くの兵力を遠州攻めに投入できることになった。

その兵数は、相模国境の守備兵を減らし、駿河国衆を加えた総勢二万八千、これに北条氏の援軍千七百が加わり総勢三万であった。これとは別に秋山虎繁率いる伊那兵二千が美濃攻めに加わった。信玄は出発前に主だった諸将を集め、今回の遠征が上洛戦ではなく、家康を遠江国から排除することが目的であることを改めて伝えた。旧今川領である駿河国と遠江国を武田領とし、武田家の安泰を計る戦いである。

信玄は遠江国を三方向から攻めることとした。奥三河に向う山県昌景軍四千、北遠から侵入する馬場信春軍四千、そして駿河から大井川を越えて侵入する信玄本隊二万二千である。この時、信玄は体調が優れず出発が遅れた。

永禄十年（一五六七）、侍医である板坂法印は問診と触診で信玄の腹部に異常を感じ取った。あれから五年が経過して症状は確実に進行し、法印は遠江国への出向を見合わせるように進言していた。しかし、信玄がそれを受け入れることはなかった。

元亀三年（一五七二）九月二十九日、まず山県軍と馬場軍が、そして十月三日（新暦十一月八日）、信玄も甲府の躑躅《つつじ》ヶ崎《がさき》館を発向した。まもなく秋が終わり、立冬になろうとしている遅い出発であった。

それは、病に侵されていた信玄の、生きて帰ることのない最後の出陣であった。

山県軍、三河・美濃へ進出

九月二十九日、甲府を発った第一隊は武田四天王の一人、山県三郎兵衛昌景が兵四千を率いた。山県勢は、伊那街道を南下して東三河の長篠城に向かった。十月十一日、山県勢は山家三方衆の一人、菅沼正貞が守る長篠城に入った。この部隊の最大の目的は、吉田城（豊橋市）を牽制することにより三河方面の守備兵を増強させ、浜松城を守る兵力を減らすことであった。

この時点で、家康が動かせる兵力は八千ほどであり、吉田城の守りを固めるための兵力を増強させることができれば、その分だけ浜松城を守る兵は少なくなる。

状況によっては吉田城を陥れ、尾張と遠江を分断して織田の援軍を阻止することもできる。さらに、鳳来寺街道を南下することにより井伊谷に達すれば、浜松城の家康にも包囲圧力を加えることが可能であった。

これに対する徳川の備えは、前年の武田軍による三河侵入によって菅沼定盈が守る仮城の大野田城が破られ、吉田城まで簡単に侵入を許したこともあり、三河東部の国人を統率する役割を与えられていた「東三河衆」の旗頭・酒井忠次は、損傷が激しかった野田城の修理を完成させるとともに、松平忠正に二百の兵を預けて派遣し、菅沼正貞の兵三百と合わせて五百の兵で野田城を守らせていた。

さらに自身が城主である吉田城の守備兵を千五百に増やして警戒を強めた。この増強により、家康が動かせる兵は七千ほどに減り、信玄の目論見は成功した。さらに山県勢の別動隊として、伊那郡代である秋山虎繁が二千の伊那兵を率いて、信長の領地である東美濃に侵入し、織田方の領地である岩村城を攻めた。

岩村城は、軍事・交通の要所であり、信玄は予てから秋山虎繁に命じて岩村城を攻めさせていたが、城主遠山景任が織田の援軍を受けて守り抜いていた。

元亀二年（一五七一）、遠山景任が跡取りが無いまま病死すると、信長は五男御坊丸を遠山氏の養子として送り込んだが、御坊丸が僅か八歳であったため、景任の未亡人おつやの方（信長の叔母）が実質上の女城主となっていた。この城を落とせば、信長は信長包囲網の対応に加えて、美濃の守りを固めなくてはならず、浜松城への援軍を出しにくくなる。

秋山勢の役割は、山県勢の吉田城への動きと呼応して信長を牽制し、浜松城への援軍派遣を困難にさせることにあった。

馬場軍、青崩峠を越える

第二隊は武田四天王の一人、馬場美濃守信春が兵四千を率いて、元亀三年（一五七二）九月二十九日に山県勢と共に甲府を発ち、十月九日青崩峠（一部は兵越峠）を越えて秋葉街道を南下した。犬居城主天野景貫は密かに武田に寝返っており、青崩峠へは景貫自らが出迎えて道案内をした。

馬場軍は、稜線（尾根道）を辿って山住神社に進み、秋葉寺の秋葉三尺坊大権現で戦勝祈願を行った後、犬居（若身）の町に入り、兵と馬を休めて食料を補充した。

ここで馬場勢は本隊三千と、別動隊千に分かれた。馬場信春率いる本隊は十一日早朝に犬居を出発し、小奈良安から一の瀬、三倉に進み（森町・戦国夢街道）、太田川の支流である中村川沿いに天宮（森町天宮）まで南下して、山城である天方城に兵を回した。

城主の天方通興は、武田の大軍襲来の前に城を出て徳川方の久能城に避難していた。天方城を押さえた馬場本隊はさらに秋葉街道を南下し、こちらも城兵が避難して空城になっていた飯田城を押さえた。

犬居城を出発して、僅か一日余りで秋葉街道沿いの徳川の拠点が武田軍の手に落ちた。

一方、馬場別動隊の千は、秋葉街道を二俣方面に進軍し、途中にある只来城、光明城を押さえた。いずれも守備兵が百にも満たない小城である。

武田軍の遠州侵攻を受けて、家康は事前に遠江の国衆に対し無駄死《むだじに》にを避け、もよりの掛川城、久野城、二俣城に避難するように指示をしていたため、本格的な戦闘には至らなかった。

犬居で別れた別動隊は、さらに二俣川沿いに南下して、一気に二俣城下に侵入し、十月十二日二俣城に対面する鳥羽山砦を押さえた。鳥羽山砦にはわずかな物見の兵しか配置されていなかったため、容易に落とすことができた。この時の二俣城代は、岡崎城で信康の家老だった中根正照で、副将は青木貞治。いずれも三河以来の譜代の家臣である。兵数は千二百であった。

二俣城は山に囲まれており眺望がまったく無いに等しい。この鳥羽山砦の占領は、徳川方の眺望を奪う信玄の周到な作戦であり、後の二俣城攻防戦に大きな影響を与えることになる。一方、馬場本隊は、北遠の城の全てを落とし、甲府を発つ時に信玄から下知のあった見付の手前、三ケ野川（太田川）の対岸となる西島（磐田市西島）に向かった。

信玄本隊、大井川を渡る

元亀三年（一五七二）十月三日（新暦十一月八日）、信玄の体調不良により、遅れて甲府を発した信玄本隊は駿州往還道を南下し、興津で北条の援軍と合流、西へ進んだ。

その間、各地の国衆が次々に合流し、その数を増やしていった。田中城で隊列を整えた時点で、兵数は北条援軍を含めて二万二千にまで膨れ上がっていた。十月十日に田中城を発して大井川を渡り、小山城を経由して滝堺城に入った。ここで、作戦に必要な武器や兵糧などを整えた。

甲府を発つ前、信玄は北遠から攻め込む馬場信春に対し、合流する地を磐田原台地の手前である、遠州木原・西島とすることを指示していた。磐田原台地は起伏が大きく、徳川の勢力が強い地点であり、徳川軍の動きを見極めないまま、磐田原の高台へ兵を進めることは危険であった。

翌十一日払暁、滝堺城を発した武田軍が、見付に向かう道として選択したのは、起伏の多い牧之原台地を避けて南へ迂回し、御前崎から見付方面に向う平坦な海沿いの道であった。

信玄がこの道筋を選んだのは、前年に高天神城への威力偵察を行った時、高天神城の小笠原氏助を恭順させることができなかったからである。

滝堺城から牧之原台地を突っ切って起伏の多い道を進めば、途中に高天神城と掛川城という二つの堅城がある。甲府出発が遅れた信玄は、時がかかる城攻めをする考えは元よりなかった。

浜松城を落とせば、あるいは二俣城を落として天竜川以東から徳川を排除すれば、両城は孤立してやがて武田の手に落ちる。

そして今ひとつ、信玄の脳裏には、十二年前に桶狭間で奇襲された今川義元の横死が常にあった。どの道筋を採っても、狭い所の道幅は三尺（九十センチ）ほどしかない。二万余りの武装した兵と騎馬が一列進軍すれば、その全長は八里（三十キロ）以上にも及ぶ。山道で伸びきった行軍列を、側面から伏兵をもって狙われたら防ぎきれない。信玄は敵地を行軍するにあたり、今川義元の轍を踏まないように、より安全な道を選んだ。

白羽神社での戦勝祈願

戦国時代の武将は、兵法を学んだ。その中でも信玄は「孫子の兵法」を好み、その旗印（馬印）に「風林火山」を用いた。信玄は見付に向かう道を、「孫子の兵法」における「重地」を選ばず、「交地」を選んだ。

進撃途上に敵城がある「重地」は、城の包囲と攻撃が必要になり、時間と戦力を消耗させてしまう。

敵城の鼻先をかすめて通り過ぎなければならず、城の攻撃に手間取ったりすれば敵の野戦軍に追尾されて、城の内外から挟み撃ちをされる恐れがある。一方、「交地」とは途中に進軍を阻止できそうな要害の地が全くなく、敵も味方も自由に進出・交錯できる地域を指す。「重地」「交地」ともに、数万の大軍となれば、行軍は延々の長蛇の列となり、先頭部隊と後方の部隊は、遥か彼方に離れがちである。そこで「交地」を進む場合は、敵が間隙を突破して軍を分断しないように、将軍は各部隊同士の接続をことさ

大井川を渡り、遠州木原・西島に向う、信玄率いる武田の大軍

ら緊密にしなければならない。

信玄は行軍する道として、見通しの効く平坦な道である「交地」を選択した。滝堺城から海に近い道を御前崎に向い、白羽神社で戦勝祈願をした後、横須賀（掛川市大須賀）、芝原（袋井市浅羽）を経て国府のある見付に至る道を進んだ。信玄の旗印、「疾如風 徐如林 侵掠如火 不動如山」を掲げ、隊列を空けることなく、全く隙のない整然とした行軍であった。信玄は、桶狭間での今川義元横死の教訓を活かした。

【参考】
「孫子の兵法」　軍争篇より
・孫子曰く、兵は分合を以て変を為す者なり
・其の疾きこと風の如く、其の徐なること林の如く、侵掠すること火の如く、動かざること山の如く
「孫子の兵法」　九地篇より
・孫子曰く、地形とは兵の助けなり
・人の地に入ること深くして、城邑に倍くこと多き者は、重と偽す。交地には則ち絶つこと無く。

浜松城での軍議

十一日に滝堺城を発向した武田軍は、高天神城の南を進んだ。高天神城主の小笠原氏助は、眼下に見える武田の大軍の出現を浜松城に伝えるべく直ちに狼煙を上げさせた。狼煙は、村衆や町衆の手により高天神城から一言坂の狼煙台まで、およそ一時《いっとき》（二時間）で伝わり、一言坂の狼煙は浜松城から直視することができ

た。

　すでに、奥三河や北遠から武田軍が迫っているとの情報が届いていた。この時点で、信玄が三方向から包囲する形で浜松城を攻めようとしていることは明白であった。これを受けて十一日夕刻、浜松城に主だった家臣を集めて軍議が開かれた。

　信長への援軍要請を再三するも回答は無かった。総勢三万とも四万とも予想される勇猛な武田軍に対し、この時点で家康が動かせる兵数は、僅か八千ほどであり到底太刀打ちできない。

　長篠城の山県勢が南下し、吉田城（豊橋市）を落とせば、浜松と岡崎を結ぶ道筋が断たれ、織田の援軍が阻止される恐れもあった。

　浜松城に籠城して持久戦に持ち込むことが最良の選択だが、信長包囲網の中で武田軍を駆逐できる織田援軍の早期派遣は期待できず、勝てる見込みは全く無かった。

　家康は、十二年前の桶狭間における信長と全く同じ脅威の中にあった。座して死を待つか、それとも桶狭間の信長の様に奇襲による逆転に懸《か》け、死中に活を求めるかの選択であった。

　武田軍が浜松へ向かうためには、磐田原台地を横断する一本道の東海道を必ず通らなければならない。長い軍議の末に、家康が出した結論は、自ら軍を率いて磐田原に進出し、武田軍への奇襲（夜襲）攻撃をすることであった。

　戦国時代において奇襲や夜襲は、兵力が大きな差がある場合、多く使われる戦法である。

　十二年前、桶狭間で今川義元が討たれたのも奇襲攻撃であり、家康はその時の記憶が今でも鮮明に残っていた。天竜川を背負っての戦いである以上、日中の奇襲に勝機はない。しかし、絶対的な地の利がある夜襲であれば可能性は零ではない。

家康が夜襲を選択したのは大きな理由があった。この時の徳川軍の半数ほどは、三年前に今川から徳川に帰属したばかりの外様の国衆である。家康が信玄を恐れて臆した姿を見せれば人心は離れ、徳川軍は内部崩壊しかねない。

久野城や馬伏塚城など、籠城戦を選ぶであろう国衆に対して、命懸けで守ろうとする姿勢を見せることこそが、国衆の武田方への離反を防ぎ、家康との主従関係を強めることに繋がる。

そのためには、家康が浜松城内で安全を確保して指揮をするのではなく、危険を冒して最前線に立たなければならない。まずは、信玄がいつどこに現われるかを把握することが必要であった。

家康の選択

家康は、運を天に任せて奇襲（夜襲）に打って出ることを決めた。浜松城から出す兵数は総勢五千とし、この内千五百を家康自ら率いて天竜川を渡り、見付方面に進出することにした。

内訳は、偵察隊として三百、奇襲部隊として八百、家康の護衛部隊として四百である。

長篠方面の山県勢に備えるために、浜松城に兵三千を残し、これを東三河衆の旗頭酒井忠次に指揮させた。

まず偵察隊三百を三ケ野台に派遣し、信玄の本陣位置を偵察し、確認ができた段階で奇襲部隊八百が迂回して密かに三ケ野川を渡る。そして三ケ野台の偵察隊が武田軍の注意をそらす陽動部隊となり、多くの松明《たいまつ》を掲げ、徳川の大軍が台地上に展開していることを装い、これを見た武田軍が三ケ野坂に殺到した時点で、迂回した奇襲部隊が信玄本陣を突く作戦であった。

磐田原を東西に結ぶ道は一本道である。奇襲部隊の八百の兵たちは、三ケ野台の手前の街道上で、行軍体制を維持したまま待機し、作戦が武田軍に露見した場合は、いつでも反転し、家康を守って速やかに撤収可能な態勢を取ることにした。兵数が多すぎると機動力が失われるため、残りの三千五百の兵は、天竜川を渡らず、後詰として西岸で待機し、これを西三河衆の旗頭石川数正が指揮することにした。

天竜川を渡河する千五百の兵は、家康が意のままに指揮できる少数精鋭の兵たちである。これらの兵は、全て家康直属の大久保忠世、本多忠勝、榊原康政、鳥居元忠など、旗本先手役で編成した。浜松城での軍議において、家臣たちは奇襲が失敗した時に備えて、主君家康の退路を確保しておくことを絶対条件とした。

奇襲が成功する確率は僅かなものである。

この時、西三河衆の旗頭である石川数正が示した案は、見付に城之崎城を築城しようとした際、磐田原台地に構築した「備《そなえ》」を活用して退路を確保する作戦であった。磐田原を東西に繋ぐ道は、真っ直ぐな一本道であり、狭く険しい間道はあるものの、大軍に挟み撃ちされるような迂回路はない。

街道上にある三ケ野坂と西坂の、二つの急坂（上り坂）で防御すれば、撤退の時間を稼ぐことができる。数正が示したこの案は、家臣たちを納得させるものであった。家康の目指した奇襲（夜襲）とは、地の利と夜の闇を利用し、武田軍に一撃を加えて混乱させた後に、直ちに撤退するものであったが、信玄の本陣位置を特定できれば、あわよくば信玄の首を狙うこともできる。

磐田原の一本道での戦いは、大軍に追撃されても直接戦うのは最前列の兵士だけであり、兵の多寡《たか》は関係ない。家康は桶狭間で、間近に見た奇襲成功の驚きと興奮が忘れられなかった。

奇襲部隊は、素早く隠密裏に行動する必要があり、敵に察知され易い馬印や旗指物を用いることを禁じた。家康自身が磐田原に出向くことは、武田軍には絶対に知られてはならなかった。

武田軍、久野城を囲う

軍議は終わった。東三河衆の旗頭酒井忠次は山県勢の三河侵攻に備えて吉田城の守りに戻った。高天神城から見付までは、およそ十里（四十キロ）あり、武田本隊が姿を現すのは十二日と予測された。

家康は天竜川の渡船を仕切っていた池田の船頭衆に、いつでも舟橋の設営が出来るように伝えるとともに、全軍に出陣の準備を命じた。

信玄本隊は十一日夕刻、浅羽荘（袋井市浅羽）の中心地である芝村（芝原）に至り陣を敷いた。北遠から南下している馬場信春隊は、この時点で合流地点である木原・西島に到着しておらず、その到着を待つために、この日は芝村での宿営となった。芝村の近くには籠城している小笠原氏助の支城、馬伏塚《まむしづか》城がある。

守備兵二百ほどの小城ではあるものの、周りを泥田に囲まれた守りの固い城であり、攻めればそれなりの日数がかかるため、牽制するだけに留めた。

芝村は、馬場軍との合流地点、木原・西島から一里（四キロ）の地点である。ここで信玄は日のある内に三千の兵を久野城の包囲に向けた。久野城を包囲して動きを封じ、掛川城を牽制するためであった。

十二日午前、馬場勢三千と道案内役の犬居城主天野景貫が率いる二百の兵が木原（袋井市木原）に到着し、直ちに三ケ野川を挟んで磐田原を正面に望む最前線の西島（磐田市西島）に兵を展開した。

徳川の領地深くに侵入している信玄は、今川義元横死の前例があり、慎重の上に慎重を期した。北遠の徳川方の城を全て押さえた馬場軍に、磐田原からの攻撃に対する備えをさせ、久野城、掛川城に対しては三千の兵を配置して安全を確保した。

信玄は、十二日午前、芝村から袋井に進出して久野城を検分した後、木原に宿営の陣を敷くとともに、磐田原台地の徳川軍の動きを探るため、密偵を向かわせた。木原・西島は田の多い、広く平坦な土地であった。その中に集落が点在し、いくつかの神社（村社）や寺があった。

主だった武将は寺や神社を拠点として利用した。信玄は寺の中でも最も防御に優れた海蔵寺（袋井市堀越）に本陣を構えた。海蔵寺は、かつて遠江守護今川了俊（貞世）の居城であった堀越城跡に建ち、敷地内には曲輪や土塁があって、平城の形態を遺している寺であった。

一方、浜松城では夜襲を前提とした偵察隊の準備が進められていた。

偵察隊は陽動部隊を兼ねており、撤退戦となれば殿《しんがり》になる重要な役割である。家康が偵察役を命じたのは、旗本先手役のなかで最も信頼している本多平八郎忠勝であった。この時、忠勝二十四歳、桶狭間での初陣以来十一年、数々の戦いに赴き、たくましく成長して旗本先手役の中でも群を抜く活躍をしていた。さらに家康は、内藤三左衛門信成に偵察役を命じた。

内藤信成は槍働きでは忠勝に及ばないものの、戦術の研究には長けていた。日頃から領内の街道や脇道、間道、川道をくまなく調べ、農道から田の畷道まですべての道を把握しており、いざ合戦となった時に備え、地の利を最大限に生かすための戦術を研究していた。

【参考】「成瀬家文書」御由諸書より
元亀中、信玄公遠州浅羽之内、芝原と中所ニ而御陣屋被成候。
　諸説あるが、この馬伏塚城近くの遠州芝原の地は、天正四年に家康が武田氏に奪われた高天神城を奪回する戦いの時に陣を敷いた地とされ、初陣の井伊万千代（直政）が家康の寝所に忍び込んできた武田の刺客を討ち取る手柄を挙げ、三百石から三千石に加増されたとする伝承が遺されている。

本多平八郎、物見の松

　本多隊三百と内藤隊三十の偵察隊は、浜松城での軍議が終わった十一日の夜、渡し船を使って密かに天竜川を渡った。忠勝と信成は、夜遅く木原・西島が一望できる三ケ野台に達し、忠勝は武田の密偵に覚《さと》られないように配下の兵を近くに潜ませ、夜が明けるのを待った。

　三ケ野台は磐田原台地の東端にあり、台地上から木原・西島全体を見渡せ、遥か遠方に久野城を望むことができる。十二日午前、忠勝と信成が三ケ野台で偵察する中、三ケ野川（太田川）の対岸である西島（磐田市西島）に馬場信春軍三千が姿を現し、徳川軍からの攻撃に備えた配置についた。

　久野城から狼煙が上がり、物見台に大きな旗が掲げられ、城がまだ落ちていないことを示していた。三ケ野台の最も高い所に古

木原・西島の武田軍を、三ケ野台の松から偵察する忠勝

墳（円墳）があり、その横に大きな松の木があった。忠勝は松の木に登って武田軍の配置を探ったが、信玄の本陣位置は遠すぎて詳細は確認できなかった。

忠勝は、直ちに浜松城の家康に、武田軍の今宵の宿営地が木原・西島であると伝令を出した。奇襲は夜の戦いになることは確実だった。仕掛けるのであれば、武田軍が到着したその日の夜が最も適していた。甲府からの遠征で兵は疲れ、やっと一息つくことができる。行軍中は携帯用の食料で腹を満たすのが常であったが、ようやく宿営地に着き、しかも翌日に徳川軍との合戦があるのであれば、玄米が支給され、兵たちはたらふく飯を食うことができ、気の緩みが生じる。

通常、兵の半数以上は農民の次男や三男であり、彼らが足軽として参戦している楽しみのひとつは飯を腹いっぱい食べられることにあった。この時、袋井一帯に現われた武田軍の総数は、信玄本隊の二万二千と、馬場隊の三千、合わせて二万五千であった。夜襲するのであれば、信玄の本陣位置と、守りが薄い場所を見極めなければならない。すでに、あちこちから炊飯の煙が立ち上がり始めていた。

※忠勝が登った松は、「平八郎物見の松」として、現在も代替わりの松が三ケ野台に伝承されている。

磐田原の備え

永禄十二年（一五六九）秋、家康は山本成氏に縄張りを命じ、城之崎城の築城を開始したが、翌、永禄十三年正月、武田の別動隊が駿河国西部に進出して、今川方が立て籠もる花沢城（焼津市）攻めに至ったため、同年初夏、完成直前になって信長の意見を受け入れ、本拠地を浜松城に移した。

この時家康は、築城と並行して磐田原を横断する東海道の四カ所の急坂を防御拠点とすべく整備を進めていた。

坂は東から順に、三ケ野坂、東坂、西坂、一言坂の四つである。城之崎城の築城放棄により、この整備は打ち切られたが、武田軍が駿河方向から攻めてくることを想定して、上り坂となる三ケ野坂と西坂の備えだけは残していた。この二つの坂は、東から攻められた場合、高低差を利用して有利に敵軍と戦える坂であり、重要な防御地点であった。

その中でも三ケ野坂は、坂の真下が三ケ野川（太田川）の河原であり、坂上にある古墳の最高点までの高低差が十三丈（四十メートル）近くにも及び、敵からの攻撃で火を放たれないように木々は伐採され、石ころ交じりの急峻な崖は、登ろうとすればボロボロと崩れ落ちる脆《もろ》い地質であった。

合戦と言えば刀や槍による華々しい戦いを連想するが、この時代に最も使われたのが投石であり、打撲による負傷が多かった。坂の上には、川原から集めた拳より大きな投石用の石が小山の様に積み上げられていた。

坂の唯一の上り道には、幾重もの堰《せき》を造るためのに切り揃えた丸太が用意されていた。この坂の上り道は、鎌倉の古道と名付けられており、長さは二町（二百メートル）ほど続く上り坂で、道幅三尺ほど（九十センチ）の狭い道である。

防御のために意図的に道幅を狭くしてあり、馬は下馬して手綱を引いて上がらなくてはならない。道は最も高さのある古墳を避けて回り込むように続いており、敵軍は真上からの攻撃に晒される。もし、木原・西島の武田軍への奇襲に失敗した場合は、この三ケ野坂である程度の時を稼ぐことができると考えていた。

家康、浜松城を出陣

十二日午後、信玄が木原に現われた頃、浜松城を発った家康は、天竜川の手前（西岸）で日没を待っていた。

既に本多隊と内藤隊の三百余りは、三ケ野坂で偵察活動を続けている。

浜松城を発った五千の兵の内、偵察隊を含めて天竜川を渡る兵は千五百である。奇襲部隊である旗本先手役配下の八百の兵は、幟旗を掲げず、背中の指物旗を禁じ、さらに鎧甲の光物を外させた。

さらに、出陣前に全ての兵に合言葉を伝えた。

夜戦の場合、敵味方を識別するために合言葉は必須である。先刻、天竜川の渡船を仕切っていた池田の船頭衆に、日没と同時に速やかに舟橋を架けるように指示をしていた。船頭衆はこの日のために、一時（二時間）以内で舟橋を架けられる態勢を整えていた。

前日の十一日夕刻、信玄が浅羽荘から放った密偵は、十二日午後信玄の本陣に戻り、磐田原台地に徳川軍の動きが見られないことを報告していた。信玄はさらに偵察を続けるよう、密偵を再び差し向けた。

三ケ野台の忠勝は、街道筋に数名の兵を潜ませ、夕刻以降に行き来するすべての者を拘束するように命じた。

この拘束は、三ケ野坂の一里ほど北にある向笠口などでも行われた。

通常、冬の夜は暗くなると人通りは絶える。その中で隣村に移動する者は武田の密偵としか考えられなかった。これにより、徳川軍の動きに関する情報が完全に断たれた。忠勝と信成は、潜ませていた三百の兵を、暗くなった三ケ野台の守りに就かせた。

一言観音堂を横切る

日没に合わせて、天竜川に架けさせていた舟橋が完成した。広大な天竜川の流れは中洲により幾条にも分かれていた。中洲の間を流れる多くの分流は膝より浅く、歩いて渡ることができるが、本流（大天竜）は川幅が四十間（七十メートル）ほどあり、流れも急で深く、船がなければ渡ることができない。

舟橋とは、天竜川の渡し船の舳先を川上に向けて並べて投錨し、船を綱で繋いで戸板を敷き詰めて歩いて渡れるようにしたものである。やがて日が落ち、僅かな月明かりの中、家康率いる旗本先手役のみで編成された奇襲部隊の兵千二百が静かに舟橋を渡った。

不安定な舟橋は、一列で間隔を開けて渡る必要があった。奇襲部隊を送り出した後、石川数正が指揮する三千五百の兵は、天竜川を渡らず西岸に陣を構えた。武田の密偵に家康が天竜川を渡ったことを知られれば、武田軍は目の色を変えて襲い掛かるであろう。

数正は家康の馬印を天竜川の西岸に掲げ、家康がここにあることを装った。万一、奇襲部隊が天竜川近くまで武田軍に追われてきた場合は、直ちに天竜川を渡って全力で掩護をしなければならない。

家康は池田から見付へと向かう途中の道すがら、街道横にたったひとつだけ願いを叶えてくれるという信仰がある小さな一言観音堂の横を通った。一言坂という、地名の由来にもなった観音堂である。

一言観音信仰は、遠く天平の時代にその起源を遡る。

平城遷都（七一〇）により、奈良に都が移されると、聖武天皇と光明皇后は仏教による国の鎮護願って興福寺を庇護し、伽藍を整備した。

この興福寺の南円堂の脇には、一言だけ願いを叶えてくれるという一言観音が祀られている。

聖武天皇が天平十三年（七四一）に国分寺建立の詔《みことのり》を全国に発布すると、見付にも国府が置かれることになり、一言観音信仰もいつの頃からかこの地に伝わるようになった。

無論、家康は一言観音を信仰してはいたものの、あえて観音堂には夜襲の成功を祈願しなかった。武運は自身の力で勝ち取るものであると考え、そのまま通り過ぎたのである。

徳川軍、見付の町へ進出す

日付は元亀三年（一五七二）十月十三日（新暦十一月十八日）となった。徳川軍は、僅かな月明かりの下を二列の隊列を組んで、静かに見付の町に入った。家康は見付の町の中心に位置する見付端城《みつけはじょう》に陣を構えた。見付端城は、かつて遠江今川氏の堀越氏が拠点としていた城であり、この時は空城となっていた。奇襲部隊は、一旦武器を置いて町の中央を流れる中川（今之浦川）沿いの民家を壊し始めた。武田軍の追撃を受けた時に、火の楯にするためである。見付の町衆は、予てからいざという時は、町屋に火を放っても構わないと家康に申し入れていた。

しかし、冬の遠州は強い北西の風が吹き、東西に長く連なる見付の町を吹き抜けて行く。火を付ける場所を誤れば見付の町全体が灰塵《かいじん》に帰してしまう恐れがあった。

家康は町の中央を流れている中川（今之浦川）を境にして類焼を防ぐことにした。川沿いの西側の町屋を壊して南北に長く積み上げさせた。

町屋の解体を終えた奇襲部隊八百は、見付の東にある見付寄場のさらに先に位置する三ケ野台の手前近くまで進み、二列の進軍隊列のまま待機した。

進むか引くか、どちらでも直ちに対応できる体制であった。家康を守る護衛部隊の四百は、見付の町外れの東坂の上にある三本松まで進出しそのままの態勢で待機した。

一方、三ケ野坂の偵察隊本多忠勝と内藤信成は、あわよくば信玄の本陣を奇襲すべく、その位置を確認しようとしていた。内藤信成は内藤隊の中から若干名を選抜し、これを二組に分けて川を渡り、木原・西島の先まで入り込み、武田軍の配置と本陣の位置を探ろうとした。

それぞれの選抜隊に、背負陣太鼓、法螺貝と鉄砲数丁を持たせ、一隊は信成が自ら指揮した。万一、武田軍に発見された場合は、大きな鬨《とき》の声を上げて鉄砲を放ち、太鼓と法螺貝の音を鳴らし、大軍による夜襲を装うためのものであった。選抜隊は、黒一色の甲冑を着用し、鎧の金属部分には音を消すために裏布を張り、顔には墨を塗って、上から下まで黒一色の出で立ちであった。

【参考】「孫子の兵法」軍争篇より
孫子曰く、昼戦には旌旗を多くし、夜戦には鼓金を多くす。

木原畷の戦い

三ケ野台の松に登った平八郎の物見によって、武田軍は小山・徳光・土橋・木原・西島・堀越・川井・久能辺りに、広く展開していると思われた。内藤信成は、配下の選抜二隊を率いて三ケ野坂を下り、密かに三ケ野川（太田川）沿いを北上した。桶ケ谷沼、鶴ケ池の脇を抜け、坂本神社の手前で三ケ野川を渡り、小山に至った。田園地帯の中には雲江院、八雲神社、日吉神社、須賀神社を結ぶ庶民の生活道路がある。

当然、武田軍により厳重な警戒がなされている道であり、選抜隊は並行する田の畷《なわて》（あぜ道）を音を立てずに進んだ。

八雲神社の手前で二手に分かれ、信成率いる一隊は、海蔵寺がある堀越方向へ西進した。別の隊は、南に方向を変え、許禰《こね》神社がある木原方向に進んだ。木原の許禰神社は、東海道沿いにある袋井では最も歴史ある神社のひとつであり、近くには信玄本陣の候補のひとつである長命寺もあった。

土橋の熊野神社付近を経て木原の畷に入ったところ、別動隊は運悪く哨戒していた数名の武田兵に発見されてしまった。

武田の兵は合言葉を問いかけてきた。当然合言葉には答えられない。火縄の臭いを感じ取った武田兵は、夜襲に気が付いて大声を上げた。

その瞬間、双方が刀・槍を向け、薄い月明かりの中で刃を交えた。家康から、武田軍に発見された場合は、直ちに奇襲作戦を中止し撤収することを厳しく命じられていた。選抜隊は、太鼓と法螺貝を鳴らして鬨《とき》の声を上げ、大軍の夜襲を装った。鉄砲を一射、二射、そして、三射目を放つと、武田兵に囲まれる前に、鳴物を捨ててもと来た道を戻り撤収を始めた。

発砲音は静寂の中で大きく轟き、内藤が率いる別隊にも届いた。もはや奇襲はこれまでである。内藤隊も鉄砲を放ち、太鼓と法螺貝を鳴らして鬨《とき》の声を上げた。熟睡中の武田軍は突然の銃声に混乱した。しかも二度目の銃声は、より信玄の本陣に近い方角からであった。鉄砲を放ち終えた内藤隊も包囲される前に素早く撤退を開始し、もと来た道を逆にたどって闇の中へ消えて行った。

三ケ野台で戦況を窺《うかが》っていた忠勝にも銃声が聞こえた。もはや奇襲は失敗であった。忠勝は本多隊全員に持参させていた松明に一斉に火を付けさせ、徳川の大軍が台地上に展開していることを装った。

忠勝の役目は内藤選抜隊を回収し、殿として三ケ野台で武田軍を食い止め、少しでも多くの時間を稼いで、家康と奇襲部隊を無事撤退させることであった。

木原畷での鉄砲音と、三ケ野台に掲げられた松明の明かりは、武田軍に囲まれている久野城の物見櫓にも届いた。籠城していた城主の久野宗能は、徳川に味方してまだ日の浅い自分たちのために、徳川軍が危険を冒して信玄に夜襲を仕掛けたことに甚《いた》く感動した。直ちにかがり火を大きく焚き、三ケ野台への連帯の合図を送るとともに、掛川城と馬伏塚城に夜襲の情報を伝えるべく伝令を送った。

この後、包囲されていた久野城は城を固く守り、武田に降《くだ》ることはなかった。内藤選抜隊の二隊が、忠勝たちが守る三ケ野台に戻ってきた。内藤信成は、直ちに見付へと馬を走らせた。

そして、見付端城の家康に、奇襲が露見し、武田軍に攻められたため、本多勢が撤退の時間を稼いでいることを報告した。信成は、忠勝からの一刻も早く撤退するようにとの言葉を伝え、撤退を渋っていた家康を諫めた。すでに奇襲部隊は撤退の準備を完了させて待機していた。家康は忠勝たちを見捨てることを心残りとしながらも、やむを得ず撤退を決意した。

家康は、鉄砲足軽五十を大久保隊の指揮下に置き、撤退戦となった場合の殿として、西坂を守ることを命じた。大久保家の長兄大久保忠世は、弟の忠佐に大久保家の名に懸けて殿《しんがり》を全うするように申し渡し、榊原康政や鳥居元忠らと共に家康を厳重に守って見付の町を離れた。

忠佐は大久保隊の三百の兵と、家康から預けられた徳川鉄砲隊とともに、西坂に防御線を構築して守りに就いた。

これより先、武田軍の先鋒を命じられていた馬場信春と天野景貫は、三ケ野台の対岸に陣を敷いており、自身は須賀神社（磐田市西島）で銃声を聞いた。

この時、三ケ野台から数多くの松明が燃え上がり、辺りが一気に明るくなった。夜の炎は実際より多い兵数を演出した。馬場信春は直ちに信玄に向けて伝令を出し、三ケ野台上の徳川軍への攻撃許可を求めた。信玄は事前に武田全軍に対し、信玄の許可なく抜け駆けをして磐田原台地に兵を進めることを固く禁じていた。木原に着陣したばかりの信玄は、徳川の勢力下にある台地上で、徳川がどのような防御態勢を敷いているか分からないため、まずは偵察により安全を見極め、夜が明けてから台地に兵を進めようと考えていた。しかし、夜襲を受けた以上、反撃しなければ兵の動揺を押さえることはできない。

信玄は「あれを逃がさざる様に、討ち取れと」との命令を下した。伝令は直ちに馬場の陣に戻り、馬場勢三千と天野勢二百が水深の浅い三ケ野川を一気に渡り、三ケ野台に襲い掛かった。

【参考】「孫子の兵法」軍争篇より
孫子曰く、高陵には向うなかれ
（高地を占領している場合は、弓は下方の目標を狙撃しやすく、槍などの長柄の武器を突き出す勢いも強く、投石の威力も大きいなど、数々の利点を得る。従って、高い丘からの上に布陣する敵に下から攻めかかるのは、極めて不利になる）

磐田原の戦い

磐田原台地を東西に貫いている東海道には、四カ所の急坂がある。この中で、東からの攻撃に対し防御に有効な上り坂は、三ケ野坂と西坂である。家康は、かつて城之崎城を築城しようとした時、この坂を利用した防御の「備《そなえ》」を準備していた。結局、城之崎城の築城は断念し、本拠地を浜松城に移したが、この「備」は信玄を迎え撃つ策のひとつとして残された。

家康は、三ケ野坂（一の備）、見付の町屋（二の備）と、西坂（三の備）を、対抗策として防御態勢を敷いた。「一の備」である三ケ野坂には本多隊三百ほどが、「三の備」である西坂には大久保忠佐率いる大久保隊三百と徳川鉄砲隊が殿として武田軍を迎え撃った。家康と奇襲部隊の兵が、天竜川の舟橋を渡河し終わるには、およそ一時半程（三時間）の時間が必要である。

それぞれの「備」には、半時（一時間）の時間を稼ぐことが求められた。

一《いち》の備《そなえ》　三ケ野坂の攻防

三ケ野川（太田川）の流れが削り取ってできた三ケ野台の斜面は、急斜面で木は育たず、登ろうとしても手掛かりとなるものは何もなかった。小石が混じった脆《もろ》い地質で、土がボロボロと崩れ落ちた。

周辺の木々は、攻めてきた敵に火攻めをされないように切り倒されており、忠勝が物見のために上った松の木だけがぽつんと立っていた。

殺到する武田軍、防戦する本多勢

忠勝が松明を消すように命じると、馬場勢の兵士たちは暗い闇の中、上部の様子が分からないまま、坂に取りついて登り始めた。本多隊は、馬場勢が持つ松明で浮かび上がった兵士に向かって、拳よりも一回り大きい石を次々に投げ下ろした。石は兜や肩当に命中し、兵士たちはもんどり打って転落していった。

さらに、上端に辿りついた兵に対して、忠勝や忠真らが槍で突きまくった。兵たちは下から登ってくる兵士を巻き込んで落ちていった。攻撃開始から半時（一時間）近くが経過しようとしていた。焦った馬場信春は案内役の犬居城主天野景貫に迂回路の存在を問いかけた。

天野は、東海道の北側を行く細い間道があることを伝えた。この道は起伏が大きい細道であり、見付の町の北側にある元天神社近くに繋がっていた。元天神社の東に崖があり、その険しい崖道を下った谷に安久路川が流れている。磐田原台地は水利がなく、作物が育たないため、農民はこの崖道を使って僅かばかりの水を運搬し作物を作っていた。この間道は農民の生活の道であり、袋井方面からの元天神社への近道でもあった。馬場信春は戦況を打開するために、天野兵に道案内をさせ三百の兵をこの間道に向かわせた。

一方、三ケ野坂の攻防は、武田軍の強《したた》かな攻撃により徐々に間合いを詰められていた。その時、忠勝は北側の山中を幾つもの松明が動いていることに気付いた。それは、元天神社への間道を進む武田勢であった。忠勝は敵軍の中に地理に詳しい案内役がいることを知った。

元天神社は、見付の町から向笠村に向かう道の途中にある。武田軍の別動隊が元天神社から道を辿って南下し、見付の町に入れば、挟み撃ちをされる危険があった。

忠勝は直ちに撤退を決めた。すでに目標としていた半時（一時間）の時間は稼いだ。まずは怪我をしている者を撤退させた。月の光は弱かったが、見付までは真っ直ぐな一本道である。地の利がある本多隊は全力で駆けた。

武田軍は反撃が無くなり、一気に坂を上った。しかし、上り道には障害物である丸太の堰《せき》があり、指揮官である馬場信春の騎馬を通すには、これらを撤去しなければならなかった。

いち早く坂の上に達した数十の足軽兵が、本多隊の後を追った。しかし、その先に十騎の騎馬武者が待ち構えていた。本多忠勝、本多忠真ら本多隊の騎馬武者であった。愛用の蜻蛉切りを馬上で振り回す忠勝を先頭に、本多騎馬隊が武田の足軽兵に突入して押し戻した。しかし、武田の兵は次々に坂を上り、その数を増やしていった。何度か突入を繰り返し、足軽を散々に蹴散《けち》らした忠勝たちは反転し、見付の町に向かって馬を走らせた。

二《に》の備《そなえ》　見付町屋の火の楯

見付の町は、磐田原台地を貫く東海道沿いにあり、東西に十町（一キロ）ほど続く細長い町である。三ケ野台から見付に向かうと、東坂という急な下り坂がある。この坂を下って見付の町に入ると、遠江国で広く信仰を集めている見付天神社（矢奈比賣《やなひめ》神社）があり、この神社の横に南北に続く道がある。北に向かうと見付天神社の前身である元天神社があり、さらに進むと向笠村に

町の中央を流れる中川沿い、炎の楯で進攻を阻止する

至る。この道は、武田の別動隊が挟み撃ちを狙って迂回していた道であった。

しかし、忠勝たちが静かな見付の町に入った時、武田の別動隊はまだ到着していなかった。既に家康と奇襲部隊は半時程前に見付の町から撤退が完了しており、三ケ野台から先行して撤退した本多隊の兵士たちの姿も無かった。武田軍の進攻を受けて町衆も避難しており、忠勝たちは無人となった街道を進み、町の中央を南北に流れる中川（今之浦川）に出た。

中川には中川橋と名付けられた小さな木橋があった。

ここで忠勝は見付町衆の有力者である弥九郎と、本多家の従者である大兼彦助と出会った。

かねてから見付町衆は、武田が東から攻めて来る場合は、見付の町に火を放って武田軍への楯とすることも厭《いと》わないと申し入れていた。遠江国を治めるには、見付の商人の力が欠かせないと考えていた家康は、日頃から見付の商人を保護する政策を採っていた。

見付の町近くの城之崎に、城を造ろうとしたのもその表れであった。見付の商人も、徳川様こそが自分たちの未来を託すに値する武将と考え、全面的に協力する心意気を見せた。

先刻、浜松から見付の町に入った奇襲部隊により、中川沿いの西側の建物が取り壊され、川沿いの河原に南北に長く積み上げられていた。

家康は、見付の町衆の生活を考え、火を放つ範囲を最少限に留めるように指示していた。

その中でも、見付の町の中央に位置し、多くの人々が崇拝している遠江国の総社、淡海国玉神社は、決して焼失させてはならないと厳命していた。

質素な建物は容易に解体でき、乾いた木材と葺の屋根は燃えやすく、火の楯にするには格好の材料だった。遠州は冬になると北西の強い空っ風が吹く。この日は緩《ゆる》い西風が吹いていた。

　取り壊された川の西側の空き地と、中川の河原が、町全体に炎が広がらないための防火帯となった。時刻は寅の刻（午前三時）になろうとしていた。いつ武田軍に追いつかれるか分からない緊張感の中、忠勝たち騎馬武者十騎は、後を大兼彦助に任せて、三の備である西坂に向かった。大兼彦助は中川橋上に立ち、東坂を下ってくる武田軍を確認して、松明を掲げて合図をした。見付町衆は、この合図で燃えやすい萱《かや》や藁《わら》に一斉に火を放った。

　南北に長く連なる炎の帯は、たちまち大きく燃え上がり、暗闇の中に大きな炎の壁を浮かび上がらせた。今之浦川の対岸まで到達した寄せ手の大将馬場信春は炎に圧倒されたが、直ちに脇道を探すように命じた。しかし、小路の多い見付の町で、三千の兵が右往左往して火の壁の突破は困難を極めた。

【参考】「成瀬家文書」御由諸書より
信玄衆急ニ押詰申ニ付、平八郎様ハ見付より御移り被成、其時弥九郎始町中ニ火をかけ、自焼仕候。
中川沿いの宣光寺には、この見付の町屋の延焼が、「みがわり地蔵」の昔話として伝承されている。

家康、一言観音へ願う

　この間、大久保忠世以下の旗本先手役に守られた家康は、松明の明かりを頼りに一言坂を下っていた。坂は道幅が狭く、一列で下るしかない。武田軍に追いつかれれば、後退しながら戦うという極めて不利な戦いとなる。武田軍の猛追から逃れるべく、全軍が足早に池田の渡しに向かっていた。

道沿いにある一言観音の信仰は、遠く天平の時代にその起源を遡り、一言だけ願いを聞いてくれる観音様として信じられていた。この信仰を信じていた家康は、慌ただしい撤退の中で馬を止めて観音堂に向かい、いま命懸けで戦っているであろう、本多忠勝、大久保忠佐ら殿の兵士たちの無事を、一言観音へのただ一つの願いとした。

武田軍はすぐ近くまで迫っていた。急《せ》かす近習たちに促されて願いを終えた家康は、急ぎ天竜川の舟橋に向かった。

※一言観音は、その昔は一言坂の近くにあったとの伝承もあるが、いつの頃からか一言坂と池田の渡しの中間にある智恩斎《ちおんさい》（磐田市一言）前に移され現代に至る。

三《さん》の備《そなえ》　西坂の攻防

西坂は見付の町の西端にある急坂で、手前に加茂川という名の小さな川がある。坂は三町（三百メートル）ほど続く長い上り道であり、その分だけ三ケ野坂に比べて傾斜が緩やかだった。

家康は、「殿」の本多・大久保らの無事を一言観音に願う

坂を上がり、磐田原台地をさらに一町ほど進むと一本松があり、さらに二町ほど進むと塚（古墳）の前に

出る。

その先は、梅の木立の中を平坦な道が七町ほど続き、やがて一言坂の急な下り坂となる。

一言坂は、敵からの攻撃を防ぐために意図的に道が狭くなっており、途中で折り返しのある坂道であった。

加茂川から一言坂上のまでの距離は十三町（千四百メートル）ほどであり、塚（円墳）はそのほぼ中間にある。

殿として、この西坂を守っていたのは、旗本先手役の将、大久保治右衛門忠佐率いる大久保隊三百の兵と、家康から預けられた鉄砲足軽五十であった。坂の途中には何カ所も丸太の堰が組まれており、これを銃架とすれば、安定して鉄砲の狙いを付けることができた。

既に一時《いっとき》（二時間）ほど前に家康は撤退しており、さらに半時《はんとき》（一時間）ほど前には三ケ野坂を撤退してきた本多隊の兵たちが通過していた。少し遅れて、本多忠勝とその配下の騎馬十騎が現われた。

三ケ野坂から一里ほどの距離を駆けてきた忠勝たちの馬は息が上がっていた。忠佐は忠勝にひとまず西坂の備えを自分に任せ、坂の上にある塚まで引いて、馬を休めるように伝えた。

炎を迂回して西坂に迫る馬場勢と、迎え撃つ大久保勢

一方、忠勝は敵の中に迂回路に詳しい者がいることを忠佐に伝えた。武田に寝返った犬居城主天野景貫であろうことは、二人とも想像がついた。地理に詳しい武田軍が間道を利用して一言坂下に兵を回してくる可能性があるため、挟み撃ちをされる前に撤退しなければならない。

西坂は大久保隊が家康から命じられた防御地点である。ここで本多隊が加勢をすれば大久保一族の面目を潰すことになる。忠勝は先行して三ケ野台を撤退した配下の手勢を、大久保勢が守りを破られた時の後詰として一本松の先にある塚の前で防御線を構築させていた。配下の兵たちと合流した忠勝たち騎馬隊は馬を休め、自身は兜を脱いで梅の木に掛け額の汗を拭《ぬぐ》って束の間の休憩を取った。

見付の街並みに炎が上がり、武田軍がすぐ近くまで迫っていることが分かった。炎を掻い潜って町の北側を迂回し、やっと西坂下に達した馬場信春は、加茂川の手前で攻撃態勢を整えさせた。

天野景貫の説明で、この先に急坂があることを知ったが、松明などの明かりが消されていたため、徳川軍の備えの様子が確認できなかった。この先で、徳川軍がどのような攻撃を仕掛けてくるかは分からない。

そこで馬場は、天野に迂回路の有無を問いかけた。天野は二俣に続く道を北に進み、山神神社の分社横の坂を上って西に進み、台地の西端にある山神神社横の、宝坂《たからざか》を下って南に向かえば、半時（一時間）ほどで一言坂下に出られる間道があると伝えた。馬場は三ケ野坂の戦いで、迂回部隊の出発指示が遅れたため、挟み撃ちに失敗したことを悔やんでいた。信玄の近習小杉右近を呼び、三百の兵を預け、天野兵の案内を受けて直ちに出発するよう命じた。

西坂の下で態勢を整えた馬場勢は、道幅いっぱいに展開して坂を上り大久保隊に襲い掛かった。無数の矢が飛び交う中、徳川の鉄砲隊は敵を思い切り引き付けてから一斉射撃をした。

これに対し、武田の鉄砲隊も必死に応戦した。火縄銃による攻撃は、初射は効果的だが玉込めに時間が掛かる。その隙を突かれ、武田軍は一気に間合いを詰めていった。

当初は坂上から撃ち下ろす大久保隊が戦いを有利に進めたが、武田軍の押し上げる力は激しく、瞬く間に幾つかの堰が破られた。忠佐は守りきれないと判断し、貴重な鉄砲が武田軍の手に渡らないように、まず鉄砲隊を撤退させた。やがて防戦一方となり総員撤退を命じた。

撤退戦は敵に背中を見せながらの不利な戦いであり、苦戦を強いられた。

大久保忠佐は、大久保十兄弟の次男である。長男の忠世はすでに奇襲部隊と共に家康を守って撤退していた。

忠佐の弟である大久保勘七郎忠核もこの時、忠佐と共に戦っていた。勘七郎は迫る武田軍に、至近距離から鉄砲を放った。

ところが僅か一、二間（二メートル～四メートル）ほどしか離れていなかった敵を、動揺して撃ち損じてしまった。

大久保隊はじりじりと押され、一本松付近で追い付かれ双方が入り乱れての白兵戦となった。

一言坂の戦い、本多平八郎奮闘す

三ケ野台を先に撤収していた本多隊三百は、塚の前で迎え撃つ態勢を整えていた。馬を休めていた忠勝と配下の騎馬武者は、西坂からの鉄砲の音を聞き、直ちに兜を身に着け、臨戦態勢を整えていた。忠勝たちの前を、徳川の鉄砲足軽たちが撤退していった。さらに大久保隊の兵たちも次々に撤退していった。引き揚げてくる兵たちの多くは手傷を負い、苦戦していることが見て取れた。

この時の忠勝の出で立ちは、「鹿角脇立兜」の黒兜に、鎧は「黒糸威胴丸具足」、肩には自らが葬った敵を弔うための金色の大数珠をさげていた。愛用の槍は、後に天下三名槍の一つに数えられる「蜻蛉切《とんぼきり》」であった。

この槍は三河文珠派の刀工・藤原正真の作で、戦場で立てかけた槍に、飛んできた蜻蛉が止まったところ、その重みで真っ二つに割れたことに由来する。忠勝配下の騎馬武者たちも「黒糸威胴丸具足」を身に着け、当時流行っていたヤクの毛を兜に飾り付けた、お揃いの「唐の兜」を身に着けていた。

薄い月明かりの中でも、ヤクの毛は際立って目立った。十分に体力を回復した黒馬に騎乗した忠勝は、撤退戦を続けている大久保忠佐たちをやり過ごした。

武田軍は、西坂の障害物の除去に手間取り、騎馬が坂上に上がっておらず、侍大将により指揮された組織的な攻撃ではなかった。

忠勝たちが馬を休めていた塚は、街道から少し奥まったところにある。まずは本多隊の兵士たちと馬場勢の間での激しい戦闘が始まった。馬場勢は新たに手強い本多勢が現われたため、攻め足が鈍った。屈強な本多隊は馬場勢を一本松付近まで押し返した。しかし、西坂を上った馬場勢は次第に数を増やし、多勢に無勢となり、徐々に後退を強いられ、再び塚の前まで押し戻された。

その時、忠勝たち騎馬武者十騎が、武田の先鋒の真横から突っ込み、本多隊と武田兵の間に割って入った。忠勝は「蜻蛉切」を振りかざし、武田の足軽を蹴散らかした。足軽たちの持つ松明が、なぎ倒され辺りが暗くなった。

全く予期していなかった側面からの攻撃に、武田の兵は浮き足立った。

馬場勢の先頭に割り込んだ忠勝は、引き離しに掛かった。本多隊の兵士たちは、一言坂方向に向かって撤退していった。忠勝は、腰が引けた武田軍を追いかけ、再び一本松まで一町ほどの距離を押し戻した。

武田兵の放った無数の矢が忠勝たちを襲った。武田の兵は、次々に西坂を上ってその数を増やし、押し返してきた。

忠勝たち騎馬武者は、怯むことなく何度も突入して押し返した。

本多隊の兵士たちが、一言坂を下り終わるであろう頃合いを見計らって、忠勝たち騎馬武者十騎は思い切り押し込んだ後、一気に反転して一言坂方面に馬を走らせた。突然の反転に、武田軍は追いかけてはみたものの馬の脚は速く、あっという間に引き離された。

その頃、一言坂下では大久保隊や本多隊が去った後、間道を迂回してきた小杉右近たちが、やっとの思いで坂下に辿り着いた。敵の背後に回り込み挟み撃ちにせよ、という馬場信春の指示を受けていた小杉隊は、命令を遂行すべく一言坂を上り始めた。

一言坂の上り道は防御のために意図的に狭くした、折り返しのある道である。坂上に達した小杉隊は、西坂の方向に向かって進んだ。

すると突然、前方から馬の蹄の音が近づいてきた。小杉は急ぎ三百の兵に弓・鉄砲と槍を構えさせ、道幅いっぱいに幾重もの列を作り、迎え撃つ態勢を取らせた。

しかし、態勢を整えている最中に暗闇の中から、いきなり黒い騎馬武者たちが槍を振り回して全速で向かってきた。最前列の鉄砲足軽たちは、照準を定めきらないまま火蓋を開いて発砲したが、騎馬の体当たりに吹き飛ばされた。後方から放たれた矢が、騎馬武者たちの鎧に突き刺さった。

先頭に立って指揮をしていた騎馬武者は本多平八郎忠勝であった。なぎ倒された兵の持つ松明の明かりに、金色の大数珠が浮かび上がった。忠勝は、さらに防御の態勢を取る武田兵に向かって突入した。

その後ろに八騎の騎馬武者が二列で続き、最後尾に忠真が続いた。それは、勢いよく流れ落ちる滝の水が、鋭く地表を貫く様子に似ており、後年「大滝流れの陣」として伝えられた。

忠勝は兵士をなぎ倒しながら隊列の奥深くまで抉《えぐ》った。忠勝の兜（頭）と、後に続く騎馬武者たちの兜に飾られた揃いのヤクの毛飾りが強い印象を与え、組織立った騎馬攻撃に武田兵たちは底知れぬ恐怖感を覚えた。

本多勢の最後尾には、忠勝の叔父本多忠真がいた。忠真も、忠勝に負けず劣らず槍の名手である。

忠真は、態勢を立て直そうとする兵士たちを、槍で片っ端から倒していった。幾重にも守りを固めていた小杉隊の構えは最後尾まで貫かれた。

小杉が倒れている兵士たちに奮起を促し、態勢を立て直そうとした時、反転した騎馬武者たちが、またも襲いかかってきた。忠勝と九騎の騎馬武者は、小杉隊の隊列を再び貫き、立ち上がろうとする兵士を完膚な

忠勝勢は、挟み撃ちを狙う小杉隊に猛攻

きまでに打ちのめした。そして、全騎が馬首を返して倒れている兵士の中をゆっくり一言坂に向かって進んでいった。指揮をしていた騎馬武者が去り際に馬を止めて振り返った。

小杉右近は見事な戦ぶりに感銘し、名を訊ねた。

その侍大将は、「徳川家康が家臣、本多平八郎忠勝」と名乗り、先行した九騎の後を追っていった。

手傷を負った兵士たちに追撃する気力は無く、ただ茫然《ぼうぜん》と見送るだけであった。

四《よん》の備《そなえ》　万能の戦い（挑燈野《ちょうちんの》）

遡《さかのぼ》ること二日前、十一日の夕刻、浜松城内で開かれた軍議の後、大久保忠世は本多忠勝と弟の大久保忠佐に声を掛け、戦い方について確認しあった。偵察役を命じられていた忠勝は、万が一、奇襲が露見した場合には忠佐と共に殿を務めることになっていた。

撤退戦となった場合は、武田軍の圧倒的な攻撃に晒され、反撃できずにひたすら防戦することを余儀なくされる。そうなっては家康を守りきれないばかりか、後世に一言坂の戦いは徳川軍が武田軍に追い立てられ、逃げまくった恥辱の戦いとして語り継がれることになってしまう。

忠世は、徳川の奇襲部隊が無事天竜川を渡る時間を稼ぐために、一言坂の先にある万能村の泥田に武田軍を誘い込み、撤退する時間を稼ぐことを提案した。信玄に一杯喰わせたいと思っていた忠勝と忠佐に異存は無かった。

一言坂下の辻（十字路）は、変則的な形をしている。天竜川は一言坂の真西にあるが、東から一言坂を下って辻に侵入すると、真っ直ぐ西に向かう道は、街道ではなく万能村に向かう生活道路へと続く。

天竜川の渡船がある池田の渡しは、一言坂から半里程上流にあるため、渡しへと向かうにはこの辻を右折し、いったん北方向に進まなくてはならない。

地理に疎い武田軍を、万能村に向かう真っ直ぐな道に誘い込むことができれば、撤退の時間を稼ぐことができる。一言坂下の辻と万能村は細い道で繋がっており、この道の周囲は「ゆるぎ」と呼ばれ、踏み入れば腰の辺りまで沈み込む沼地であった。

この細い道を七町（八百メートル）ほど進むと、仿僧川《ぼうそうがわ》という小さな川に出る。川には万能橋という粗末な木橋が架っていた。忠佐や忠勝たち殿隊はこの川を渡った対岸（西岸）で、武田軍を迎え撃つことにした。

しかし、武田軍を相手に直接刃を交える白兵戦は不利であり、あくまでも川の対岸からの飛び道具（鉄砲と弓矢）による攻撃のみとし、武田軍が仿僧川岸まで近づいた時点で、直ちに全軍を撤退させて池田の渡しに移動することとした。

事前に、一言坂下の万能村に向かう辻の雑木を切り倒し、下草を刈って道幅を広く見せ、街道が一言坂から真っ直ぐ西に向かっているように偽装していた。さらに、万能村の長《おさ》には、かがり火と松明の調達を依頼していた。

一の備である三ケ野坂の戦いから撤収した本多隊と、三の備から撤収した大久保隊の中で、手傷を負っていない者がそのまま一言坂を万能に向かい仿僧川を渡って弓矢と松明の準備を進めていた。

さらに、西坂の攻防で忠佐が早めに撤退させていた鉄砲隊が配備についていた。

一言坂上で武田の小杉隊を翻弄《ほんろう》した忠勝は、坂上から池田の渡しの方向を見た。そして、松明の動きから徳川奇襲部隊が不安定な舟橋に手こずっていることを知った。このままでは、武田軍に追いつかれ川を背にした不利な戦いとなってしまう。

忠勝は、浜松城での打ち合わせ通り、一言坂を下って万能村に向かい、万能橋を落として忠佐ら大久保隊と、忠勝配下の本多隊と合流した。

すでに提燈の明かりは、かがり火に移されていた。忠勝と忠佐は全ての兵に、松明《たいまつ》に火を移すように命じた。この時、寄せ手の侍大将馬場信春が一言坂上に到着し、打ちのめされた小杉隊と合流した。

一言坂上からは天竜川まで広く展望が開けている。信春は前方に数百の松明が揺れ動き、一帯が真っ赤に照らされている様子が見て取れた。この時、家康を守って渡河している松明の明かりが遠方に見えたはずである。

しかし、それを遥かに上回る正面の数百の松明に信春は惑わされた。

一言坂上から仿僧川までの距離はおよそ七町（八百メートル）ほどである。松明の明かりが徳川本陣のものと判断した信春は、迷わず

一言坂上の馬場は、万能の松明に惑わされ突撃を命じる

全軍に坂を下って攻撃するように命じた。

功を焦った武田兵は、忠勝たちの目論見通り、坂下の辻を直進して万能村の方向に殺到した。

しかし、進むほど道幅は狭くなり、兵たちは自《おの》ずと左右に展開した。そこは「ゆるぎ」であり、兵たちまち沼にはまり込んだ。それでも全身泥だらけになりながら、兵たちは這ってひたすら前に進んだ。

倒れた兵を踏み台にして進む兵もあった。しかし、徳川軍の放った遠矢が彼らを襲い、身動きできない多くの兵が傷ついた。さらに前進し、やっと仿僧川に辿り着こうとした兵たちも、徳川鉄砲隊の一斉射撃をもろに受けた。

敵の足止めに成功したとはいえ、長く留まれば武田軍が仿僧川を渡ってしまう。ありったけの矢を放った本多・大久保隊は、池田の渡し方向に移動を開始した。徳川の鉄砲隊は、数射した時点で攻撃を取りやめ、同じく一斉に池田の渡しに向かって移動を開始した。この時、すでに徳川本隊は舟橋を渡り終えていた。

殿隊が天竜川の舟橋を渡り終えたとき、舟橋を繋ぐ板と綱が外され、船はすべて対岸の浜松側に流れ着き、全員が西岸の徳川本隊に合流した。

泥田にはまった武田兵を、徳川勢の遠矢と鉄砲が襲う

家康が一言観音に願った、たったひとつの願いは叶えられた。

この万能の戦いは、使われた提燈や松明の明かりから「挑燈野《ちょうちんの》」として後世に語り継がれている。

※万能の戦いがあった沼地は、夏に蛍が飛び交う地であった。人々は飛び交う蛍を武田軍の霊として供養した。仿僧川の近く（磐田市上万能）に、「挑燈野」と刻まれた大きな石碑が立てられ、後世に史実が伝えられている。

一方、旗本先手役に守られて天竜川を渡った家康は、真籠（馬込）で馬を止め、殿の忠勝や忠佐たちを心配して待っていた。遅れて忠勝と忠佐が合流した時、家康は三ケ野坂や一言坂で奮戦した本多忠勝を、一番手柄として褒美《ほうび》の言葉を与えた。

この時、同じく殿として引き揚げてきた大久保忠佐には、褒美の言葉を掛けなかった。

忠佐は、家康が自分には声を掛けてくれなかったことや、武田軍と一戦もせずに退却したことが不満だった。夜が明けた頃、徳川軍はやっとの思いで浜松城に戻った。前日の夕方から翌日の明け方まで、半日近くに及ぶ長い作戦行動であった。冬の夜の川風に晒された家康の体は、冷え切っていた。

浜松城に戻って馬から降りたとき、近づいた大久保忠佐が、家康の身体から発せられた糞の臭いに気が付き、声を上げて脱糞を指摘した。

命懸けで戦っている最中は、大便や小便を催したとしても、わざわざ行軍を止めさせて用を足すことはなく、馬上で排便や排尿をすることはありえることであった。

忠佐は、家康が戦わずして退却した不甲斐なさと、家康から自身の殿働きを評価する言葉がなかった不満を、脱糞を指摘することで表した。その場は本多忠勝が忠佐の口の悪さを諌めた。疲れ切った家康は忠佐の言葉を聞き流して、言い訳をすることなく黙って城内に入っていった。

その日の夜、家臣一同が家康にご機嫌伺いをして、今日の戦のことを話しあった。

家康はこの場で、忠佐の不満を認めながらも、大将たる者は状況を良く見極めた上で戦うべきか否かを決めなければならないと述べ、もしも判断を誤れば配下の者が大将を救おうとして命を落としてしまうと諭した。

そう話す家康自身も、後の「三方ケ原の戦い」で彼を救おうとした配下を多く討死させることになる。

信玄へ夜襲は失敗にこそ終わったが、果敢に挑もうとした家康が国衆に評価され、家康からの離反を防ぐことに繋がった。

唐の頭に本多平八

一言坂での戦いを報告するために、馬場信春と小杉右近は海蔵寺の信玄本陣に戻った。

信玄は、多少の損害を受けたものの、天竜川までの徳川勢を駆逐することができ、満足していた。

信玄は徳川勢の夜襲の規模を尋ねた。浜松城下に放っていた密偵の報告により、浜松城から出陣した兵数は複数の侍大将が率いた軍団規模である四千から五千ほどであったことが報告された。

高坂弾正は、後年「甲陽軍鑑」に武田軍団の編成単位である四千と記した。この時、小杉は磐田原での戦いのあらましと、一言坂で出会った徳川方の武将の勇猛果敢な戦《いくさ》振《ぶ》りを信玄に報告した。

信玄がその武将の名前を問うと、小杉は「本多平八郎忠勝」と名乗ったことを伝えた。

信玄も、徳川家に本多平八郎という手強い武将がいることを伝え聞いたことがあった。

小杉は信玄に、敵ながらあっぱれな武将を称える落首《らくしゅ》を見付の台に掲げ、信玄公の度量の大きさを家康に知らしめたらどうかと言上した。敵将を褒める落首を掲げることは、小杉一存ではできないことである。信玄は小杉の粋な提案を認めた。

日が昇った元亀三年十月（一五七二）十三日朝、信玄は全軍に出立の命令を出した。

馬場勢は、前夜からそのまま天竜川周辺の警備をしていた。武田軍が見付の町を越え、西坂を上り磐田原台地の塚の前に来たとき、信玄は木札が掲げられその脇に控えている小杉に気が付いた。

その木札には、「家康に過ぎたる物は二つある、唐の頭に本多平八」と書かれていた。信玄は、小杉の仕事を褒め、一言坂を下っていった。後年、この塚は「兜塚《かぶとづか》」と名付けられ公園として整備された。

天竜川の渡し船は徳川方によって対岸に隠され、船を使っての渡河はできなかった。武田軍は、元々の予定通り北の二俣方向に向かった。途中にある匂坂城の城主匂坂吉政は、無駄死にを避けよとの家康の命で、既に一族を率いて天竜川を渡って浜松城に退

塚の前で落首を掲げて控える小杉と、悠然と通り過ぎる信玄

去しており空城となっていた。

信玄は匂坂城を、穴山梅雪配下の千の兵で守らせ、天竜川の渡河監視に当らせた。

【著者注】 本書は「甲陽軍鑑」万治二年版（一六五八）に基づいて書いています。落首は「家康に過ぎたる物**が**二つあり　唐の頭に本多平八」との文献もあります。また、小杉右近は小杉左近と書き表している文献があります。本書では「甲陽軍鑑」を優先しています。

信玄、亀井戸《かめいど》城に陣す

信濃国、諏訪湖に源を発する天竜川は、深い渓谷を刻み、やがて遠江国二俣で最後に大きく蛇行した後、一気に川幅を広げ、遠州灘（太平洋）に流れ込む。この大きく蛇行する場所にあるのが二俣城であり、鳥羽山砦である。広くなった川幅は、幾条もの流れに分かれて浅瀬を形成し、集合と離散を繰り返しながら南へと流れて、東岸に磐田原台地を、西岸に三方ケ原台地を形成した。

信玄は、若い頃からいつの日か上洛して天下を統一する夢を持ち、密偵を使って山、川、城の模様を住民から聞きだし絵図に描かせていた。集めた絵図は東北から中国地方まで三十七カ国にも及んだ。

その中でも、遠江国の大河である天竜川は、上洛の時に必ず渡らなければならない川であり、渡河可能な地点を念入りに調べさせていた。急流の天竜川で、唯一歩いて渡ることができる場所が、二俣城から一里ほど下流にある合代島《ごうだいじま》であった。信玄は天竜川の渡船が徳川方に押さえられることを前提として、甲府を発つ時から歩いて渡ることが出来る合代島を渡河地点と決めていた。

ここには、天竜川の中に出来た幾つもの中洲があり、浅瀬を渡り繋ぐことにより、東岸の合代島と、西岸の中瀬を歩いて渡ることができる。しかし、雨期の天竜川は度々増水し、その流れを変化させていた。浅瀬の位置や中洲の形もその都度変わるため、信玄はこの時点で大軍が素早く渡ることができる最新の川道を掴んでいなかった。

信玄は、この川道を正面に一望出来る平山城の亀井戸城（磐田市下野部）に本陣を置いた。

高台に築かれた亀井戸城は、元々は天竜川渡河の要衝を押さえるために築かれた今川氏の属城であったが、この時は放置されていた。

この城は、磐田原台地西端の、古墳が点在する高台に築かれた城であり、横を流れる一雲斉川を外堀に見立てて曲輪や土塁が構築され、城としての十分な機能を有していた。信玄は、この城の戦術的価値を重視し、一言坂の戦いの後、直ちに兵を進めてこの城を押さえた。さらに亀井戸城の背後の守りを固めるため、東に半里（二キロ）ほど離れた仲明《なかみょう》城（磐田市敷地）にも兵を配置した。

元亀三年十月十四日、二俣城攻撃隊一万三千が合代島を発って、天竜川の上流（一里余り北）にある二俣城に向かった。二俣城攻撃隊は嫡子勝頼を総大将として、武田信豊（典廐《てんきゅう》）と、穴山梅雪に補佐させた。勝頼の従弟《いとこ》である二人は、勝頼が扱いやすい武将である。

信玄は八千ほどの兵を天竜川東岸に配置し、家康の二俣城への支援を牽制する兵として、さらに三千ほどの兵を袋井方面に展開し、久野城を牽制しつつ兵糧の調達に当たらせた。

信玄の実弟であり親族衆筆頭の武田信廉は、信玄の影武者としての役割を果たすべく、亀井戸城の信玄本陣に詰めた。

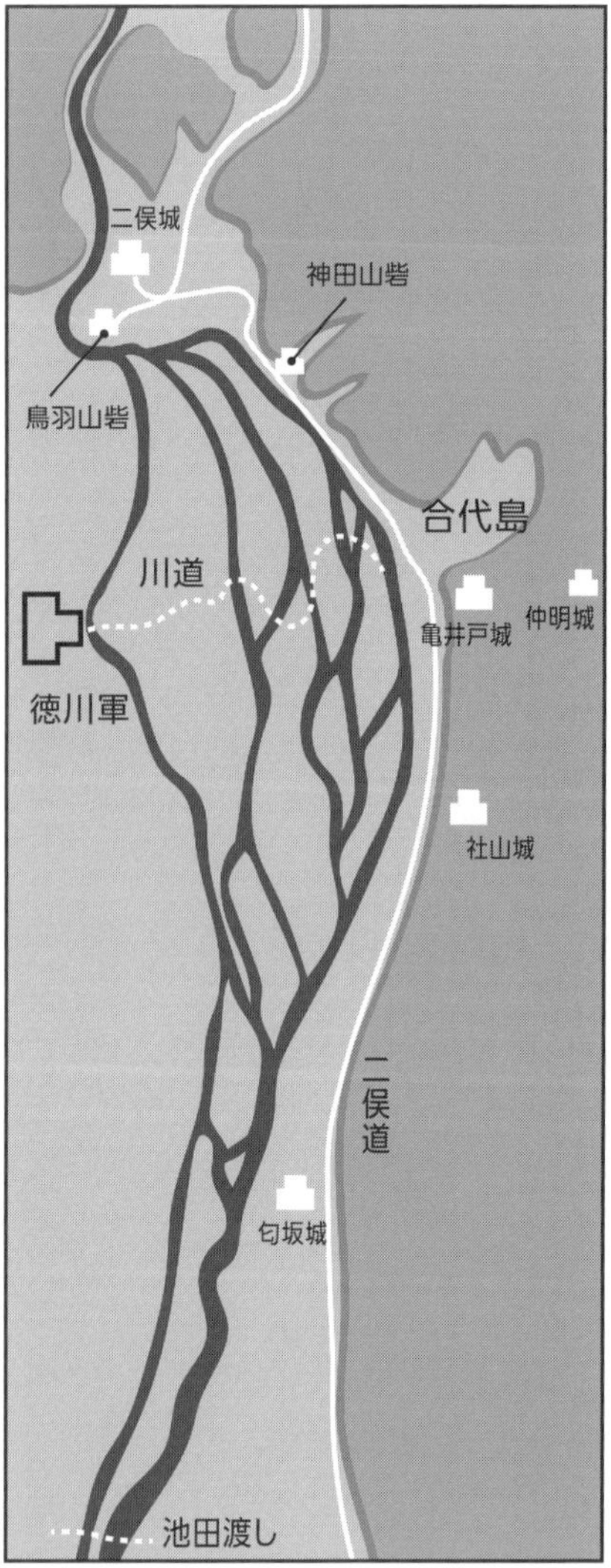

亀井戸城に本陣を置き、三カ所の眺望地点を押さえた信玄

武田家における勝頼の基盤はまだ弱い。後継ぎであった嫡子の義信を死に追い込んでまで決行したこの遠州侵攻において、信玄は勝頼に要の城である二俣城攻撃の総大将という大任を与えた。これを成功させることにより、勝頼に武田軍団の人心を掌握させ、自分が亡き後、武田家を任せうる存在に育てようとした。若い勝頼が扱いにくい馬場信春、高坂弾正や、長篠方面に派遣している山県昌景などの宿老は二俣城攻撃部隊から外した。そして武田四天王の力を借りなくても二俣城を落とすという手柄を勝頼に挙《あ》げさせようとした。

二俣城は天竜川の東岸にあり、浜松城は天竜川の西岸にある。家康が浜松城から二俣城に援軍を送ろうとしても、天竜川を渡らない限り二俣城に到達できない。そのため、合代島を押さえれば、家康の二俣城への援軍を阻止することができる。

信玄はさらに亀井戸城から南へ半里程の所にある山城、社山《やしろやま》城を押さえた。この山城は周囲を一望できる山頂に築かれており、北は鳥羽山砦から南は天竜川の河口まで、東は袋井方面から西は三方ケ原台地の全体まで見渡すことができる。

武田方は、馬場勢が占領していた鳥羽山砦と、その途中にある神田山砦、そして社山城に物見の兵を置いた。

見晴らしの良いこの三拠点を失ったことにより、徳川方は完全に眺望を失い、武田方の動きを目視することができなくなった。逆に武田方は、徳川方の動きを手に取るように掴むことができた。

桶狭間から十二年間の歳月が過ぎ、五十一歳となった信玄は人生の黄昏時を迎えようとしている。病は次第に信玄の体を蝕み、すでに上洛は叶わぬ夢となっていた。

二俣城を囲う

二俣城は、家康の嫡子である松平信康（岡崎三郎信康）と縁の深い城である。

家康は、永禄九年（一五六六）十二月に徳川に改姓しているから、生前は徳川信康と名乗っていたことになる。

しかし、江戸幕府になってから、「徳川」姓は徳川将軍家と御三家、御三卿のみに限るとしたため、信康は後年になってから松平姓に変更される。

その信康が、今川家との人質交換で家康の元に戻された時の、交換人質が鵜殿氏長と弟の氏次であり、今川方に戻された氏長は客将として二俣城に詰めていた。この氏長は二俣城の徳川方への恭順に功があったため、家康によって二俣城の城代に抜擢された。

しかし、二俣城への武田の侵攻が迫り、氏長と交代して二俣城の城主としたのが、信康の家老の中根正照であった。さらに副将格として青木貞治、松平康安を配置し岡崎衆（三河衆）が中心となって千二百の兵が二俣城を守っていた。若年より信康に仕えていた松平善兵衛康安は、この時、弱冠十八歳の初陣であり、鉄砲を得意としていた。

康安は、松平本家より別れた庶流十四家のひとつ大草松平家七代当主であり、足軽大将の任にあった。

岡崎衆は、徳川の血筋を守るために、岡崎城に留まり徳川存亡の戦に参加できない信康の悔しい思いを背負って二俣城に布陣していた。信康は、自身の代わりに岡崎衆の鉄砲隊の中から選りすぐりの鉄砲足軽隊を、松平康安に預け二俣城に派遣していた。

その信康が、信長の命により二俣城で切腹に追い込まれるのは七年後のことである。

十倍もの兵で、二俣城を包囲（鳥羽山砦の勝頼本陣）

二俣城は、急流の天竜川が城郭の西を流れ、東と南は二俣川が回り込みながら天竜川に合流している。この二つの川が外堀の役目を果たし、城の周りは見上げるような高さの急斜面に取り囲まれていた。大手口はこの急斜面の真下にあり、真上からの攻撃に晒される。

唯一、北側が稜線続きのため、ここが有効な攻め口となっていたが、その分、幾重もの掘割を配し、守備兵が重点的に配置されていた。元亀三年十月十五日、着陣した武田軍一万三千は、おびただしい数の旗を鳥羽山砦や対岸の渡ケ島に掲げ、二俣川の河川敷に兵を展開した。眺望を失った二俣城からの景色は武田一色であり、心理的な圧力となった。信玄は勝頼に、二俣城の弱点は水の手であることを伝えていた。しかし、勝頼は時間のかかる地味な兵糧攻めを嫌い、功を焦って華やかな正面突破の短期決戦を選択した。十六日、勝頼は総攻撃を命じ、武田軍は二俣城に押し寄せた。

総大将の武田勝頼は、かつて諏訪氏（高遠諏訪氏）を継いでいたため、諏訪四郎勝頼と名乗っていた。武田家の正当な嫡男である武田義信の死によって後継ぎとなったものの、常に傍流としての負い目があった。

諏訪衆は勝頼を盛り立てるため、先陣を争って二俣城に殺到した。

冬の二俣川は水量が少ない川である。簡単に渡河して急斜面に取りついたものの身を隠すものがなく、竹束を使って鉄砲を防いだものの、城から投げ下ろされる投石や矢、そして岡崎鉄砲衆が放つ鉄砲の格好の餌食となった。勝頼の配下の侍大将、小宮山昌友（信濃諏訪・上野松井田城代）も鉄砲で撃たれて討死した。

さらに、北条氏からの援軍である相模国田原城主の足軽大将、大藤秀信も鉄砲で撃たれて討死した。

北側の稜線からの攻撃も、繰り返し行われたが、幾重もの掘割に阻まれ難航し、双方に多くの負傷者が出た。血気盛んな勝頼は、なおも壮絶な力攻めを繰り返した。それでも天険の要害二俣城は容易に落ちなかった。城攻めは長期戦の様相を見せ始めていった。

山県昌景、井伊谷に向かう

奥三河の武田方最前線である長篠城から、浜松城に向かう鳳来寺街道沿いには、徳川方の城である柿本城、井平城（伊平小屋）、井伊谷城があった。この井平城近くの鳳来寺道沿いに仏坂がある。

井平氏は、井伊家七代・井伊弥直の時代に、分家した井伊直時が祖となって分家し、本家の井伊直平や直宗に娘を嫁がせ、縁戚関係が深い井伊一族である。

この時、井伊谷周辺を領地としていたのは、井平城主の井平飛騨守直成と、四年前に家康が遠江国に侵攻した時、徳川方に味方して道案内をした井伊谷三人衆（柿本城主鈴木重時、宇利城主近藤康用、都田城主菅沼忠久）であった。家康は、この時の三人衆の働きを評価して本領を安堵し、野田城の菅沼定盈と共に酒井忠次配下の東三河衆に組み入れ、武田方の長篠城主菅沼正貞と対峙《たいじ》させていた。

この四年の間に、小野道好に乗っ取られていた井伊谷城は、家康の支援を受けた井伊谷三人衆によって攻められ、道好は捕らえられて処刑されていた。代わりに井伊谷城に入っていたのは、三人衆の一人、近藤康用であった。

小野道好によって城を追われた井伊直虎は龍潭寺に避難し、後に井伊家を再興することになる直政（十一歳）は、奥三河の鳳来寺に隠れていた。

三人衆の一人、柿本城の鈴木重時は、永禄十二年の堀江城の戦いで城兵の鉄砲に撃たれて討死したため、この時、柿本城を守っていたのは嫡子重好であった。

重好は弱冠十四歳の若さであり、伯父の鈴木権蔵重俊が補佐していた。この柿本城を支援するため、近藤秀用や井平直成らがそれぞれ手勢を率いて入っていた。近藤秀用は康用の嫡男であり、康用が戦傷を負い歩行困難であったため代わって戦役を担っていた。

三河平定以降に獲得した新領地の国衆を統括していたのは東三河衆の旗頭、酒井忠次であった。忠次は長篠城方面からの武田軍の攻撃に備え野田城の兵を増強し、自身も吉田城に入って武田軍の進攻に備えていた。

元亀三年十月二十日、合代島の亀井戸城に陣していた信玄は次の一手を打った。長篠城に留まっている山県昌景の四千の兵と山家三方衆五百に、井伊谷に向かって侵攻し、包囲網を狭めることを命じたのである。

既に、東の高天神城や掛川城、久野城は孤立している。北の二俣城は包囲され、合代島にある天竜川の渡河地点を押さえられた家康は、救援に向かうことさえできなかった。

家康が遠江国を平定したのは、僅か三年ほど前の永禄十二年六月である。掛川城を守るために、石川家成に千の兵を割いたこともあり、家康が動かせる兵は七千余りしかなく、しかもその半数は、今川から寝返ったばかりの外様の兵である。最強の武田軍が三方向から遠江国を攻めれば、今川から徳川に鞍替えたばかりの遠江衆は、浮き足立って再び武田に寝返ることは必至であった。

信長からも家康に対して、浜松城には城代を置き、吉田城へ撤退するように勧められていた。

信玄は、戦わずして遠江国を手に入れることを狙っていた。そのために、山県勢を吉田城に向かわせ東海道を封鎖しようとはせず、浜名湖の今切れ口の退路を空けていた。

信玄は、山県勢を井伊谷に向かって侵攻させ、包囲網を狭めて家康に更なる圧力を掛けるように命じた。

この動きには、来るべき家康との決戦に備えて平地での野戦に有効な山県騎馬隊を、浜松城に繋がる本坂道沿いの拠点である気賀周辺に移動させる目的もあった。

【参考】

「孫子の兵法」軍争篇より

孫子曰く、囲師には闕《けつ》を遺し、帰師には遏《とど》むる勿れ

（敵軍を完全に包囲すると敵兵は死にもの狂いで奮戦する。そこでわざと包囲網の一角を空けておき、先を争って逃げようとする敵を追撃をした方が効果がある）

「孫子の兵法」謀攻篇より

孫子曰く、戦わずして人の兵を屈するは、善の善なる者なり

仏坂の戦い

浜松城を牽制するために長篠城に留まっていた山県昌景は、柿本城の鈴木重好に対して降伏開城を迫った。

柿本城やその南に位置する井平城は、三河国と遠江国の国境に位置し、鳳来寺道沿いにある。

家康が、遠江国の奥深くに位置する井平に援軍を出せば、合代島の信玄が天竜川を渡って回り込み、挟み撃ちにされる心配があった。しかも、相手は強敵の山県勢であり、信玄との決戦を控えて兵を失うことはできなかった。

援軍を出すことが困難な家康は、柿本城に対し無駄死にを避け、撤退して浜松城に合流するように、との指示を伝えていた。柿本城の守りは、柵と掘割で周囲を固めただけの簡素なものであり、落城は戦う前から明らかであった。

重好は、支援のために柿本城に手勢を率いて詰めていた井平城主井平直成や、井伊谷城を任されていた近藤秀用らと対応を協議した。

軍議の結果、ここは一旦撤退し井平城（伊平小屋）に引いて陣の立て直しを図ることとした。

元亀三年十月二十一日、山県勢四千と山家三方衆五百は長篠城を発ち、鳳来寺街道を南下して柿本城に迫った。重好の補佐役である重俊は、城の近くにある満光寺の朝堂玄賀和尚に武田の陣へ和議の使者を依頼し、全軍撤退の時間を稼いだ。重好ら徳川勢は、柿本城の搦手門《からめてもん》（城の裏門）から脱出し、三遠国境を越えて、まずは井平城（伊平小屋）まで引こうとした。

「仏坂」の坂上から攻撃する山県勢、鉄砲に苦戦する徳川勢

しかし、山県勢の攻め足は速く、井平城に向かう途中の仏坂で、山県勢に追いつかれてしまった。十月二十二日、追ってきた山県勢と、仏坂で激戦となった。徳川勢は下り坂や下り斜面で迎え撃つという極めて不利な態勢であった。仏坂は道幅が狭く傾斜が強いため、赤備えの山県勢は得意とする騎馬を使っての突破作戦ができなかった。代わりに、鉄砲隊を前面に立てて押し出してきた。

戦いは熾烈《しれつ》を極めた。山県勢の圧倒的な兵数と鉄砲により、鈴木重好、近藤秀用、井伊直成ら五百ほどの徳川勢の守りは簡単に崩壊した。この戦いで、鈴木重好と近藤秀用は辛うじて戦場を離脱したものの、井平城主の井平直成が鉄砲で撃たれて討死し、重好の伯父重俊も頰当に鉄砲を受け討死した。山県勢は井平城や居館、そして多くの民家を焼き払い、井平は炎に包まれた。

討死した徳川勢は、井平直成以下八十八を数え、参加した徳川方の兵の半数近くが負傷する壮絶な戦いであった。近藤康用や鈴木重好は、三日間ほど山中に潜み鳳来寺道を南に向かい浜松城に逃げ込んだ。

家康は、合代島に陣取る信玄の牽制を受け、援軍を出すことができず、四年前の遠江侵攻の時に功があった国衆を守ることができなかった。家康は、国衆からの信頼に応えられず多くの兵を死なせたことを悔やんだ。

後年、鈴木重俊の家臣乗松次大夫は、直成や重俊らを弔う石積みの墳墓を建て、「ふろんぼさま」として葬った。

仏坂で徳川方の防衛線を撃破した山県勢は、花平を経て近藤康用が入っていた井伊谷城を押さえ、気賀の町近くの都田川沿いに陣を敷いた。この辺りは、戦略上の重要な拠点であった。

北西方向に進んで神座峠を越えれば、徳川方の最前線の三河野田城に至り、本坂道を西に進んで本坂峠を越せば、酒井忠次が守る三河吉田城を襲撃することができる。織田の援軍が本坂峠から進軍すれば迎え撃つこともできる絶好の位置であった。

さらに、本坂道を南に進み祝田の坂を上がって三方ケ原台地に出れば、あとは一直線の平坦な道を何の障害も無く浜松城に向かうことができる。

昌景は、頻繁に三方ケ原台地上へ兵を出し、家康が二俣城へ救援のために軍を動かした場合は、挟み撃ちにしたり、手薄となった浜松城を襲う姿勢を見せた。近くには本坂道の宿場であり、浜名湖の物流の拠点である気賀の町があって、物資の調達も容易にできる。さらに、都田川が流れる豊かな田園地帯であるため、騎馬隊だけで八百頭以上もいる馬の飼葉の調達が容易な地であった。信玄は来るべき家康との決戦を三方ケ原での野戦と想定し、突破力のある山県の騎馬隊を本坂道上に配置すべく、この地に留め置いた。

三方ケ原台地を貫く本坂道は、道幅はそれほど広くはないが左右が平坦で開けており、兵を広く展開することができるため騎馬隊による攻めには適していた。

※仏坂の古戦場近くには、両軍の戦死者の墓といわれる「ふろんぼさま」（浜松市北区引佐町伊平）があり、現在も地元民によって守られている。

信長への援軍要請

元亀三年（一五七二）九月、信長は将軍足利義昭に対して十七条の意見書を送って義昭を批判した。これによって義昭と信長の対立は抜き差しならないものになり、義昭は信長包囲網を画策した。

信玄は、信長が包囲網への対応に追われて武田との決定的な対立を避け、遠江を侵攻しても十分な援軍を出さないと踏んだ。

信玄自身は病により上洛を諦めていたが、それを秘して信長包囲網を利用した遠江国への侵攻であった。

元亀三年十月、家康は信玄の大軍が甲府を出立したとの情報を受け、信長に援軍を要請した。

姉川の戦いで徳川を挙げて援軍を受けた借りがあり、同盟国である家康の要請に対して援軍を出さなければ、信長は信用を失ってしまう。しかし、家康の要請に対し、信長は包囲網によって直ちに援軍を派遣することは困難であり、また信玄との決定的な対立となる援軍派遣に躊躇《ちゅうちょ》した。

さらに、九月末、甲府を発った山県昌景勢の別働隊として、伊那郡代の秋山虎繁が伊那兵二千を率いて東美濃の遠山氏の本拠地岩村城を攻めていた。岩村城は、軍事・交通の要所であり、信玄は予てから秋山虎繁に命じて岩村城を攻めさせていた。本拠地である岐阜城から十五里程しか離れていない岩村城を失えば、信長は喉元に刃を突きつけられたも同然となる。岩村城は、元亀二年十二月、当主の遠山景任が病没し、信長の叔母である、おつやの方が女城主として城を守っていた。

信長は、五男の御坊丸（織田勝長・三歳）を養子として送り込み、遠山氏を織田方に取り込んでいた。

岩村城が落とされれば、信長は美濃の守りを固めなくてはならず、浜松城への援軍を出しにくくなる。秋山勢の役割は、山県勢の動きと連係して信長を牽制し、援軍派遣を困難にさせるためのものであった。

元亀三年十一月十四日、岩村城は秋山勢に包囲され落城が迫ったため、おつやの方が秋山虎繁と結婚するという苦渋の決断をして降伏し、武田方となった。これによって信長の援軍派遣はさらに厳しくなった。

信長は家康に、浜松に城代を置いて吉田城に引くように助言を与えて時間稼ぎをしようとした。

家康が、到底これを受け入れられるはずもなく断ると、信長は決して城から打って出て野戦をしないよう、浜松城での籠城戦を進言した。

信長は、家康の再三の援軍要請に対し、速やかな対応ができず時間だけが経過していった。

山県昌景、信玄に復命す

昌景は、気賀の町近くに部隊を待機させ、主だった部下を引き連れて、金指、都田を経て天竜川西岸の中瀬に向かった。昌景が主力の兵を待機させたのは、二俣城攻めが勝頼を総大将として一万三千もの有り余る兵で包囲しているからである。勝頼の援軍のために、山県勢四千を遠路二俣まで移動する必要はない。騎馬部隊の山県勢は平地での野戦で力を発揮できる部隊であり、城攻めではその持つ力を十分に発揮できない。

さらに、山県昌景と馬場信春の二人と武田勝頼には越えられない世代の壁があった。

この時、信春五十七歳、昌景四十三歳。二十六歳の勝頼は二回りほど若かった。

武田軍の編成は、江戸時代のような絶対的な主従関係とは異なり、山県昌景や馬場信春などの有力な国衆が信玄のもとに集結して構成されている。いくら信玄の跡継ぎといえども、義信を死に追い込むことに繋がった勝頼に対し、割り切れないわだかまりが残っていた。

特に昌景の兄・飯富虎昌は、義信の傅役を務めていたことにより、謀叛の汚名を着せられたまま切腹に追い込まれていた。武田最強部隊の証しである赤備えは、その兄虎昌の死後に引き継いだものである。信玄は二俣城を攻めるに当たって、勝頼が扱いにくい山県昌景の合流を求めなかった。

ちなみに山県と馬場の二人は、三年後の長篠の戦いにおいて、すでに亡くなっていた信玄の後を追うかのごとく、織田・徳川連合軍の鉄砲隊へ無謀な突撃を行い、信玄に対する忠誠を全うすることになる。

昌景は仏坂の戦いの様子を報告すべく、天竜川を渡って合代島にある亀井戸城に入った。厳重に警備された信玄の寝所に案内されると、信玄は床に着いて静養していた。信玄は、十月三日に甲斐国を出発して以降、十日間の馬上行軍と、さらに十日間の陣中暮らしにより体力を著しく消耗していた。

もともと、胃の腑の病が進行したため甲府の出立が遅れた経緯があり、侍医である板坂法印は遠征を取りやめ静養すべきと進言していたが、信玄がそれを受け入れることはなく、無理を押しての遠州への出立であった。昌景は報告を終えて、気賀の本隊に戻っていった。

家康、天竜川に対陣す

十月二十二日、山県勢が井伊谷・気賀方面に進出したことにより、浜松城の徳川勢は一気に緊張が高まった。

長篠方面からの攻撃に備えて三河吉田城を守っていた酒井忠次は、信玄の狙いが浜松城であると見極め、吉田城の守備兵を最低限まで削り、兵千を率いて浜松城に合流した。

これで家康が動かせる兵は再び八千となった。浜松城内では籠城戦の準備が慌ただしく進められ、連日のように軍議が開かれた。山県勢は、盛んに祝田の坂を上って三方ケ原に兵を上げ、浜松城を牽制して二俣城への援軍派遣を妨害していた。

家康は、仏坂の戦いに援軍を出せず、井平城主である井平直成をはじめ多くの味方を見殺しにしたことを後悔し続けていた。この上、二俣城を見殺しにすれば、家康の名声は地に落ち、遠江の国衆の心は離れていく。信玄はそれを狙っているのだ。追い込まれた家康は、二俣城を援軍すべく全軍を挙げて浜松城を出陣し、一部を鳳来寺道に進め、祝田の坂上に陣取らせ、山県勢を警戒させた。

本隊は自らが率いて二俣道を北に進み、中瀬から天竜川岸に出て、対岸の信玄本陣と向かい合った。

しかし、天竜川の川幅は広大であり、対岸の武田軍の展開を目視することはできなかった。

合代島と中瀬を繋ぐ川道は、雨期の大雨により流れが度々変化し、中洲の位置や形も大きく変わっていた。

家康は、地形に詳しい内藤信成に物見を命じた。天竜川を歩いて渡河できる地点は合代島と対岸の中瀬を繋ぐ川道であったが、そこは川幅が広く、水が幾条にも流れていて、中洲も複雑に入り組んでいる。川道を知り尽くしていなければ、大軍を効率よく渡すことはできなかった。

地形に詳しい内藤は、この川道を辿って合代島に陣する武田軍の近くの中洲まで進んで偵察した。

しかし、内藤が辿った川道は、社山城や神田山砦にいる武田軍から丸見えであった。

川道を対岸近くまで進んだ内藤が目にした武田軍の陣容は、馬場勢と小田原勢千七百、さらに信玄の旗本勢等を含めて五千の大

天竜川を渡河して偵察、逆に「川道」を知られる

軍であり、徳川勢が不利な渡河の危険を冒して対抗できる兵数ではなかった。

しかも、井伊谷方面で牽制している山県勢が動いて背後に回り込めば、挟み撃ちにされる危険があった。

内藤の報告を受けた家康は早々に撤退するしかなかった。結果として家康は、信玄に天竜川を渡る川道を知られ、手の内を晒してしまった。

二俣城の戦い

二俣城を囲んで二週間が経ち十一月に入ると、勝頼は力攻めを諦めて水の手を断つ作戦に切り替えた。

二俣城は岩盤の上に立つ城であり、城内に井戸を掘れないため、直下を流れている天竜川に井戸櫓を突き出して釣瓶《つるべ》で水をくみ上げていた。天竜川を泳いで岩場まで行けば、櫓《やぐら》を破壊して水の手を断つことができる。

しかし、川の流れは急であり、城の真下で岩にぶつかり渦を巻いているため、泳いで岩場に取りつくことは困難であった。冬の川水の冷たさに凍えながら、やっと岩場に取りついても、今度は櫓の上から鉄砲の狙い撃ちにされる。

この時の遠州侵攻における武田軍の配置は、勝頼率いる二俣城攻撃の兵が一万三千、合代島周辺には信玄本陣を守り浜松城を牽制する兵が六千、船による天竜川の渡河を阻止するために匂坂城付近に二千、さらに見付周辺には久野城や掛川城の動きを監視する三千ほどの兵が、それぞれ守りを固めるとともに兵糧の調達をしていた。これとは別に気賀周辺に山県勢四千と山家三方衆五百ほどがいた。

すでに二俣城への攻撃は、力攻めから水の手を断つ方法に切り替えており、直接の戦闘は少なくなっていた。

「攻撃三倍の法則」と言う言葉がある。敵側の三倍の兵力で攻めれば、極めて有利に戦えるとの意味である。

二俣城の規模からして守る兵数は千ほどと予想でき、その三倍である三千で囲えば、籠城している二俣城の兵が城外に打って出ることはない。残りの二万余りの兵で浜松城へ攻め上がれば、浜松城を守る徳川方の三倍の兵力となる。家康が曳馬城を浜松城と改名し、拡張工事を始めたのが二年前からであり、まだ城域を広げている段階で十分な防御力を持つまでには至っていなかった。

この頃の浜松城は土造りの城であり、石垣や瓦葺《かわらぶき》の建物を備えておらず、天守閣が築かれるのは二十年余り先の、秀吉時代の堀尾吉晴によるものである。信長の援軍が着いていないこの時こそ、浜松城攻めの絶好の機会である。ところが信玄は一向に動く気配が無かった。

なぜ信玄は動かないのか。家康は服部半蔵配下の伊賀者を総動員し、物売りを装って亀井戸城に探りを入れた。城内の一角に厳重に管理された陣小屋があり、医師と思われる者がしきりに出入りしている情報を掴んだ。

時折、信玄が元気な姿を現し指示を出していた。しかし、これは影武者を務めていた信玄の実弟武田信廉であり、側近ですら見分けがつかなかった。

家康は、もしや信玄が病ではないかとの疑念を持ったが、確証はなかった。

十一月二十八日　冬が深まり、日毎に寒さが厳しくなっていった。

長期の対陣には、相応の食料確保や馬の飼葉などの兵站が重要である。武田軍は、村や寺社に禁制を発行し、兵糧等の入手に全力を挙げた。

※禁制とは敵地に侵攻した軍隊が軍資金を集めるために、自軍の兵士に対して、村や寺社に乱暴・狼藉・放火・略奪などをしないように禁止した文書のこと。村や寺社は、安全を保障してもらうために、お金などを渡して「禁制」を入手した。

【参考】
「孫子の兵法」作戦篇
智将は務めて敵に食む
（遠征軍を率いる智将はできる限り敵地で食料を調達するよう努める）

織田援軍の到着

十一月下旬になって、やっと織田の援軍が到着した。大将は、佐久間信盛、平手汎秀、少し遅れて水野信元の三将であった。佐久間信盛は織田家臣団の筆頭家老、平手は織田家代々の家老の家柄である。水野信元は家康の母である於大の異母兄であり、家康の伯父となる。水野一族は尾張から三河にかけて大きな勢力を持っていた。

しかし、この織田家の有力な武将三人が率いてきた兵の数は、僅か三千であった。

信長包囲網に苦しんでいた信長は、この期に及んでも信玄との決定的な対決を避け、表向きは友好関係を維持しようとしていた。家康に対しては、有力な武将三人を派遣することで同盟を重要視しているとの面目を立て、信玄に対しては、本格的な戦闘さえ行わなければ、義理で三千の兵を派遣したとの言い訳が立つようにした。信長は、まさか家康が浜松城から打って出て、織田の援兵を巻き込んで武田軍と野戦（三方ケ原の戦い）に及ぶとは考えもしなかった。

万一、浜松城が籠城戦になった場合や、信玄が吉田城や岡崎城へ向かう動きがあった場合に備えて、二万の兵を白須賀（湖西市）、吉田城（豊橋市）、岡崎城（岡崎市）へ配置しつつあった。

家康は、密偵を使って信玄の本陣に噂を流した。岐阜から浜松に向けて織田の大軍が移動中であり、その兵数は本坂峠方面へ五万、今切筋に三万、というものであった。

織田援軍が浜松城に到着したとの情報は、密偵によって信玄の元に届けられた。織田の本隊数万が到着すれば、武田軍は数的に不利になり家康を討ち取ることは困難になる。信玄は織田本隊の到着前に家康を野戦に引きずり込むべく、勝頼に二俣城の攻略を急がせた。

二俣城の陥落

勝頼の二俣城攻めは難航していた。天竜川に突き出した井戸櫓の破壊を目指したものの、岩に取りついても櫓の上からの鉄砲攻撃により阻まれていた。そこで上流の木を倒して丸太を組み筏《いかだ》を造った。筏の上部に矢倉を組み、突出した部分を井戸櫓の主柱に当てて櫓を崩すことにした。

筏は何艘も作られ、船頭が筏の向きを操作して主柱に衝突させた。流が早いため一艘の筏が当てられるのは一回のみであり、これを何回も繰り返した結果、主柱は徐々に傾き、やがて櫓は崩壊した。

二俣城への攻撃を開始して一カ月が経過しようとしていた。この時点で二俣城を守る兵は千余りに減っていた。城は唯一の水の手を断たれ一気に水不足に陥った。

兵糧は三カ月分貯えていたが、水が無ければ喉が乾いて食べられない。城代の中根正照は、この時に備えて大きな四斗桶を数百個用意して、水を貯めこんでいた。しかし、節水に努めたものの、雨が少ない時期でもあり、日毎に空桶の数が増えていった。家康は、二俣城の救援を模索したが、気賀に陣を敷いている山県勢が、時折、浜松城を覗う気配を見せており、信玄の強《したた》かな戦術に打つ手がなかった。

信玄にとって二俣城を壊滅に追い込めば、援軍を送れなかった家康に対する遠江国衆の信頼を地に貶めることができる。しかし、二俣城に籠城している岡崎衆の死に物狂いの抵抗により、いつ開城に至るかは見通しが立たなかった。冬が深まっていく中、信玄は和議の選択に追い込まれた。すでに城攻めに一月半も費やしていた勝頼は、一刻も早く開城させるために大幅に譲歩し、降伏すれば全ての兵を助命すると城代山根正照に申し入れた。しかも、天竜川の渡河の安全を保障し、浜松城への合流を拒まないという好条件であった。

正照は、家康と信康の期待に応えられなかったことを恥じて、切腹する覚悟でいたが、来るべき信玄との決戦に備え、配下の兵を無駄死にさせることなく一兵でも多く浜松城に合流させることこそが、自身に与えられた最後の使命であると考えた。籠城とは、援軍の当てがあって初めて成立する戦法である。家康は天竜川を渡って援軍を派遣することができず、眺望を失い一切の情報を断たれた二俣城が落城するのは時間の問題であった。最後の桶が空になった時、正照は開城を決意した。

正照は勝頼に開城の意向を伝えると共に、安全を確保するための幾つかの条件を出した。まず、浜松城に向かい撤退する道中で、武田が裏切って騙し討ちされることを防ぐため、人質を交換を約束させた。さらに、撤退する兵士は武装解除せずに武器の所有を求めた。さすがにこれは認められなかったが、武士の魂である大小の帯刀を許した。

中根正照には、大将としての面目を尊重して、馬の使用を許した。

元亀三年十二月十九日、遂に二俣城は武田の手に落ちた。しかし、二カ月に及ぶ長い籠城戦は信玄の遠州侵攻に大きな遅れを生じさせた。徳川軍は、弓・槍・鉄砲が武田軍の手に渡らないように破壊し、その日の内に浜松城に向かって移動を開始した。先頭は馬上の中根正照、その後に青木貞治、松平康安らが続いた。すでに兵数は千ほどに減っており、その半数近くは手傷を負っていた。傷ついた兵士を支え合い、木の枝を杖替わりにしての行軍であった。天竜川の渡河地点は合代島一カ所しかない。天竜川沿いに南下し、野部を経て信玄本陣の前を通った時、数千の武田軍兵士の目に晒された。

全員が唇をかみしめ、雪辱を誓った。冬の天竜川の水は冷たかった。

天竜川を渡り切り、安全が確認できた時点で人質は解放された。

二俣城の守備隊は浜松城に合流し、負傷していない五百ほどが体力の回復に努めて武田軍との戦いに備えた。

高天神城の小笠原氏助が兵二百を率いて浜松城に駆け付け、さらに掛川城の石川家成も三百ほどの兵を率いて浜松城に入った。

これらの加勢によって家康が動かせる兵数は、浜松城の守兵千余りを確保した上で八千となり、織田の援軍三千を加えて、徳川軍の兵力は一万一千となった。

二俣城の徳川守備隊が去ると、信玄は軍を再編し二十二日朝に三方ケ原へ進出することを決めた。前日の夕飯は、大量の米が炊かれた。それは、明日が決戦の日であることを示すものであった。勝頼軍は、二俣城を芦田下総守信守に兵千で守らせ、攻略から三日後の十二月二十二日払暁《ふつぎょう》（夜が明けようとするころ）に二俣城を発し、信玄本隊と合流した。二俣城攻略によって、武田と徳川の優劣は決定的なものとなり、遠州の地侍の心は武田側へと傾いていった。

武田信玄、死するまであと百八日。

武田軍、三方ケ原へ上る

元亀三年十二月二十二日（新暦一月二十五日）の夜明け前、合代島周辺の守りに就いていた馬場信春軍四千が天竜川の川道を渡り始めた。馬場勢は二俣道に入り南下した。さらに二俣城から到着した一万二千がこれに続いた。広大な三方ケ原を南北に結ぶ道は、見付から北西に進み国境の本坂峠を通って三河国に抜ける本坂道と、追分から分岐して北に向かう鳳来寺道がある。

浜松城から追分に向かう道も本坂道と呼ばれており、追分で見付からの本坂道と一本になって三河国との国境の本坂峠に繋がっていた。

しかし、平坦な三方ケ原台地には地図にはない東西を繋ぐ生活道（間道）が数多くあった。人々は炊事に使う小枝を集めたり、屋根を葺く萱を刈ったりするために、また隣村との行き来をするためや、鳳来寺山、岩水寺などの寺社へ参拝するための道として、道幅三尺ほどの間道を利用していた。当時の日本馬（和種）は小ぶりな体型であり、馬一頭が進むことができる道幅であれば一列で兵を進めることができる。

信玄は、二俣城を攻めている時、亀井戸城から多くの密偵を三方ケ原に放ち、東西を結ぶ間道を二カ月間にわたり、徹底的に調べさせた。そして、素早く行動できるように各部隊を二千程に再編し、侍大将に率いられた部隊毎に進むべき間道を指示した。

各隊には、密偵を案内役として付けた。そして、各隊が案内役通りに進めば、三方ケ原の台地上に、「魚鱗」の陣形が出来上がる工夫をした。魚鱗の陣とは、部隊を「△」の形に重ねて兵を配し、底辺の中心に総大将を配置して、敵に対する陣形である。信玄の狙いは、三方ケ原の北に位置する「根洗」付近に本陣を置き、徳川軍を三方ケ原の奥深くへ誘《おび》き出すことであった。

信玄は浜松城下に密偵を放ち、武田全軍が浜松城に攻め込んでくるとの噂を流した。武田軍は次々に天竜川を渡り、二俣道を浜松城がある南に向かった。家康を浜松城から野戦に引き込むためには、主要道である本坂道の分岐点「追分」の北側に、感づかれることなく誘き出さなければならない。

数に劣る家康が、武田軍が陣を構えて待っていることを知れば、迷わず籠城戦を選択するであろう。白昼の行軍であり、徳川方が放った密偵に動きを掴まれる可能性があるため、素早く移動し短時間で陣形を完成させる必要があった。真っ先に天竜川を渡った馬場勢四千は、家康を誘き出す囮《おとり》の役割を与えられた。次に先鋒の小山田勢など五千が続いた。

さらに二陣の武田勝頼など五千、続いて三陣・四陣の高坂弾正など四千、総勢一万八千の兵が二列に連なって二俣道を浜松城方向に南下し、武田の全軍が浜松城に向かっていると欺《あざむ》いた。隊列の長さは五里（二十キロ）以上に及び、先頭の馬場勢が浜松城の北一里（四キロ）の位置にある本坂道の宇藤坂を上り始めたとき、後続はまだ天竜川を渡り切っていなかった。最後に天竜川を渡った信玄本隊五千は、南へは向かわず、西に向かい休兵坂（浜松市浜北区平口・浜北西高校西側）を上った。

風林火山の旗を掲げて進む馬上の信玄は、影武者の実弟武田信廉であり、馬に乗るだけの体力がない信玄

『三方ケ原の戦い』鳥瞰図
後備え
武田信玄
右脇備え
左脇備え
第三陣右翼
第三陣左翼
第二陣右翼　小幡・土屋
第二陣　武田勝頼
第二陣左翼　真田・甘利
先陣右翼　山県昌景
先陣左翼　馬場信春
先陣中央　小山田信茂
本多忠勝
榊原康政
旗本先手役
石川数正
西三河衆
大久保忠世
酒井忠次
東三河衆
織田援軍
平手汎秀
織田援軍
佐久間信盛
徳川家康

は輿に乗って移動した。密偵から、武田全軍が浜松に向けて進軍中との報告が次々になされ、家康は籠城戦となることを確信し、浜松城の守りを固めた。宇藤坂、大菩薩坂で本隊と分かれ、素早く坂を上った馬場勢は、本坂道に入ると東西に広く展開し、南北の通行を遮断して徳川密偵の動きを断った。

続く小山田勢は、宇藤坂の手前の欠下坂（信玄街道）を上がり、あらかじめ指示された魚鱗の陣の先鋒位置に兵を展開した。二陣の武田勝頼勢は、さらに手前の小松から船岡山脇の滝洞坂を上り、小山田勢の後方に位置し、三陣の穴山、内藤勢らは遥か手前の平口から上って、勝頼勢の左右後方に陣取った。

長い隊列の後方の部隊が、次々に分岐して坂を上って台地上に消えて行き、密偵はその正確な位置を掴めなくなっていった。同時に、気賀に留まっていた山県勢四千と山家三方衆五百が本坂道を南進して台地に上り、本坂道上の右脇備えの位置に着いた。信玄率いる旗本勢と後詰の部隊は、より安全な道を選択した。天竜川を渡って西に進み休兵坂を上った信玄本隊は、都田に抜け須倍《すべ》神社を経て金指から鳳来寺道に入った。さらに蜂前《はちさき》神社横を南に進み、祝田《ほうだ》の坂を上って三方ケ原台地へ上がり、根洗に本陣を構えた。

武田軍の総数は二万七千にも及んだ。

浜松城から本坂道は最も近い所で一里（四キロ）ほどである。馬場勢四千は大旗を高く掲げ、浜松城の物見櫓から見えるようにした。朝から昼過ぎまで大休止し、そのまま居座って昼食まで食べ始めた。

この時、その北側の台地では、信玄を本陣とする五段構えの魚鱗の陣が、完成に近づいていた。

浜松城の家康は、信玄の狙いがあくまでも浜松城であると判断し、武田の大軍が馬場勢に続いて街道を南下し、列を成して浜松城に向かってくると思い込んでいた。

家康、浜松城を出陣す

家康は、幾つもの隊に分かれて行動した武田軍の、素早く複雑な動きを把握することができなかった。

浜松城では軍議が続いていた。若い家臣は、目の前の敵に対し座して動かぬは武門の恥として打って出ることを主張し、老臣は籠城に徹するべきと具申した。織田の援軍、佐久間信盛・平手汎秀《ひらでひろひで》・水野信元は、籠城戦を前提として派遣されており、声を合わせて出撃に反対した。

その中でも水野信元は、家康の伯父であり、遠慮をせずに強く反対意見を述べた。

物見からの報告では、本坂道に居座る武田軍の数はおよそ四千であり、徳川一万一千の手勢があれば、よもや敗れることはないと考えた。勝つことはできなくても、一撃を加えた上で浜松城に撤収し籠城戦に持ち込めば、遠江国衆に対する面目を保つことができる。結局、指揮権を持つ家康が威力偵察としての全軍出陣を選択したため、織田の諸将も従わざるを得なかった。

家康の頭の中には、武田の本隊はまだ天竜川方面にあり、浜松城に迫るまでは相応の時間がかかるものと考えていた。よもや武田軍が素早く行動して、待ち伏せしているとは考えもしなかった。

威力偵察とは、敵の撃破が主目的ではなく、小規模の戦闘を行い素早く撤退して敵情を探る偵察行為である。織田の援軍は、佐久間信盛と平出汎秀が同行し、水野信元は浜松城の守りを固めることになった。

その後、密偵からの続報はなく、挑発するように居座っている馬場勢は全く動こうとしなかった。もちろんこの時点で、家康は勝ち目のない野戦で、信玄と全面対決することなど全く想定していなかった。

浜松城から三方ケ原に向かう場合は、北口である「玄默口」を利用する。北に進めば一里半（五・五キロ）ほどの所に、本坂道と交わる追分の分岐点に至る。

浜松城から信玄本陣がある根洗までは二里半（十キロ）、追分はほぼその中間地点にあった。追分から根洗の信玄本陣の中間点に武田軍の先鋒の小山田勢が既に陣を構えていた。

浜松城の守りの兵千余りを残して、徳川軍一万一千は浜松城と追分の中間点まで進出し、物見を出して慎重に馬場勢の動きを探った。

魚鱗《ぎょりん》の陣と鶴翼《かくよく》の陣

午後になって、いきなり馬場勢が移動を始めた。徳川軍に背を見せあたかも誘いかけるような進軍であった。

背を見せて退く敵への背後からの攻撃は、極めて有利な態勢で戦うことができる。

しかしこの時、すでに武田軍は陣立てを完成させ、手ぐすね引いて待ち構えていた。あとは家康を誘って移動している馬場勢が、左翼（徳川から見て右翼）の所定の位置に収まれば、魚鱗の布陣が完成する。

信玄は、家康に二俣城と仏坂の戦いに援軍を出せなかった汚名を挽回できる、絶好の機会を演出した。

根洗の本陣で待ち構えている信玄は、家康が間違いなく罠に嵌《はま》るとの確信を持っていた。

三方ケ原は天竜川が作った扇状地が隆起した台地であり、起伏が少なく平坦である。

水利が悪く、冬は遠州の空っ風にさらされ、大木が育たず高さの低い雑木林と萱の原が広がっていた。

武田軍は全ての大旗を倒し、腰を落として気配を消した。萱に隠れて三町（三百メートル）も離れれば、存在を確認できないほどであった。馬場勢は背を見せたまま、追分の分岐点を右側（東側）の鳳来寺道に進路を取り、前進を続けた。その先を進めば祝田の坂である。家康は、まさかその手前に武田軍が展開しているとは全く知らずに、あわよくば坂で背後を突けるのではと考えてしまった。

徳川軍の隊列の先鋒は、越えてはならない追分の分岐点を越えてしまった。

突然、物見の兵から、前方に武田軍が展開しているとの報告が入った。

さらに、本坂道にも武田の陣が展開しており、しかもその赤備えから山県昌景勢であるとの報告が入った。

武田軍は大旗を高く掲げて全容を現した。家康は、この時点で初めて、信玄の罠に嵌《はま》ったことを知り、愕然とした。行軍列の中央にいた家康は、追分付近にいた。兵力の差が大きく、野戦で信玄に勝てるはずもなかったが、この時点で背を向けて撤退すれば、本坂道上で突撃態勢を整えている山県騎馬隊に背後から襲撃される。

家康は、鳳来寺道を二列で進んでいた先鋒の隊に、直ちに左右に展開するように指示した。後続の部隊にも先鋒の隊に倣《なら》って急ぎ全軍を横一重（V字の隊形）にさせた。

結果として、多勢の武田軍に対して無勢の徳川軍が、「鶴翼の陣」という戦術的にはあり得ない陣形を採ることになってしまった。馬場勢は左翼の所定の配置に着き、完璧な「魚鱗の陣」を完成させた。信玄は直ちに攻撃せず、徳川軍の陣形を見極めた。それは、大軍相手には決してしてはならない「鶴翼の陣」であった。

陣形を完成させていた武田軍は、慌《あわ》ただしく横一線に展開する徳川軍の旗色を窺《うかが》った。

訓練されて戦意があれば、隊列は乱れず旗は横一線に整然と列を作るはずである。

ところが、横一線の戦列に、混乱して隊列が乱れている隊があった。織田の援軍である佐久間勢である。

佐久間信盛は、不本意にも討死が必至の無謀な戦いに巻き込まれてしまい、生き延びることだけを考えていた。信玄は戦う前に全軍に対し、家康を討ち取った確認を最優先し、確認が取れない段階で功を焦って浜松城を攻撃してはならないと厳命していた。夜の戦いでは家康の罠が仕掛けられているかもしれず、織田の援軍が迫っているとの情報もあったからである。

誘《おび》き出した家康を、なんとしても野戦で討ち取らなければならない。

戦いは申の刻（午後四時頃）、投石と遠矢から始まった。冬の日は短く、日が暮れるまで半時《はんとき》弱（一時間）ほどしかない。

鶴翼の陣は守りが薄く、崩されやすい。しかも、横に長く展開するため指揮命令が届かない。連携した動きが出来ないため、侍大将はそれぞれ自身の判断で持ち場を守ることになった。

戦いの始まり

武田の先陣は譜代家老衆小山田信茂であった。信茂は明らかに旗色の悪い佐久間勢と平出勢に攻撃を集中させた。戦意が無く、地理に疎《うと》い佐久間信盛は、戦いが始まると間もなく、暗くなる前に戦線からの離脱を計った。

割を食ったのは、隣に陣取っていた同じく織田の援軍である平出汎秀であった。集中攻撃を受けて、汎秀が守る一角はもろくも崩れ平出勢は敗走した。佐久間勢は日のあるうちに南下を続け、東海道に至り、浜名湖方面に撤退してしまった。一方、右翼（徳川から見て左翼）の本坂道上には、井伊谷を制して気賀で待機していた山県昌景勢と、家康から離反し山県昌景の寄騎《よりき》に編入されていた山家三方衆（奥平・田峰菅沼・長篠菅沼）が突撃準備を整えていた。山県勢がこの位置に配備されたのは、道の左右が平坦で開けており、道幅を越えて騎馬が突撃できるからであった。

昌景は騎馬隊を前面に押し出し、対面する徳川部隊に襲い掛かった。

山県勢の役割は、徳川の守りを突破した後、背後に回り込んで包囲し、家康の退路を断つことであった。そのために信玄は、引き返すことが出来ない三方ケ原の奥深くに本陣を構え、家康を誘き出したのである。浜松城に逃げ込まれれば、最も避けたい籠城戦になってしまう。まずは槍隊の激しい叩き合いの後、八百騎の赤備えの騎馬隊が隊列を組んで突進した。その破壊力は凄まじく、これまで山県の赤備えを防いだ武将はいなかったほどである。

これに対し、家康にとっても重要な本坂道には、最も信頼している本多平八郎忠勝・榊原康政など旗本先手役の主力を配していた。

本多忠勝は騎馬を巧みに操《あやつ》り、愛用の長槍を振り回して本多勢を指揮し、山県騎馬隊と激突した。

徳川方から離反した山家三方衆は、日頃から忠勝の勇猛さを知っているため、その迫力に怖気《おじけ》づいて四町

「赤備え」の山県軍を後退させる、忠勝指揮の本多隊

（四百メートル）ほど逃げた。本多勢は、山県騎馬隊の突撃を受け止め逆に反撃した。山県勢は三町ほど追い散らされ、大きく崩れかかった。山県勢の劣勢を見た勝頼は斜めから加勢し、これにより形勢が逆転して、さすがの本多勢も支えきれず後退した。しかし、本多勢に勢いを削がれた山県勢は、家康本隊の背後に回り込むことができず、家康の退路を断つことができなかった。左翼は、東三河衆の旗頭酒井忠次と、その指揮下である田原城代の本多広孝勢が、武田の先鋒である小山田勢と戦っていた。

信玄の本陣へ百足衆《むかでしゅう》が逐一《ちくいち》戦況を伝えると共に、信玄の命令を前線の武将に伝えていた。

酒井勢は小山田勢を三町ほど追い散らしたが、馬場勢が加勢して盛り返し、さらに甘利勢が横槍を入れて攻め掛かったため、酒井勢はたまらず崩れて敗走を始めた。

徳川軍、総崩れ

鶴翼の陣という無理な態勢で戦わざるを得なかった徳川軍は総崩れとなり、すでに暗くなっていた三方ケ原を浜松城のある南へとひたすら逃げた。

五段構えの武田軍の中で、戦闘に参加したのは先陣と二陣だけであった。後方の部隊は戦闘には加わらず、ただ成り行きを見守っていただけであった。

合戦が始まって半時（一時間）ほどが経過し、徳川軍は崩壊して組織だった戦いができなくなっていた。武田軍は松明を掲げて合言葉を掛け合いながら敵将家康の姿を追った。一方徳川勢は追っ手の目印となる松明を持たず、地の利と暗さだけが頼りであった。

信玄は、山県勢に徳川陣深くまで攻め込ませ、家康の退路を断つ作戦だったのだが、忠勝らの奮闘によりその目論見《もくろみ》が崩れた。鶴翼の陣の中央後方に陣取っていた家康は、旗本先手役に守られて浜松城に向かっていた。追分の先まで引いたがそれでも城まではあと一里近くもあった。

本坂道で山県勢と戦っていた本多勢と榊原勢は、散り散りとなりながらも家康隊に合流した。

家康は目立って危険な本坂道を避け、地の利を活かして間道を繋いで南の浜松城へ向かった。

しかし、家康を中心にして団子状に固まって移動する集団は、暗闇の中でも武田兵に見つかり易く、次々に追撃を受けた。その度に、何人かが命を捨てて居残り、武田兵を迎え撃って家康が退避する時間を稼いだ。

二俣城を明け渡して浜松城に合流した中根正照、青木貞治の岡崎衆は、依然として数十が家康を守っていた。

その中に、初陣の松平康安がいた。中根は康安を呼び寄せ、岡崎の殿《との》（信康）に我らの働きと最期を報告するように伝えると、全員が武田の追っ手の中に飛び込んでいった。二俣城を明け渡した責任を取り、死に場所を探していた覚悟の討死であった。松平康安は三方ケ原の戦いを生き延び、信康の死後は家康に仕えて足

騎馬隊を前面に押し立てて、本多・榊原勢に突撃する山県勢

軽大将となり、江戸幕府において六千石の旗本御伽衆《おとぎしゅう》となった。御伽衆とは将軍やその側近に、自己の経験談や、書物の講釈などをする役職である。

二代将軍秀忠は、三方ケ原の戦いの七年後に生まれた。康安は、旧武田の家臣でありながら武田家滅亡後に幕臣となった旗本と共に、敵味方だった合戦話を秀忠に披露した。後年、御伽衆の講釈話が庶民に広がり、江戸時代以降の講談や落語の源流となった。

三方ケ原から撤退して浜松城に戻った酒井忠次は、暗闇の中で松明を持たずに浜松城を目指している兵たちのために、玄黙口の櫓の太鼓を打ち鳴らして音でその位置を知らせた。玄黙口の城門は大きく開かれ、かがり火を煌々と焚き、遠方からも明るさで位置が分かるようにして、傷つき続々と戻ってくる兵士たちを受け入れた。忠次指揮下の本多広孝は、忠次と共に一旦浜松城に戻ったが、家康がまだ戻っていないことを知ると、浜松城から取って返し、武田軍の追撃を防いで味方の敗走を助けた。

家康の困難な撤退はさらに続いた。少しずつ玄黙口に近づいていたものの、依然として追っ手の断続的な攻撃に晒《さら》されていた。

山県勢の突撃を食い止めて、逆に押し返す本多・榊原勢

三河以来の譜代衆夏目吉信は、浜松城の留守居をしており、玄黙口の櫓に登って戦場を遠望していた。いまだ戻ってこない主君家康を必死になって探していた。

すると、松明の明かりが集中している場所があることに気付き、家康と確信して旗本二十五騎を率いて救援に向かった。家康と合流した吉信は、有無を言わせず家康から兜と陣羽織をはぎ取って、家康の馬に乗り換え、家康を名乗って二十五騎と共に武田軍の中に突入して全員討死した。

九年前の永禄六年（一五六三）九月、夏目吉信は三河一向一揆が起こると一揆側に加担し家康に叛いて敵対した。一揆は収束により解体され、翌永禄七年春、加担した家臣たちは赦免《しゅめん》され家臣団に戻ることを許された。本来なら切腹が当然にも拘《かか》わらず、赦免された家臣たちはこの時の恩を忘れることなく、三方ケ原で身命を賭《と》して家康を守った。

鳥居忠広、成瀬藤蔵、田中義綱といった有力な家臣も次々に討死した。

鳥居忠広（徳川十六神将）も一向一揆に加担した一人であった。忠広は土屋昌続（武田二十四将）と一騎討ちとなり互角の戦いを演じたがついに力尽きた。成瀬藤蔵は、旗奉行として家康を守っていたが馬場信春隊の追撃を受け、家康の身代わりとなって討ち死にした。成瀬が討死した地は成瀬谷（浜松市蜆塚・宗源院）としてその名を残している。田中義綱も主君家康を守り、勇猛果敢な戦ぶりを見せたが討ち取られた。

家康は本多忠勝たち旗本先手役や、わずかな近習の者たちに守られて、やっとのことで玄黙口近くまで辿り着いた。

忠勝の叔父である欠城主の本多肥後守忠真は、常に忠勝と共にあった。一言坂の戦いの時、挟み撃ちを狙った武田の小杉隊に対し、平八郎指揮の下に突っ込んだ騎馬隊の一騎は忠真であった。忠真は、忠勝が二歳の時に討死した兄忠高に代わって、親代わりとして忠勝を支え続けた。

忠勝十三歳初陣の時、桶狭間の戦いの前哨戦である大高城兵糧入れで、敵（織田方）の武将・山崎多十郎に討ち取られそうになった際、槍の名手である忠真は槍を投げて忠勝を助けた。

それから十二年、忠勝の成長を見届けた忠真は、亡き兄忠高から託された忠勝を見守る役目を果たし終えたと確信し、家康の守りを忠勝に託した。そして、なおも迫りくる武田の追っ手に対し、自ら殿を買って出て、旗指物を左右に突き刺し、ここから後へは一歩も退かぬと言い放って、迫りくる武田軍に斬り込み、討死した。

一方、佐久間信盛の早期戦線離脱により、三方ケ原で集中攻撃を受けて敗走した織田援軍の平出汎秀は、方角を見失い、追っ手に追われながら浜松城下を彷徨《さまよ》い続けていた。

地理に疎《うと》い平出は、暗闇の中で玄黙口に辿り着くことが出来ず、佐久間信盛と同様に南下して東海道を目指したが、浜松城の南にある稲葉山（グランドホテル浜松横）で武田勢に追いつかれ無念の討死をした。

こうして家康は、数多くの忠臣の命と引き換えに、辛うじて浜松城に辿りついた。武田軍の死傷者二百に対し、徳川軍の死傷者は二千（死者千）を超えていた。

※　夏目信吉の忠節を称える「夏目次郎左衛門吉信旌忠碑」が、犀ヶ崖資料館の近くに建てられている。明治の文豪夏目漱石は夏目氏の後裔である。

※　本多肥後守忠真の碑が、浜松城近くの犀ヶ崖資料館（浜松市中区）の敷地内に建つ。

※　浜松市中区東伊場の稲葉山（浜松市中区東伊場・浜松グランドホテル裏）に、「平手監物時秀公霊場　稲葉山」と刻まれた石碑が建てられている。

武田軍、浜松城に迫る

城門を全開にして負傷者を迎え入れている玄黙口が見渡せる高台に、山県昌景と馬場信春が馬を並べていた。

昌景は傷ついた兵士たちが次々に辿り着いている玄黙口を眺め、今なら自軍だけで浜松城を落とすことができると信春に攻撃を訴えた。味方は大勝しており、家康を討ち取ったとの情報もあって、この好機に一気に決着を付けられるというのが、昌景の言い分だった。しかし、二カ月前に万能の戦い（挑燈野）で徳川軍の策略に嵌《はま》った経験がある信春は、家康の計略があると見て、攻撃すべきではないと主張した。

信玄は戦いが始まる前に、家康を討ち取ったことを見極めないまま浜松城へ攻撃することを固く禁じていた。

徳川方に何らかの策略があるかもしれず、夜の城攻めは危険であった。なにより織田の援軍が浜名湖の今切口付近まで迫っているとの情報があったからである。二俣城の攻撃に二カ月間もかかったため、冬はさらに深まり、信玄の体調も長期戦となる浜松城への包囲戦を耐えられる状況になかった。

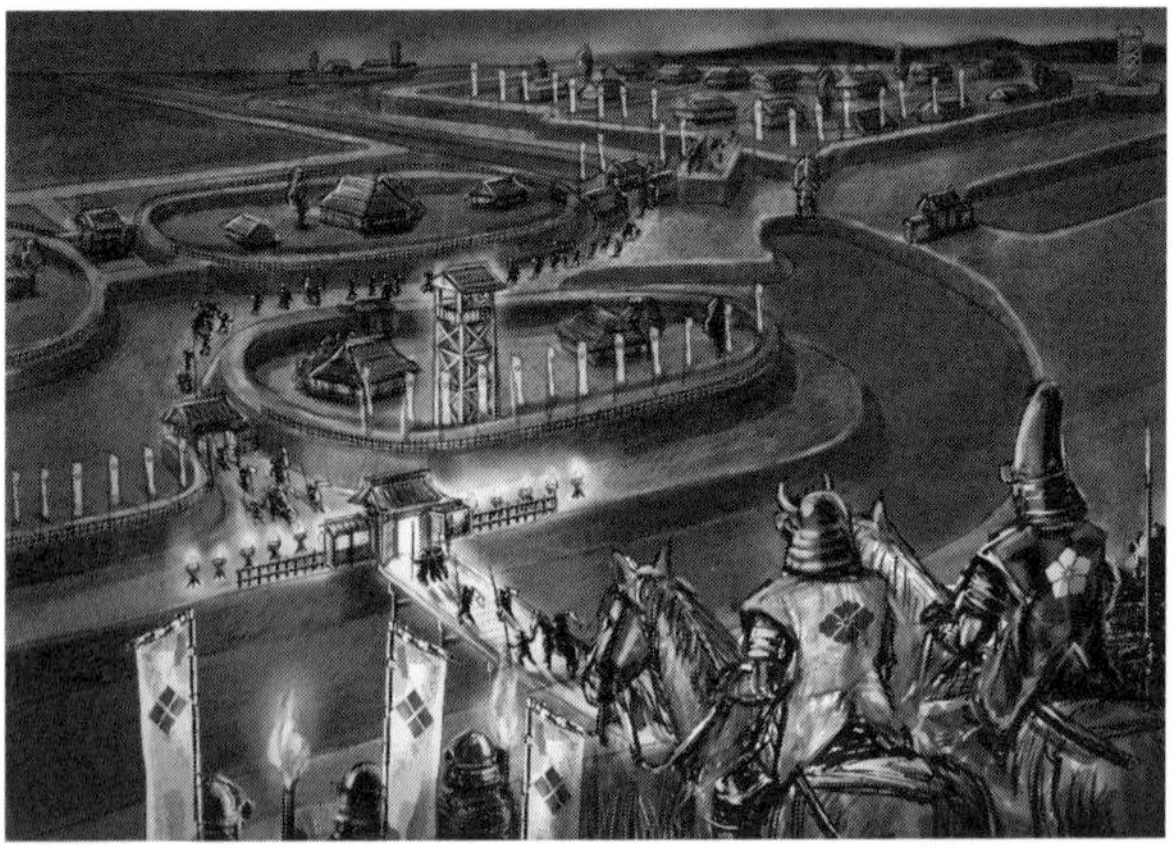

浜松城に迫る馬場と山県、城に戻る徳川兵たち（三河後風土記より）

武田軍は浜松城間際まで迫るも、攻撃を停止し浜松城の手前で野営をして夜明けを待った。信玄は根洗の本陣から動くことはなかった。

その日の夜半、敵に一矢を報いようと大久保忠世、天野康景らが、浜松城の北方十町（約一キロ）ほどにある犀ヶ崖付近に野営中の武田軍に、夜襲を仕掛け鉄砲を撃ちこんだ。（犀ヶ崖の戦い）

しかし、大きな損害を受けた徳川方の反撃はこれが精一杯であった。浜松城は城門を固く閉じて守りに徹し、家康は疲れ果ててひたすら眠っていた。城内は傷ついた兵士たちのうめき声で溢れ、女たちは傷の手当てに奔走した。

信玄は、新たな織田援軍の襲来に備え、脇備えの部隊を前線に回し、後備えの部隊を脇備えに移動させて夜通し警戒させた。

十二月二十三日、長い夜が明けた。信長からの援軍が来ることは無かった。

夜が明けると、武田軍は全力を挙げて家康の首を探した。家康を討ち取ることができていれば、徳川勢の士気は著しく低下し、信長も信玄との全面対決を避けて援軍の増派を見合わせるであろう。しかし、何人もの徳川家の家来が家康を名乗って討死したため、情報が錯綜《さくそう》して家康を討ち取ることができたか否かの確認は、困難を極めた。

徳川方の戦死者は千人を数え、その中に家康がいないかを調べるため首実検が行われた。首実検（首対面）とは、討ち取った身分の高い武将の首を持ち帰り、人物の特定をすることである。しかし、丸二日かけて家康の首を探したものの、討死した者の中に、家康の首は無かった。浜松城も守りを固めており、戦意が衰えているようには見えず、家康は生存しているとの確信に至った。信玄は戦いには大勝したが、肝心要《かんじんかなめ》の家康を取り逃がしてしまい、戦いの目的を達することができず、戦略的には勝利を得ることができなかった。
討ち取った首級の中に織田家の平出汎秀の首があった。信玄はその首を織田信長に送り、断交を宣言した。
三方ケ原で家康を惨敗させた信玄を、信長は恐れた。そして、家康に対する援軍については、事態収拾のために兵を派遣したものであり、平出が成敗を受けたのは当然であると取り繕った。しかし、信玄はそれを受け入れることはなく、織田と武田は手切れとなった。

【参考】
「孫子の兵法」計篇
孫子曰く、兵とは詭道なり
（戦争とは敵をだます行為である。本当は自軍に作戦行動が可能であっても、敵に向けては、そうした作戦が不可能であるように見せかける。いつも敵に偽りの状態を示す方法によって、敵が利益を欲しがっているときは、その利益を餌に敵軍を誘い出す）

「孫子の兵法」虚実篇
孫子曰く、能く寡を以て衆を撃つ者は
（巧みに軍を率いる者は、敵軍には態勢を露わにさせておきながら、自軍の側は態勢を隠したままにする敵軍は自軍の配置が不明なため、全ての可能性に備えようとして、兵力を分散する）

刑部での布陣

翌十二月二十四日、信玄は本陣を根洗から刑部郷の刑部砦（陣の平）へ移した。刑部砦は三方ケ原台地の北の端に位置していた。ここからさらに本坂道を北に進み、台地を下ると刑部城がある。刑部砦では武田軍の主だった侍大将が集まり、軍議が開かれていた。

信玄の体調が思わしくないことは秘中の秘とされ、知っているのは極限られた重臣のみである。軍議の中央には信玄の影武者である信廉が座っていた。

事情を知っている人物の一人、高坂弾正は、家康を取り逃がした以上、浜松城攻めはすべきではないと主張した。これに対し事情を知らない多くの武将は、勝ち戦でありながら浜松城を攻めないのは納得いかないと強く反論した。高坂は信玄の体調を伏せて、織田の援軍八万が迫りつつあることや、浜松城は一カ月かかっても落とせないことを伝え説得に努めた。長い軍議の末、武田軍は浜松城攻めを諦めることに決した。

年が明けて、元亀四年正月（新暦二月三日）を迎えた。

武田軍は、ここ刑部の地で遠州侵攻のために編成した遠征軍を解体し、それぞれが兵を率いて領地に戻ることとなった。一方で、自軍内にはあくまでも勝利の凱旋を印象付けなければならず、信玄の体調不良は、決して知られてはならないことであった。これらの調整に手間取り、武田軍は正月七日まで、刑部に十四日間滞陣した。

元亀四年一月八日、早朝から移動が始まった。各隊は鳳来寺道を井伊谷から的場峠を越えて、次々に長篠に向かって刑部を後にした。その中には悠然と進む馬上の信玄がいた。もちろん影武者の信廉である。信廉は野田城攻めを経て甲府に到着するまで、信玄を演じ続け、疑うものは誰一人としていなかった。

欺くのは味方だけではなく、当然、徳川と織田に対しても撤退を隠し、攻めの姿勢を見せ続けなければならない。もし、疑惑を抱かれれば、背後から追撃される恐れがあった。

これを防ぐべく、徳川への牽制を命じられたのは山県昌景勢であった。赤備えの派手な山県勢は、井伊谷城に向かい、城と城下に火を放った。

さらに龍潭寺にも火を放ち、依然として武田が侵攻を続けていることを印象付けた。

そして、本坂道を西に進み陣座峠を越えて東三河に入り、野田城を囲んだ。

野田城を守っていたのは、菅沼定盈と五百の兵であった。野田城は絶壁に囲まれた二俣城とは異なり、難攻不落といえるほどの堅固な城ではなかった。

野田城攻め

山県昌景勢に与えられた任務は、いかに武田軍撤退の時間を稼ぎ、兵を損なうことなく野田城を落とせるかということであった。武田軍は力攻めは行わず、わざわざ甲斐の金山掘を呼び寄せて地下道を掘り、水の手を断ち切ることで開城に追い込む作戦を採った。

昌景に命じたこの時間を稼ぐ遅い攻めは、味方をも欺《あざむ》くものであった。家康は、野田城が陥落すれば三河の防衛網が破たんし、吉田城や岡崎城までもが危機に晒されることを承知していたが、三方ヶ原の敗戦による戦力の立て直しが出来ず、野田城を見捨てるしかなかった。

武田軍の中には山家三方衆のように、徳川から寝返った国衆もあり、もし信玄の体調が悪いことを知られれば、再び徳川に寝返る心配があった。この野田城攻めの本陣にいたのは、影武者である実弟の武田信廉であった。

一月十五日の攻撃開始から一カ月後の二月十五日に野田城は降伏した。

信玄の死

三方ケ原の刑部砦本陣を引き払った信玄は、高坂弾正らに守られ、秘密裏に鳳来寺道を北上して的場峠を越え、長篠城に入っていた。病はさらに悪化し、もはや馬に乗っての行軍が出来ない状態となり、城内の本殿で静かに静養の日々を過ごしていた。

三月九日には一時的に体調も良くなり、庭の築山の桜を愛《め》でることができた。

四月十一日未の刻（午前一時頃）、容態が悪化して脈が速くなった。

すでに口の中にはできものができ、歯が抜けて次第に衰弱し、死脈を打つようになった。

信玄は、自分の死を三年間隠して国の安全を保つようにと遺言をした。

翌四月十二日に信玄は長篠城内で息を引き取った。享年五十三

僅かな兵に護られて、甲府に向かう信玄の骸と、悲しみの隊列

であった。長篠城内で荼毘に付すと、城内に入り込んでいる織田や徳川の密偵に覚られる心配があり、翌朝早く甲府に向けて出発することになった。

高坂弾正らに守られた信玄の遺体は、輿に乗せられて故郷の甲府に向かった。道が険しくなる三州街道上の信濃国駒場（長野県下伊那郡阿智村）まで来たとき、密偵に付けられていないことを確認し、荼毘《だび》に付された。

信玄の死により、織田包囲網は瓦解し、織田信長・徳川家康は窮地を脱した。

それから

元亀四年七月二十八日、改元されて天正となった。
天正二年（一五七四）六月、信玄の後を継いだ武田勝頼は大軍を率いて高天神城に攻め寄せた。三方ケ原で大敗した家康は援軍を出すことが出来ず、城主の小笠原氏助は二カ月ほどの籠城戦を戦ったが、援軍を出さなかった家康を見限り、城兵の生命と引き換えに武田方に降伏した。（第一次高天神城の戦い）
降伏により高天神城を離れた氏助は、その名を信興と改め武田配下の武将となり、武田滅亡後は北条氏政を頼って小田原に逃れたものの、氏政によって殺害されたとも伝わるが、諸説があり定かではない。
勝頼は、武田方となった高天神城に、旧今川家臣だった岡部元信を城将に据えた。

天正三年五月二十一日、勝頼は武田氏から離反した長篠城の奥平信昌を討伐するため長篠城への攻撃を開始した。しかし、設楽ケ原で織田・徳川連合軍の三千丁の鉄砲の前に大敗した。（長篠の戦い）
この戦いで、三方ケ原で輝いた武田四天王の馬場信春、山県昌景、内藤昌豊の三将が討死した。

武田勝頼が「長篠の戦い」で大敗すると、徳川軍による反撃が開始された。諏訪原城を開城させた家康は、高天神城の守将・岡部元信の旧主君である今川氏真を名目上の城代に据えた。
こうして元信は、旧主君と戦う形となった。
天正九年（一五八一）三月、五年余りの長い攻防の末に、家康は武田に奪われていた高天神城を奪回した。

　勝頼は援軍を送ることが出来ず見殺にしたため、武田氏の威信は失墜した。（第二次高天神城の戦い）

　勝頼は、織田・徳川軍の甲州征伐によって、天正十年三月天目山の戦いに敗れ自害し、武田家は滅びた。

　最後の武田四天王、高坂弾正（春日虎綱）は、長篠の戦いには参戦せず、海津城を守っていた。

　高坂は天正六年六月、海津城において病死したが、生涯をかけて「甲陽軍鑑」を口述し、高坂の死後も甥の春日惣次郎と家臣大蔵彦十郎が執筆を継続した。

　その後、海津城時代の部下である小幡昌盛の子の小幡景憲が原本を入手し、完成させた。


　徳川四天王の一人、本多平八郎忠勝は、生涯五十七回の戦いでかすり傷ひとつ負わず、数々の武勲を挙げ、上総大多喜藩（千葉県大多喜町）の初代藩主となった。

　さらに伊勢桑名藩十万石に移封され桑名藩の初代藩主となった。大多喜藩は次男の忠朝に、別家として五万石が与えられた。

　家康と共に浜松に移り住んでいた頃の忠勝は、城下に屋敷を構えて十七年間を過ごした。その屋敷跡と伝わる地は、遠江分器稲荷神社（浜松市中区田町）近くにあり、史跡碑が建っている。

　徳川四天王の一人であり、東三河衆の旗頭である酒井忠次は家康の主な戦いにはすべて参加し、家康の宿老であった石川数正が豊臣秀吉の元へ出奔してからは家康第一の重臣とされた。徳川四天王・徳川十六神将ともに筆頭とされ、家康第一の功臣として称えられた。

同じく徳川四天王の一人、榊原康政は、数々の戦いで武勲を挙げ、北の真田氏や上杉氏に対する備えとして上野国館林城に入り、忠勝と並んで家臣中第二位の十万石を与えられた。

西三河衆の旗頭を、叔父の石川家成から譲られた石川数正は、天正十二年の小牧・長久手の戦いにも徳川方の重臣として加わったが、天正十三年十一月に突如として家康の下から出奔し、豊臣秀吉の下へ逃亡した。

理由はいまでも謎のままである。徳川軍は、軍事機密の漏洩《ろうえい》に対応するため、軍制の改正を余儀なくされた。

秀吉から信濃国松本領十万石を与えられた数正は、国宝松本城の城郭や城下町の整備を行った。

もう一人の四天王、井伊直政は三方ケ原の戦いの時、まだ十一歳であり、家康に見いだされるのは三年後の天正三年（一五七五）であった。直政の初陣は天正四年、高天神城奪回戦の一つである遠州芝原の戦いとされ、夜中に忍び込んできた敵の刺客を直政が見つけて討ち取り、殊勲を挙《あ》げたと伝わる。

芝原というのは横須賀城の北西、現在の袋井市浅羽にあった柴村（柴之郷）ではないかと考えられ、「井伊家伝記」には「柴原」の文字が使われている。直政は、長篠の戦いで討死した山県昌景や、小幡昌盛赤武者隊の赤備え部隊八百を継承し、「井伊の赤備え」として恐れられた。

鵜殿氏長は、家康の旗本として元亀元年の姉川の戦い、天正三年の長篠の戦いに参加している。天正十八年の小田原征伐後に家康が関東に移封されると、旗本として千七百石を与えられた。

久野城の久野宗能は度重なる武田氏の攻撃から久野城を守り抜き、高天神城の戦い、小牧・長久手の戦いなどで戦功を挙げ、下総国佐倉藩一万三千石が与えられた。久野氏は外様大名として明治維新まで続いた。

武田氏の家臣秋山信友は、岩村城が織田軍に攻められ降伏して捕らえられ、おつやの方と共に岐阜に護送され、長良川の河原で磔刑に処された。

三方ヶ原の戦いでほとんど戦わずに撤退し、平出汎秀を見殺しにした佐久間信盛は、天正八年（一五八〇）、信長から十九条にわたる折檻状を突きつけられ、織田家を追放された。信長はその折檻状の中で、三方ケ原に援軍を使わした際、平手汎秀を見殺しにしたことを責め、これを追放の理由のひとつとしている。

今川氏真は掛川城を開城し、伊豆国に退去したが、元亀二年十月に後ろ盾になっていた北条氏康が没し、相甲同盟が成立すると、掛川城開城の際の講和条件を頼りに、浜松に移り家康に臣従した。家康が高天神城を奪回した第二次高天神城の戦いの時には、諏訪原城（牧野城）の城代も務めた。

氏真は戦国時代を生き残り、慶長十九年（一六一五）十二月に亡くなる。氏真以後の今川家の子孫は江戸幕府で高家として代々の将軍に仕えて存続した。

氏真とともに掛川城を退去した朝比奈泰朝は伊豆へ同行した。しかし、浜松には同行せず、その後の消息は不明だが、子息の泰基は、酒井忠次に仕え重臣となって家名を存続させた。

武田に寝返った犬居城主天野景貫《かげつら》は、信玄の死の翌年、天正二年（一五七四）四月、反撃に転じた家康に犬居城を攻められた。徳川軍は、悪天候や兵糧不足、不案内な地理に阻《はば》まれ、退却を余儀なくされた天野軍に追撃された。（三河物語・一ノ瀬の戦い）

この戦いで、大久保忠世と水野忠重が殿軍《しんがりぐん》を務めたが、「西坂の戦い」で奮戦した大久保家五男の大久保忠核ほか二十名余りが討死した。翌、天正四年、天野景貫は再び家康の軍勢に攻められ甲斐国まで落ち延びた。武田氏滅亡後は、相模国の北条氏に仕えたが、その北条氏も秀吉によって滅ぼされた。

旗本先手組である大久保家長男の大久保忠世は、徳川十六神将の一人に数えられ、北条氏の滅亡後に小田原城四万五千石が与えられ譜代大名となった。

「西坂の戦い」で、殿《しんがり》として奮戦した次男の忠佐も、徳川十六神将の一人に数えられた。忠佐は元亀元年（一五七〇）、家康の命により、遠江国の信仰の要である淡海国玉神社の管理を任せられた。しかし、自身は各地を転戦していたため、長子の大久保彌九郎が不在時の祭祀《さいし》を執り行ったと考えられる。

天正十七年（一五八九）、忠佐は関東に転封となり、家康と共に遠江国を去ることになったため、彌九郎に淡海国玉神社の宮司を安堵している。

その後、忠佐は駿河沼津藩二万石の譜代大名となったが、七十六歳で死去した時、宮司となって大久保家を離れていた彌九郎も、忠佐の次男忠兼も既に亡くなっていたため、跡継ぎがなく改易となった。

彌九郎は見付大久保家を興し、彌九郎の子孫は、明治まで十四代三百年続けて宮司を務めた。

天正十四年（一五八六）十二月、家康は、最も波乱に富んだ二十九歳から四十五歳までの、十七年間を過ごした浜松城から駿府城へ居城を移した。さらに天正一八年（一五九〇）、関東に移封され江戸城に移った。

浜松城は、秀吉の家臣堀尾吉晴と、その次男堀尾忠氏が合わせて十一年間在城し、城郭を整備して天守閣を創建した。家康は慶長五年九月（一六〇〇）、関ヶ原の戦いを制し、征夷大将軍となって江戸幕府を開いた。


そして時は流れ、令和四年（二〇二二）は三方ケ原の戦いから四百五十年となる。

第二章　解明されていない謎を推理する

はじめに

本書の目的は、桶狭間から信玄の死までの十二年間を、「一言坂の戦い」を中心に据えて、時系列で整理することにあります。しかし、一次資料がほとんど残されていないこの戦いをノンフィクションで書き表すことは不可能です。不足しているかなりの部分は、推理で補うしかありません。

第一章は、あくまでも推理を紡いだフィクション（創作）です。しかし、まったくの架空の物語ではなく、地元に遺されている伝承を極力取り入れつつ、書籍や古文書を引用して、できる限り史実に近いものを目指しました。また、これまでの定説や通説にとらわれずに、自由な発想で書き進めました。

そのため、これまでの定説や通説との違いに、違和感を覚えた方も多かったのではないかと思います。

歴史は、勝者に都合よく書き換えられるものです。現在通説とされていることでも、決して鵜呑《うの》みにせず、常に書き換えられた歴史であるか否かを、疑問を持って検証すべきだと思います。

この第二章では、第一章を執筆するにあたって考察した、未解明の謎に対する私なりの推理を紹介します。本章で積み上げた推理をもとに、第一章をまとめました。

一言坂の戦いからは四百五十年の時が経過しているため、到底、真実に近づくことができるとは思えませんが、歴史好きな皆さんの推理の材料としてご活用いただければと思います。

なお、本書では、元亀三年の武田信玄による遠江侵攻を、永禄十一年の家康による遠江侵攻と区別するために、「遠州侵攻」としました。また、元亀三年十月十二日に武田軍が遠州木原へ到着して以降、「木原畷の戦い」に始まり、十三日未明の「一言坂の戦い」を経て、十三日朝に合代島へ向けて移動を開始するまでの、磐田原における一連の戦いを、「磐田原の戦い」と称して書き表しました。

この戦いを検証する資料として、第三章に示す編纂書の読み下し文を参考にしました。その中でも、自身がこれらの戦いに参加していたと考えられる、武田四天王の一人、高坂弾正が口述した「甲陽軍鑑」を底本としました。これに徳川方の「三河後風土記」「当代記」、そして高柳光壽氏の「三方ケ原之戦」、小和田哲男氏の「三方ケ原の戦い」などを、主な参考文献としました。

それでは最初に、現在語られている「一言坂の戦い」の通説から見ていきたいと思います。

第二章　解明されていない謎を推理する

目次

一　通説として語られている「一言坂の戦い」

家康による偵察隊派遣の謎

「一言坂の戦い」は、武田信玄の「西上作戦」における、「三方ケ原の戦い」の前哨戦の一つとされています。

しかし、当時の記録が残されていないため、謎も多く、全容がつかめない戦いとなっています。戦いに至る経緯に関しては諸説あるものの、現在伝えられている通説は、概《おおむ》ね以下の通りです。

元亀三年十月十三日、武田信玄は三万の兵を三隊に分け、遠江国へ攻め込んだ。

山県昌景が率いる第一隊は、五千の兵で三河国の長篠城へ向かい、山家三方衆を先方にして三河方面から遠江を侵攻。第二隊は秋山虎繁が率いて美濃国へと侵攻した。

さらに、信玄が率いる本隊は、信濃国と遠江国の国境の青崩峠から侵攻し、武田に寝返った犬居城の天野景貫に案内役をさせて犬居城下へ入った。

本隊はここで二手に分かれ、馬場信春が率いる別動隊五千の兵は、只来城を落として二俣城に向かう。一方、本隊は犬居から南下し、飯田城を落として、遠州木原に布陣した。

当時、織田信長は反対勢力による包囲網を受けており、同盟相手である家康へ援軍を出すことは困難だった。家康自身が動かせる兵はわずか八千ほどであり、到底、信玄に太刀打ちできるものではなかった。

家康は、本多忠勝・内藤信成を偵察として、浜松城から天竜川を渡って見付の台に派遣し、自身も三千の兵を率いて天竜川を渡った。しかし、武田軍の動きは家康の予想よりも早く、偵察隊は武田軍に発見され、直ちに撤退するも猛烈な追撃を受けた。

一方、武田軍は、三ケ野台や見付の町を越えて徳川軍を追撃し、一言坂へと迫った。

この時、本多忠勝と大久保忠佐は、徳川本隊を撤退させるために殿を担ったものの、武田四天王の一人、馬場信春勢の追撃を受けて撤退戦となり、一言坂で追いつかれた。

追撃する武田勢のうち、信玄の近習である小杉右近は、本多隊の後方へ回り込み挟み撃ちを狙う。これに対し本多忠勝は、「大滝流れの陣」で小杉隊に突入し、敵中突破を図った。本多隊の決死の突入に「敵ながら天晴れ」と感激した小杉右近は、これを迎え討たず、道を開けて見逃した。そして、次のような落首を書いて見付の台に掲げたという。

「家康に過ぎたる物はふたつある　唐の頭に本多平八」

以上が、通説で語られている「一言坂の戦い」です。

しかし、この通説には最も重要な情報が欠落しています。それは、なぜ家康は三千という多くの兵に天竜川を渡らせ、武田の大軍に近づいたのかという「動機」の部分です。

偵察には、昔も今も隠密偵察と威力偵察（武力偵察）しかありません。

隠密偵察とは、敵に察知されないように行う偵察行動です。一方、威力偵察とは部隊を展開し、小規模な攻撃を行うことによって敵情を知る偵察行動です。

威力偵察は、実際に敵との交戦が伴います。従って威力偵察を実行するには、機動力に優れた部隊によるヒットアンドアウェイが要求されます。

家康の目的が隠密偵察であれば、本多忠勝・内藤信成による小規模な偵察隊を派遣するだけで十分です。反対に、目的が威力偵察だったとすれば、当時最強と言われていた武田の大軍に対して、危険な攻撃を仕掛ける必要があったのか疑問が残ります。三千もの兵を動かしている点や、天竜川を背負っているという点も気になります。

西から天竜川を渡って一言坂を上り、見付経由で東端の三ケ野坂に続く磐田原台地の道は、脇道のない一本道（東海道）です。もし三千もの徳川の兵が、この地で二万以上の武田軍の猛攻を受けた場合、狭い一本道を後退する撤退戦となります。さらに、天竜川を背負っているため、追い詰められて全滅の危険がありま す。

武田軍の強さは周知の事実であり、その大軍に対して三千の兵で威力偵察を行うことは、戦術的にはあり得ないことなのです。そこには、軍を動かした目的・動機があるはずです。

この当たり前の疑問に対し、検証している書物は見当たりません。

家康が何らかの目的を持って兵を進めたからこそ、磐田原台地の撤退戦へと繋がったはずです。

たとえ本書がフィクションとして「磐田原の戦い」を描くとしても、戦いの「動機」を特定しなければ物語として描くことはできないと考えました。

二　第一章における「磐田原の戦い」あらまし

武田・徳川による「線」の戦い

「一言坂の戦い」に代表される一連の「磐田原の戦い」は、全容が分からない戦いです。

戦いのエピソードとしては、本多平八郎忠勝の勇猛な戦いのみが突出して有名であり、それに至る経緯や前後の戦いはほとんど語られていません。

「二俣城の戦い」は城攻めという「点」の戦いであり、「三方ケ原の戦い」が野戦という「面」の戦いに対し、「磐田原の戦い」は台地をまっすぐ貫く、一本の道（東海道）に沿った「線《なわて》」の戦いです。

この戦いに関する地元磐田原周辺の伝承や史跡としては、東から順に「木原畷の戦い」「平八郎、物見の松」「見付の町屋への自火」「一言坂の戦い」「一言観音」「万能の戦い（挑燈野《ちょうちんの》）」などが、街道沿いに直線的に残されています。

「磐田原の戦い」は、「甲陽軍鑑」における木原付近（袋井市木原）での信玄の言葉、「あれを逃がさざるように、討ち取れ」で始まります。戦いの全容は分かりませんが、この信玄の命令により、三ケ野の急坂に殺到する武田軍と、物見として三ケ野台に派遣されていた本多平八郎が率いる本多勢との間で、厳《きび》しい戦いがあったことが推測できます。

これを「一の備・三ケ野坂の攻防」と題して書き表しました。さらに、平八郎らが見付の町まで撤退した時に、町屋に火を放った伝承（成瀬家文書）を基に、「二の備・見付町屋、火の楯」として書き表しました。

この後、見付の町外れにある急坂「西坂」においても何らかの攻防があったと推定できます。ここに大久保彦左衛門著の「三河物語」で書き表されている旗本先手組の中核、大久保一族（忠世の弟・忠佐と忠核、長男・忠隣ら）の殿《しんがり》戦《せん》を、「三の備・西坂の攻防」として配置しました。

そして、武田軍に一矢を報いた本多平八郎の「一言坂の戦い」に続きます。さらに、現在も「挑燈野」として伝承がある「万能の戦い」を、「四の備・万能の戦い（挑燈野）」として、関連付けて配置しました。

第三章では、底本として引用した「甲陽軍鑑」の読み下し文を示しています。

ここでは、その一部を紹介します。

「久野の城、御見廻《みまい》の時、家康衆、随分《ずいぶん》（著者注・多く）の侍大将、三ヶ野《みかの》川を切り、四千余りの人数にて、打ち居（お）る。信玄公、あれを逃がさざる様に、討ち取れと、仰せ付けらる。家康衆引きあぐるなり。甲州武田勢は食い止むるなり。（中略）浜松衆、既に大事とある時、家康内の侍大将、内藤三左衛門と申す者、家康八千の惣《そう》人数は、五千これまで出て、信玄と云う名大将の、しかも三万余りの大軍と、家康出で給《たま》わぬに、合戦仕り負くるは、必定なり。（中略）そこにて本多平八郎、その歳廿五歳なれども、家康下において、度々の誉れ有るよし。内々武田の家へも聞こゆる様なりつるが、かの平八郎、甲に黒き鹿の角を立て、身命を惜しまず、敵味方の間へ乗り入れ、引き上げたる様子は、（中略）信玄公の御家にも、多くなき人に、相似たり。家康小身の家に、過ぎたる平八郎なり。その上、三河武者、十人が七、八人は、唐《から》の頭《かしら》を掛けて出る。これも過ぎたりと、小杉右近助と申す、信玄公御旗本の近習、歌に詠みて、見付坂に立つる。

その歌は、「家康に過ぎたる物は二つある、唐の頭に本多平八」と詠む。

この中の「家康衆引きあぐる（著者注・引き上げる）なり。甲州武田勢は食い止むるなり」は、三ケ野台からの徳川勢の引き揚げと、武田勢の追撃を意味し、「三ケ野坂の戦い」を指します。「かの平八郎、身命を惜しまず、敵味方の間へ乗り入れ、引き上げたる」の部分が「一言坂の戦い」の部分です。

三　戦いは「木原畷」から始まった

危険な木原への深入り

袋井市木原に「木原畷古戦場」の史跡があります。ここは、三ケ野台地の端から二キロ、現在の太田川本流から一・二キロほど東へ入り込んだ位置にあります。ちなみに畷《なわて》とは、田のあぜ道を指す言葉です。

ここで疑問が生じます。なぜ三ケ野川（太田川）を越えた地である「西島」ではなく、そのさらに東にある「木原」で戦い（小競り合いと考えられる）が起こったのかです。「磐田原の戦い」の初戦と考えられる、この「木原畷の戦い」の内容に関する文献は、残念ながらまったくありません。徳川の偵察隊が太田川を渡って、木原畷まで進んだ時、武田軍と遭遇して小競り合いになったという伝承が残っているだけです。

冬の三ケ野川は水量が少なく、川幅はそれほど広くはありません。歩いて渡ることは可能だったと思いますが、武田軍が厳重に警戒している中、西島を越えて木原まで入り込むのはあまりに危険過ぎると言わざるを得ません。偵察隊が武田軍に発見されたのも当然のことです。

当時の東海道は、袋井市木原の許禰《こね》神社（木原権現社）の前を西に進み、磐田市西島の須賀神社の前（南）を通った後、三ケ野橋を渡って三ケ野台の「鎌倉の道」へとまっすぐ繋がっていたと考えられます。

須賀神社は嘉禄元年（一二二五）建立との伝承があり、樹齢五百年と伝わる大楠（磐田市指定天然記念物）があります。「木原畷の戦い」の時も現在と同じように須賀神社はこの位置にあり、その西を太田川の本流が流れていたと考えられます。

この時の徳川による偵察隊派遣の目的を、威力偵察とする説もあります。前述しましたが、威力偵察とは部隊を展開して小規模な攻撃を行うことによって、敵情を知る偵察行動です。最強の武田軍に対して威力偵察を行うことは、戦術的にありえません。しかも太田川と天竜川を背負ってではなおさらです。単なる偵察であれば、本多忠勝が三ケ野台の松の木に登って行った目視で、必要な情報は得られたはずです。

偵察隊は、何らかの目的があったからこそ、危険を冒して木原まで進出したと推定します。

第一章ではこの動機を、十二年前の桶狭間での織田信長の前例に倣《なら》い、武田軍に奇襲を仕掛けるために信玄の本陣位置を確かめようとした、深夜の隠密偵察だったと推定しました。

「あれを逃がさざる様に、討ち取れ」

軍学書である「甲陽軍鑑」は、台詞回《せりふまわ》しのない書物ですが、唯一、信玄が木原付近で発したと思われる、「あれを逃がさざる様に、討ち取れ」という言葉が記されています。口述者の高坂弾正にとって、よほど印象的な言葉であったことが窺《うかが》えます。

「あれ」という言葉は、具体的かつ距離がある程度離れた対象を指す時に使う言葉です。

この言葉が発せられたのは、前後の文脈から木原付近に設営した信玄の本陣と考えられ、「あれ」とは三ケ野台上に現われた徳川勢（本多隊）を指すものと考えます。

この直前、木原畷へと侵入した徳川の偵察隊と武田軍による小競り合いが発生していたため、高坂弾正自身も本陣に詰め、そこで信玄が出した指示を直接聞いたと考えられます。そしてこの後、武田勢は三ケ野台に殺到し、見付に向かって一気に攻撃を加えます。

見付に伝わる成瀬家文書「御由来書」（延宝二年・一六七四）に、次のような緊迫した様子が記録されています（読み下し文は第三章に示しています）。

> 御物見として、本多平八郎様、その他の御衆中、見付寄場の上まで御出覧成され候えば、信玄衆、急に押し詰め申すに付、平八郎様は見付より御帰り成され、その時弥九郎始め町中に火をかけ、自燃　仕《つかまつ》り候

この文書から、三ケ野台にいたのは本多勢が主体と考えられます。

さらに「その他の御衆中、見付寄場の上まで御出覧成され候」とあります。

この寄場の位置がどこだったのかは特定できませんが、文脈から少なくとも見付の町より東側の、三ケ野坂方向であったと考えられます。本書では、この「その他の御衆中」を、三ケ野坂近くまで進出していた奇襲部隊八百と、見付の町外れにある三本松近くに待機していた家康の護衛部隊四百、合わせて千二百の旗本先手役と位置づけました。

さらに、本書では信玄の本陣を海蔵寺（袋井市堀越）と推定しました。

今川了俊が築いた堀越城跡に建つ海蔵寺には土塁が遺されており、徳川方による万一の奇襲に備えるためには、最も防御に優れた地だからです。ここは三ケ野台から三キロほど東に位置し、海蔵寺から三ケ野坂を見通すことができる距離にあり、台地上に徳川の軍勢が現われれば、すぐに報告を受けて指示を出せる位置です。「あれを逃さざる様に、討ち取れ」と信玄が言った場所としても違和感はありません。

「甲陽軍鑑」では、この時の兵数を「三ヶ野川を切り、四千余りの人数にて、打ち居る」としています。しかし、徳川勢は目視できない台地の上にいるため、兵数を数えるのは不可能です。

また、家康が四千もの大軍を三ケ野坂まで進出させるとも考えられません。天竜川を背に敵地へと向かうのは、あまりに危険過ぎるからです。これは高坂弾正の、記憶の混同と考えるのが妥当です。

この四千という数字は、家康が浜松城を出陣したときの兵数を、浜松城下などに放っていた信玄の密偵により、事後報告として受けた数と推定します。信玄にとって、磐田原台地上は徳川の勢力下の高台であり、木原に陣を張ったのは、野営するにあたって三ケ野川（太田川）を守りの境目としたからです。

孫子の兵法、軍争篇には「高陵には向かうなかれ」とあります。木原に到着したばかりの信玄は、まず密偵を放って、磐田原台地上にいる徳川軍の展開を見極める必要がありました。

見付の町の炎上

「あれを逃さざる様に打ち取れ」。この信玄の命令により武田軍は一斉に三ケ野台に殺到します。攻撃したのは三ケ野川（太田川）岸に陣を構えていた先鋒の馬場美濃守信春三千と、道案内役の犬居城主天野景貫二百と推定します。

徳川の殿隊は本多平八郎忠勝とその配下の三百ほどの兵でした。忠勝は三十メートル以上もある高低差を利用して、当初は坂を上ってくる武田兵に石を投げ下ろし、槍で突くなどして、優位な防戦を展開しました。しかし、多勢に無勢であり、次第に追い込まれていきます。

守りの限界に達した時点で、本多勢は一斉に撤退し見付の町まで走りました。

この時の緊迫した様子は、前掲の「御由来書」に加えて、「三河後風土記」にも書かれています。

馬場氏勝（信春）が組には、早川豊後守行憲、同弥三右衛門行宗、前嶋和泉守則弘、同加賀守則盛、一手に成りて追い来たる。本多忠勝は家人大兼彦助に下知して、見付の町を馳せ過ぎて後、かの宿屋を放火す。

これらの文章から、本多平八郎が三ケ野台から殿《しんがり》として引き揚げてきたこと、馬場勢が急に迫ってきていたこと、迫りくる馬場勢を防ぐために本多平八郎忠勝の下知によって、見付の町に火を付けたことが推定できます。

また、「成瀬家文書」によれば、見付の町衆が家康を助けるために自然したとしています。

この炎の楯は、見付の町のどの辺りだったのでしょうか、記録がまったく残されていません。常識的に考えて、見付の町全体が延焼したとは考えにくいものがあります。たとえ見付の町衆が申し出たとしても、家康が町衆の家や寺社をすべて焼き尽くすような非情な選択をしたとは思えません。あくまで目的は、徳川軍の撤退する時間を稼ぐこと、武田軍の進攻を一時的に防ぐことにあります。

冬の遠州は強い北西の風が吹く土地柄です。もし、東西に長い見付の町の西側から火を放てば、風向きによって一気に町を焼き尽くしてしまうでしょう。

この延焼を防ぐには、川を利用するのが効果的です。

見付の中央には、町を東西に二分するように流れている中川（今之浦川）があります。

中川を延焼防止の境として、川の西岸に沿って火の壁を作れば、武田軍の進攻を安全に食い止めることができます。

当時の民家は茅葺などの燃えやすい材料で作られており、火災が発生した時は、建物を打ち壊して類焼を食い止める方法が一般的でした。

家康は類焼を最低限にすべく、この中川の西側の河原に沿って、解体した町屋の廃材を南北に長く並べて火を放ち、炎の壁を作ったものと推定します。

この時の様子が、中川の東側にある宣光寺（磐田市見付）に、「みがわり地蔵」の昔話として、地元で語り継がれています。

みがわり地蔵の逸話（宣光寺の案内板より）

元亀三年三方原の戦いで、信玄に追われた家康は、見付に逃れて町に火を放った。地蔵は逃げまどう人々を助けるため幼児に化身し、身にやけどを負いながら火を消してまわった。その功徳によって多くの人々は難をのがれ、深く地蔵に帰依した。家康は後に天下人になった。

天正一五年（一五八七）、徳川家康はこの地蔵菩薩のために梵鐘を寄進しました。鐘には、「時　天正一五亥年　霜天廿四日　大坦越　源家康敬白」と刻まれています。

中川沿いの宣光寺に、火に関係する伝承が語り継がれているのは、当時この寺の近くでなんらかの火災があったことを示唆しています。

本書では、この攻防を、「二の備・見付町屋、火の楯」として書き表しました。

炎の壁を突破すべく、北へ大きく迂回した武田軍は、見付の町外れにある上り坂、西坂へと攻め込みます。

大久保勢、西坂の殿戦

磐田原には四つの急坂があります。この内、東からの攻撃に対する防御地点として有効な上り坂は、三ケ野坂と西坂です。

江戸時代のほとんどの編纂書が、本多忠勝勢と大久保忠佐ら大久保勢を、殿として名前を挙げています。三ケ野坂は本多忠勝が殿を担当しました。同じように、西坂においても徳川方が防衛線を敷いたと推定できます。

この西坂は、大久保彦左衛門忠教が記した「三河物語」において、旗本先手組の中核とされている大久保一族（忠世の弟・忠佐と忠核、忠世の長男・忠隣ら）が守りを固めていたと考えられます。

本書では、この西坂の殿戦を、「三の備・西坂の攻防」として配置しました。

四　「木原畷」から「一言坂」は一続きの戦いだった

「木原畷の戦い」から、「一言坂の戦い」までの「磐田原の戦い」は、伝承がほとんど無く、その全容はこれまで謎に包まれていました。しかし、「甲陽軍鑑」「三河物語」「成瀬家文書」を繋ぎ合わせて検証することにより、その概要が浮かび上がってきます。

元和八年（一六二二）成立とされる「三河物語」に、木原・西島から西坂までの攻防に関する、次のような記載があります。

信玄は遠江へ御出馬有りて、木原、西島に陣取り給えば、浜松よりもかけ出して、見付の原へ出て、木原、西島を見る所に、敵方これを見て、押っ取り〳〵乗り駈けければ（著者注・急いで駆けつければ）、各々申しけるは、見付の町に火をかけて退くものならば、敵方、案内を知るべからずとて、火をかけて退《の》きけるに、案《あん》の外《ほか》に、案内をよく知りて、上の台へ駈けあげて乗り付ける程に、頓《やが》て一言の坂の下り立てにて、乗り付ける（中略）

その時、大久保勘七郎はとって帰して、鉄砲を打ちけるに、一、二間にて打ち外す。

注目すべきは、見付の町に火を放った後の、「上の台へ駈《か》けあげて」の部分です。

「上の台へ駈《か》けあげて」は、位置関係からして、見付の町の西にある「西坂をかけのぼり」を意味します。

この部分は、見付の町の地理を知らなくては書けません。著者である大久保彦左衛門は家康に付き従って十七年間を浜松で過ごし、位置関係を熟知していたと考えられます。

さらに、前掲の記述は、西坂の攻防が白兵戦（接近戦）だったことも伝えています。

大久保彦左衛門はこの戦いの時、まだ十二歳で初陣前でしたが、兄たちから戦いの様子を直接聞ける立場にありました。また「三河物語」は、大久保家の活躍を強調している本ですが、この部分に関しては誇張した表現は見受けられません。

このように「三河物語」は、木原畷の戦い、見付の町の自火、西坂の攻防が、連続した戦いであることを伝えています。

一言坂の戦いとは

西坂の防衛線を突破した武田軍は坂を上り切って磐田原台地の上に達し、待ち構えていた本多平八郎忠勝と向かい合います。

「一言坂の戦い」は、江戸時代の庶民の間で広く知られた戦いですが、具体的にどのような戦いだったのかまったく分かっていません。

一般に通説などで語られているのは、敵方の武田軍を感服させるほど本多平八郎が見事な奮戦ぶりを見せたこと、武田方の武将・小杉右近隊が迂回して先回りし挟み撃ちをしたこと、そして戦いの後に見付の台に平八郎を称える落首が掲げられたことです。

このほかに、平八郎が「大滝流れ」の陣で武田軍に突っ込んでいったことや、小杉右近が平八郎の戦いぶりに感服して、道を開けて見逃したという通説もあります。

この「大滝流れ」とはどのような陣形だったのでしょうか。史料はまったく残されておらず、後年の造語とも考えられますが、水が一筋に滝つぼを貫くような力強さを感じさせる言葉です。

さらに、坂の下で待ち受ける小杉隊に敵中突破したとあります。

現在の一言坂は道幅が拡張され、自動車がすれ違うことができる緩やかな坂ですが、当時は一列でしか進めない急坂だったと考えられます。そのため、一気に敵中へ突入する陣形が可能とは思えません。

また、小杉右近が道を空けるように指示し、本多隊を見逃したとも書かれていますが、これはドラマチックに創作されたものと考えられます。お互いが命を懸けた戦の最中、足軽大将レベルの小杉が、信玄の許可を得ないでこのような判断をすることはあり得ないと思います。そのようなことをすれば、怖気づいて戦うことを避けたと信玄に思われてしまうでしょう。

本書は伝承をできるだけ活かす立場で書いていますが、明らかに創作と考えられる部分は採用していません。そのため、一言坂の戦いの場所は、突入できない一言坂下ではなく、一言坂上に変更して描きました。

本書をお読みの皆さんが、一言坂を訪れ、自らの目で確認し、戦いの模様を推理していただければと思います。

五　信玄と家康がぶつかった四つの戦い

幕府による歴史の書き換え

武田軍による遠江侵攻は、家康と信玄が直接対決した唯一の戦いであり、舞台となった遠江では連続した四つの戦闘が起こりました。

「一言坂の戦い（磐田原の戦い）」「二俣城の戦い」「仏坂の戦い」、そして「三方ケ原の戦い」です。これらの対決で、家康は信玄に翻弄され、屈辱的な惨敗を喫しました。しかも、「一言坂の戦い」では、「脱糞」のおまけまで付いています。

家康がその生涯の中で、直接対決した大物の武将は、豊臣秀吉と武田信玄だけです。北条氏康・氏政とは直接の対決がなく、最後は秀吉の小田原征伐によって滅ぼされました。上杉謙信とは直接対決していません。家康は小牧・長久手の戦いで、秀吉の大軍を相手に五分以上の戦いをしました。しかし、信玄との戦いは、まったく歯が立たたず翻弄されました。

家康は死の翌年、東照大権現となりました。まだ若かった頃の話とはいえ、神となった家康が信玄に四戦全敗したという事実は、幕府にとって好ましくありません。「家康は信玄と互角に戦った」もしくは「兵力差により敗れたものの、果敢に信玄に挑んだ」。このような位置づけにする必要がありました。

歴史は為政者によって書き換えられるものです。幕府は史書を編纂することで、これら四つの屈辱的な戦いの情報操作を行い、権威を守ろうとしたものと考えます。

敗戦の関与を弱める

まず、「仏坂の戦い」は、信玄の策略により援軍を出せず、徳川方の国衆が大敗した戦いです。しかし、この戦いは山県昌景との局地戦であり、幕府にとって幸いなことに、高坂弾正が戦いに参加していなかったため、「甲陽軍鑑」には一切書かれていません。無論、後年の幕府の編纂書においても、徳川の恥辱となった戦いの詳細は語られませんでした。「当代記」に「山県三郎兵衛、遠州の山家井平へ打ち出で陣取る」、「武徳大成記」に「山縣昌景、遠州井平に陣とれり」と書かれているのみです。

次に、「二俣城の戦い」は、信玄の巧みな策略によって家康が天竜川を渡ることができず、援軍を出せなかった屈辱の戦いでした。

この時代、味方の籠城に援軍を出せず見捨てることは、主君として甚だしく不名誉なことです。この戦いも詳細は語られず、広く知られることはありませんでした。当代記に「山県昌景、日々祝田へ打ち出で相備え、これ二俣へ敵、人数出すまじきの計りなり」として、家康の二俣城への援軍を阻止したとの僅かな記述があるのみです。

そして「一言坂の戦い」です。この戦いは「甲陽軍鑑」に本多平八郎が活躍したこと、家康が徳川軍四千を率いて打ち出たことが書かれており、この版本が世間に広く読まれていたため、幕府ももみ消すことができませんでした。

そこで五代将軍綱吉は、新たに編纂を命じた「武徳大成記」で、「神君浜松に在て宣《のたま》わり、向《さき》に信成を斥候に遣わす」とし、家康は浜松城を出ていないとして関与を和らげました。

さらに、八代将軍吉宗も新たに編纂させた「武徳編年集成」で、「神君、浜松より内藤信成らを斥候として見付の原に遣わし給う」として、家康が浜松城内で指揮をしていたとしました。浜松城内にいた家康が、武田軍に追われて逃げ惑うことなど無かったとしたのです。

「浜松城を出なかった」という記述に拘《こだわ》ったのは、神となった家康が武田軍に追われて逃げ惑ったり、揚《あ》げ句《く》の果てに脱糞したりしたという話を、看過できなかったからだと思います。

さらに、「三方ケ原の戦い」では、徳川の大敗という史実は隠せないものの、神君家康の名誉を守ることに徹しました。「三河物語」では、家康が果敢に浜松城から飛び出して行ったとして、信玄に立ち向かう若き家康を美化しています。

六　看過できなかった家康の「脱糞《だっぷん》」

信玄が遠江へ侵攻した時のエピソードとして、家康が「脱糞」をしたという逸話があります。この話は「三方ケ原の戦い」の後に起きた出来事と誤解されている方もいますが、実際は「一言坂の戦い」の後です。このような下ネタの話は、常識的には創作と考えられますが、家康が真冬の寒さと、信玄との初決戦で緊張し、下痢をしていた可能性も考えられ、信玄に追い込まれていた家康の心境を象徴するエピソードとして採用しました。

第三章に示す江戸時代に編纂された主要な文書の中で、唯一、家康の「脱糞」の逸話が書かれているのが「三河後風土記」です。

慶長十五年（一六一〇）五月に成立し、平岩親吉著と序文にあります。

平岩親吉は徳川十六神将の一人であり、信玄の遠江侵攻時には徳川方の武将として参戦しています。同じく武田方の武将として参戦した武田四天王の一人、高坂弾正の口述による「甲陽軍鑑」とは対照的な書物といえるでしょう。

事実、両書物は、江戸時代に書かれた「武徳大成記」「武徳編年集成」「三河後風土記正説大全」「改正三河後風土記」等に大きな影響を与えています。

家康が亡くなったのは、「三河後風土記」が成立した六年後の、元和二年（一六一六）四月ですから、家康はこの文章の存在を知っていたと考えられます。

しかし、主君の恥辱話を暴露した親吉は、家康から咎《とが》められることなく、事実上黙認されたまま、幕末近くまで語り継がれます。

武田信玄の遠州侵攻の時、家康は「一言坂の戦い」で戦いもせずに撤退し、「仏坂の戦い」と「二俣城の戦い」では援軍を出すことすらできずに負け続けました。そして、「三方ケ原の戦い」では、武田信玄に翻《ほん》弄《ろう》されて生涯最大の負け戦さとなりました。脱糞の話は、せつな糞とも捉えられかねず、東照大権現として神となった家康とって、恥の上塗りとなる逸話です。

なぜこのような話を、親吉は「三河後風土記」に記述したのでしょうか。

まずは現代語訳を見てみましょう。


【著者注】一六一〇年成立とされる「三河後風土記」の編纂者が平岩新吉ではなく、三十年ほど後の寛永年間に沢田源内によって書かれたとする説があります。本書では、この説を採っていません。その理由は後述します。

三河後風土記、現代語訳（著者訳）　―一言坂の戦いから、家康が浜松城に戻った時の様子―


家康公が、一言坂の戦いから浜松城に戻り、馬から降りたとき、大久保治右衛門忠佐が大声で馬の口付《くちづき》に向かって、「馬の鞍を良く見よ、糞が付いているぞ、殿（家康）が糞を垂れて逃げてきたぞ」と悪口を言った。

その場は、本多忠勝が忠佐を諌《いさ》めた。

忠佐は、家康が一戦も交えずに撤退したことを不満に思い、殿《との》は意気地《いくじ》が無いと言ったのである。

これは、一言坂で忠勝と忠佐が命懸けで殿《しんがり》を務めてきたにも拘らず、忠勝のみに「我が家の良将」とお褒めの言葉を与えたことに嫉妬して、苦情を言ったものであった。

家康公は、直接その言葉を聞いたが、その場は何事もなかった様に城内に入って行った。その夜、家臣一同が家康公にご機嫌伺いをして、今日の戦のことを話しあった。

家康公は、「今日、忠佐が言ったことは一応は理にかなったことであるが、大将として執るべきものではない。およそ大将たるものは状況を良く見極めた上で戦うべきか否かを決めなければならない。大将が判断を誤れば、配下の者が大将を救おうとして命を落としてしまう。これは昔も今もよくあることである」と言った。


この「三河後風土記」における浜松城への帰城時の描写から、家康が「一言坂の戦い」の時に浜松城を出陣しており、撤退戦が激しいものであったことが窺《うかが》えます。

そして、この戦いで本多忠勝と共に殿を務めた大久保忠佐は、家康が戦わずして撤退したことに対して、不甲斐《ふがい》ないと不満を述べています。忠勝と同等の働きをしたにもかかわらず、家康からお褒めの言葉がなかったことは、大久保家を背負って戦った忠佐の名誉を傷つけるものでした。

忠佐による脱糞の指摘を、家康は聞き流しています。命を懸けて戦った当時の戦では、作戦行動中の馬上の糞尿は決して恥じるべきことではなかったのでしょう。この場に立ち会って「三河後風土記」を編纂した平岩親吉は、「糞を垂れて」の部分を強調しようとしたのではなく、その後の、むしろ大将として無駄に命を捨てずに撤退する勇気を持つことが良将であるとし、家康の判断の正しさを書き記したと考えられます。

脱糞を指摘されても、「何とも仰せなく城に入り給う」として、総大将としての家康の器の大きさを書いたのだと思います。

家康を始めとして、その時代に生きた武将たちはそれを読み解いたことでしょう。

しかし、戦いから半世紀以上が経過して天下泰平の時代となり、戦を知らない世代が増えるにつれ、「糞を垂れて逃げ給いたる」の部分のみが切り取られて、「せつな糞を垂れて逃げた」という印象を与えるようになったのだと思います。

家康を辱める内容が記載されているこの本を、江戸幕府は取り締まることもできたはずです。しかし、幕府はそれをせず、「三河後風土記」は幕末の十一代将軍家斉の時代まで語り継がれます。

幕府が取り締まれなかったのは、親吉と家康が特別な関係にあったことを重視したからだと思います。

平岩親吉と家康の関係

家康は六歳の時に尾張織田家の人質となり、八歳からは駿府の今川家で人質生活を過ごしました。同い年の平岩親吉はこの時、小姓として家康に同行しており、後に家康の嫡男信康の傅役《もりやく》にも任命されました。家康にとってはもっとも信頼のおける人物の一人で、主君と家臣の枠を超えた間柄ともいえました。

その親吉が「三河後風土記」に脱糞話を書いたとしても、家康は笑って許したものと考えられます。

これより先、親吉には嗣子《しし》が無かったため、平岩氏が断絶することを惜しんだ家康は、文禄三年（一五九四）、四歳の八男松平仙千代を養嗣子《ようしし》として与えました。このことからも、いかに親吉が特別な家臣だったかが分かります。

その後、仙千代が六歳で早世したため、平岩氏の家系が断絶することを惜しんだ家康は、親吉の子であるという噂を持つ人物を見つけ出し、平岩氏の所領を継がせようとまでしました。

さらに、慶長十二年（一六〇七）、仙千代の弟である家康の九男、義直が尾張藩主に転じると、義直の附家老として尾張に移り、藩政を執行しました。また犬山藩主として十二万三千石も与えられました。親吉は「三方ケ原の戦い」に参加していますから、その前哨戦である「一言坂の戦い」にも、何らかの形で参加していたものと考えられます。

七　「三河後風土記」三部作の帰城部分を比較

消された「家康帰城」と「脱糞話」

江戸時代の編纂書の中で、「三河後風土記」を冠する書物は三作品あります。一六一〇年成立とされる「三河後風土記」と、その二百年程後に編纂された「三河後風土記正説大全」「改正三河後風土記」です。

歴史書の記述内容は、その時々の権力者の意向に左右されます。そのため、成立年代順に並べて文章を対比すると、書物の持つ性格や信頼性が分かります。

冒頭の三作のうち、「一言坂の戦い」の後に浜松城へ帰城するシーンを比較すると、大きな違いがあることが分かります。

そしてこの違いにより、少なくとも五代将軍綱吉の時代から、幕府や神君家康の威信を守るべく、「磐田原の戦い」への家康の関与や「脱糞話」を抑え込もうとしていたという経緯を読み取ることができます。

なお、「武徳大成記」と「武徳編年集成」は、一言坂の戦いにおいて、家康は浜松城に留まって指揮をしていたとしており、当然、浜松城へ帰城する記載はありません。

①「三河後風土記」　慶長十五年（一六一〇）成立
家康公、浜松の城に入り給い、御馬より下り給う時、大久保治右衛門（忠佐）、大音揚げ、御馬の口付《くちつき》に向いて、その御馬の鞍壺を能く見よ。糞が在るべきぞ。糞を垂れて逃げ給いたる程に、と悪口す。これは忠勝

が諫めに付いて、一戦せず引き入り給うを云う。甲斐なしと存じ、かつまた忠勝を吾が家の良将と御褒美有りしを嫉妬して、則《そく》悪口を申しける。家康公、直に聞し召されども、何とも仰せなく城に入り給う。その夜、御家人大勢伺公《しこう》し今日の軍《いくさ》の事を申し上げる。仰せに、今日大久保忠佐《ただすけ》が申す処、一応は理あるに似たれども、大将の志《こころざし》には背《そむ》けり。凡《およ》そ大将は、死生を能く知りて、進退《しんたい》するを良将とす。士卒《しそつ》残りて、主君の危うきを救い、落すこと、古今珍しからず。

②「三河後風土記正説大全」　※成立は、「改正三河後風土記」とほぼ同じ、一八〇〇年代と考えられます。

かくて　家康公は、御人数を御まとひ、浜松の御城へ御引き入り、御馬より降りさせ給う時に、大久保治右衛門忠佐は、諸人に向かい高声に、「今日、如何《いか》なれば、殿には卑怯《ひきょう》の御心根《こころね》ありしや。昔より一将軍勇あれば万卒《ばんそつ》しかりという事あり。然るに、殿の御心根臆《おく》し給うによって、人数心ならず敗したり。」と申すを、公御聞き遊ばすといえども、曽《かつ》て御構いなく御奥へ入らせ給うこの節、治右衛門、かように申せしは、本多が諫《いさ》めに従わせ給い、一戦もなく引き給う事を言い、甲斐《かい》なしと存じ、その上、忠勝を御賞美深きを嫉妬にして、かく申しける由。

③「改正三河後風土記」　天保八年（一八三八）成立

按ずるに、原書（三河後風土記）には、この時神君三加野まで御出馬あり。内藤・本多が陣に依りて、先に浜松へ引き取り給うとて、真籠（馬込）に御馬を留め、諸将の帰るを待ち給うと記すといえども、大成記（武徳大成記）、基業編年（武徳編年集成）などには、神君御出馬はましまさず、内藤、大久保、本多などのみ、斥候に遣わされしと記す。今これに従う。
また原書（三河後風土記）に、大久保忠佐、神君浜松へ御帰城の時、その御馬の鞍置《くらおき》に糞が有るべきぞ、糞を垂れて逃げ給いたり、と罵《ののし》りたる由を記す。この日御出馬無ければ、逃げ給う事有るべきにあらず。これなど皆な妄説《もうせつ》なり。故に刪去《さんきょ》（削除）。甲陽（甲陽軍鑑）の説にも、家康衆、随分の侍大将、四千余人の人数にて打ち出でたるとは見えて、御出馬の事は無し。

「三河後風土記正説大全」では、「三河後風土記」の帰城部分をそのまま引用しつつも、「脱糞」部分だけをまったく別の言葉に置き換えています。幕府からの規制と忖度を感じさせる文章です。

「改正三河後風土記」では、「三河後風土記」における「脱糞」部分を、完全否定しています。

徳川実紀の編纂者でもある成島司直が、二百二十年も経過して新たな一次資料を発見することなどできるはずもなく、根拠を示さないまま、「武徳大成記」「武徳編年集成」「甲陽軍鑑」の記載をそのまま引用して否定の材料としました。家康の脱糞の逸話については、そもそも「一言坂の戦い」に家康が出陣していないのだから妄説《もうせつ》（でたらめ）である、とまで言い切りました。長い年月の経過により、平岩親吉に対する敬意は薄れ、徳川将軍家の権威を守ることが優先されたものと思われます。

「改正三河後風土記」の翻刻《ほんこく》を監修した、昭和の歴史学者・桑田忠親は、「成島司直は幕府の儒官という立場から、徳川氏に不利となる異説は、すべて虚妄《きょもう》の説と称して退けている」とし、成島の校正の問題点を指摘しています。さらに、成島司直は「三河後風土記」を撰したのは、平岩親吉ではなく、寛永年間（一六二四～一六四三）の頃、沢田源内氏郷（一六一九～一六八八）が書きまとめたとしています。

沢田源内は、多くの偽系図や偽書を著作したとして知られる人物です。沢田が編纂者であれば、家康が亡くなり東照大権現になってからの著作になります。

神となった後の編纂であれば、家康の呼称を「神君」とすべきですが、「三河後風土記」では、神になる前の呼称である「家康公」となっています。

農家の生まれで、偽書作家ともされている沢田源内が、家康を神君と表現せず、徳川十六神将の平岩親吉の名前を騙《かた》り、東照大権現を貶《おとし》めることに繋がる脱糞の妄説を、幕府に捕縛されることを覚悟の上で書いたのでしょうか。

沢田はその百五十年前に亡くなっていますから、反論しようがありません。

この「三河後風土記」は禁書とされることなく世間に広まったため、成立から二百二十年後に、家斉が幕府の公式編纂書を改訂しなくてはならない事態に追い込まれます。

成島は、同書が平岩新吉の撰でない証拠として、幾つかの間違いを指摘しています。しかし、成島が引用した「甲陽軍鑑」の間違いの多さからすれば微々たる範囲だと思います。

脱糞話を妄説として切り捨てた成島にとって、「三河後風土記」の撰者が徳川十六神将の平岩親吉であることは不都合であり、それゆえに沢田を代役に仕立てて、自説を裏付けようとしたとも考えられます。

とにもかくにも、「改正三河後風土記」が幕府の正式な歴史書となって以降、「磐田原の戦い」に家康は出陣せず、脱糞話も語られなくなっていきます。

しかし、成島が否定すればするほど、浜松城での脱糞話を単なる創作と決めつけることは難しくなります。

本書の第一章では、「三河後風土記」の序に書かれている「吉日平岩主計頭親吉書記之」を信じ、「一言坂の戦い」を裏付ける逸話であると位置づけました。そして、作家の山岡荘八著の「徳川家康」と同じく、第一章の柱のひとつとしてこの逸話を取り入れました。もちろん四百五十年前の出来事の真偽《しんぎ》は分かりません。

八　歴代三将軍による「磐田原の戦い」の情報操作

綱吉の「武徳大成記」編纂

家康は、信玄の遠州侵攻における四つの戦いにすべて敗れました。

この史実に対して、江戸幕府の将軍綱吉、吉宗、家斉は、新たに編纂書を編成させ、家康の関与を軽減したり、戦いに参加した兵数を減らしたりして、戦いそのものを矮小化します。さらに「一言坂の戦い」に関しては、そもそも家康が浜松城に留まって出陣していなかったことにしました。

家康は死去した翌年、元和三年（一六一七）二月に東照大権現の神号が与えられて神君となりました。

それから七十年が経つと、時の将軍・五代綱吉は、「三河後風土記」に書かれている家康の磐田原からの撤退戦や脱糞が、神君家康の威厳を損なうものであると考えるようになりました。

しかし、撰者の平岩親吉は家康の人質時代からの側近であり、主従の垣根を越えた間柄であるため、「三河後風土記」そのものを否定することはできません。

そこで綱吉は、老中阿部正武に命じて、儒学者の林信篤・木下順庵らに、新たな歴史書「武徳大成記」を編纂させ、貞享三年（一六八六）に成立させました。

その中で、「神君、浜松に在りて宣《のたま》わり、向《さき》に信成を斥候に遣わす」として、家康が浜松城に留まり「磐田原の戦い」には出陣していないことにしました。出陣していない以上、家康が慌てて撤退したり、ましてや脱糞などするはずがないと否定したのです。

ここで大きな違和感を覚えるのが、「神君、浜松に在りて宣わり」の部分です。当時の家康が置かれた状況を鑑《かんが》みると、家康が自身の安全を確保し、浜松城で指揮をすることは到底考えられないのです。

これでは、家康が遠江の国衆を見捨てた臆病者として笑いものとなり、信頼を一気に失ってしまいます。この時の家康は、むしろ自身の命を危険に晒して、最前線で指揮をしなければならない立場にありました。

さらに、参戦人数についても、「三河後風土記」の五千から、大幅に減らして具体的な兵数を表現せず、若干名として斥候《せっこう》（偵察）が目的としました。

ちなみに「甲陽軍鑑」に書かれている徳川の兵数は四千です。

このような改変により、家康が「磐田原の戦い」に関与していた事実を和らげ、一方的な撤退戦である戦いそのものの規模を矮小化することで威信を守ろうとしたものと考えます。

吉宗の「武徳編年集成」編纂

徳川幕府の将軍は代々、自身の文化的偉業を残すために歴史書編纂を志向します。

「武徳大成記」の成立から、さらに五十年余り後、今度は八代将軍吉宗が新たな歴史書の編纂を命じます。編纂を命じられたのは、木村高敦です。

木村は、宝永二年（一七〇五）、幕臣（小普請奉行）である父根岸直利の編著「四戦紀聞」の校正を行い、成立に貢献しました。この実績により、吉宗から新たな歴史書の編纂を命じられ、「武徳編年集成」を編纂して寛保元年（一七四一）吉宗に献上しました。

この中の「磐田原の戦い」に関する部分に目を向けると、「神君浜松より内藤三左衛門信成等を斥候として見付の原へし遺したまう」とあり、綱吉による「武徳大成記」の内容を踏襲し、家康が浜松城に留まっていたとすることで、神君が信玄に追われて逃げるという形を排除しています。

また木村は、父根岸直利が「四戦紀聞」で書き表し、自身も校正に参加した「磐田原の戦い」への参加兵数千二百説を捨て、兵数に関する記述を避けています。「武徳大成記」の若干名とする説には無理があり、かと言って父の説を採用すれば、将軍家の方針に反することになるため触れなかったと推測します。

家斉の「三河後風土記」完全否定

綱吉や吉宗によって「磐田原の戦い」における家康の出陣は否定されたものの、「甲陽軍鑑」や「三河後風土記」の写本や版本により、戦い自体は広く語り継がれていきました。

さらに、それら軍記物を題材にした話芸「講釈《こうしゃく》」の人気が高まると、戦いの様子は多くの人々の知るところとなりました。

講釈の始まりは、室町末期から江戸初期の御伽衆《おとぎしゅう》にあると言われています。

これが庶民の間に広がり、宝永年間（一七〇四～一七一一）には公許の常設小屋で上演されるようになりました。文政年間（一八一八～一八三一）には話芸としてほぼ確立し、幾つかの流派が誕生しました。講釈は江戸末期から明治にかけて全盛期を迎え、後の「講談《こうだん》」へと発展していきます。

十一代将軍の家斉は、この講釈によって家康や幕府の威信が損なわれることを憂慮しました。

これを防ぐには、講釈の底本となった「三河後風土記」に対する、より強い否定が必要になります。

そこで家斉は新たに、「改正三河後風土記」の編纂を命じました。

この背景には、過去二人の将軍によって、「家康は磐田原へ出陣せず、浜松城に留まっていた」と歴史を書き改めていたにも拘らず、その後、成立した「三河後風土記正説大全」において「家康公も浜松の御城を進発ありて」「千三百余人を引率し給い」と記述され、脱糞したとは書かなかったものの、「三河後風土記」の文章をそのまま引用してぶり返したために、さらに完全否定する必要が生じたからだと思います。

こうして家斉は「三河後風土記」の成立から二百二十年余り後、幕末の儒学者・歴史家である成島司直に命じ、「改正三河後風土記」として、天保八年（一八三八）に改編し献上させました。

題名をわざわざ「改正」、つまり「正しく改める」としていますが、これは明らかに為政者による改悪でした。

しかも、家斉が全否定させた脱糞の逸話は、昭和の作家山岡荘八によって掘り起こされ、「せつな糞」という家斉にとって最悪な表現で広く知られることになります。

ただ、「改正三河後風土記」では、家康が磐田原に派遣した兵数を「甲陽軍鑑」と同じく四千としています。兵数はこれまで「武徳大成記」によって若干名にまで減らされ、「武徳編年集成」では表現自体を避けられてきましたが、成立当時は「甲陽軍鑑」における本多平八郎の奮戦が庶民まで広がっていたため、これと矛盾しないように四千に戻したと考えられます。

九　小説や講談で描かれた「一言坂の戦い」

大正期の講談を読む

講談「徳川家康　第七席」

「三方ケ原大合戦の事、並びに内藤三左衛門偵察の事」の一部を要約
六代目一龍齋貞山　　大正八年（一九一九）

「頃は元亀三年壬申十月十四日、甲陽の太守武田大膳太夫晴信入道信玄、甲府に於いて七重の調練を整え其勢三萬餘騎を従へ、甲州八花形の館を出陣なし、木原、西島、袋井畷手、姫子山のふもとまで押出し堂々として屯を張りました。此折家康公は憤然と御怒りあり、「我が領分を敵に乱暴され、何ぞやみやみと籠城致さるべきや、臆病者は籠城せよ心あるものは我が供せよ」と仰せられ、一騎馳けに乗出した、ソレと云うので後に続く人々は、大久保忠世、同忠佐、本多忠勝、内藤信成、平岩親吉を初め、其勢千三百人、揉みに揉んで進発なし大天龍、小天龍を打渡る、然るに内藤信成御馬前に進出て「某馳向って敵陣の様子を見届けるべし」と申上ぐる、信成畏《かしこま》って乗出す、三ケ臺、一言坂の頂上に馬の四足を踏止め、額に小手をかざして見渡しました。されば陣営を見透かされてはならずと先手の大将山縣昌景下知に及んで鉄砲五百挺銃口を揃えて打拂ふ、其勢三千餘人、これ甲陽名代の赤備、山縣三郎兵衛昌景なり、此の時家康公は遲れ走せに来たって兵千五百餘人を併せて、一言坂の上見附臺迄馬を進められましたが本多

忠勝を召され、「信成を偵察として遣はせしが、今に至る迄帰らぬは定めし敵に囲まれ、難儀《なんぎ》いたし居ると見えたり、汝走り行きて見届け参れ」、「畏《かしこま》って候」と忠勝が千三百餘人を率いて烈風の如く三ケ坂をまっしぐらに只一手黒煙を立て乗出しました。
内藤信成は先刻よりの戦い鎧草摺も寸々に切裂かれ、次第々に追詰められてあはや討死と見えたる時、一手の軍兵龍が雲を起す勢ひにて眞一文字に乗込み来る、是は徳川四天王の一人、本多平八郎忠勝、山縣勢ドッと崩れて二十間許り追立てられたり、茲で敵味方の旗指物入り違になっての大混戦、馬煙を立て激しく戦いました、此間に本多平八郎手早く人数を纏めて三ケ坂の麓迄引揚げます、家康公は伸び上って戦場の方を御覧になると僅五六百と見える一手の勢ドッドッと引揚げて参ります、これなん参州無双の英傑本多平八郎忠勝であります、「速に御引然るべく、戦いを好むは良将にあらず、某後殿仕る」と御諫申上る、「サモありなん、汝の申す所尤《もっと》もなり、ソレ引揚げよ」と下知し給う、
武田勢三萬餘騎、徳川勢四千餘騎、家康公盡くの難戦で御座います」

御伽衆の講釈から発展した講談は、明治から大正にかけて全盛期を迎えます。講談師が最初に習う「三方ヶ原軍記」は、内藤信成が敵陣を探る「内藤三左衛門の物見」の段から始まります。現代においても講談師を志す新人が、入門して最初に習うのが、この「一言坂の戦い」部分です。

ラジオすら無い時代、講談師によって、「一言坂の戦い」は現実離れした壮大な合戦話として創作されます。長篠方面にあっているはずのない山県昌景が大軍を率いて華々しく戦い、出陣していないとされた家康も登場して、花形の武将が勢揃いした大合戦話に人々は酔いしれました。

家康の脱糞話は、講談の格好の材料ですが、「改正三河後風土記」によって公式に否定されたこともあり、この貞山の壮大な講談でも語られていません。こうして脱糞話は、次第に忘れ去られていきました。

脱糞の逸話の改変

幕府が「三河後風土記」を公式に否定したことによって、「一言坂の戦い」の逸話は、「甲陽軍鑑」に書かれている本多平八郎の奮戦のみが語られるようになりました。脱糞の話が再び表舞台に現れたのは、それから百十年余り後、作家の山岡荘八が昭和二十五年（一九五〇）に歴史小説「徳川家康」の中で取り上げたからです。

山岡荘八は作中において、「一言坂の戦い」そのものにはまったく触れていません。

しかし、このエピソード知った山岡は、この逸話を小説に盛り込むため、脱糞のタイミングを「一言坂の戦い」から、「三方ケ原の戦い」に移動して採用しました。この小説が昭和五十八年（一九八三）に、NHK大河ドラマとなったため、一気に「三方ケ原の戦い」の時のエピソードとして、知られるようになってしまいました。

ちなみに、原書の「三河後風土記」では、糞に気が付いたのは大久保忠佐となっていますが、小説では大久保忠世に変更されています。さらに、大河ドラマでは糞に気が付いたのが本多作左衛門重次に代わっています。

山岡荘八は、大河ドラマ放送の五年程前に亡くなっていますが、小説であることを明確にするために、意図的に人物を置き換えたのかもしれません。

一方、昭和四十年（一九六五）から雑誌「歴史読本」に掲載され、昭和四十八年に刊行された新田次郎著の「武田信玄」では、「改正三河後風土記」に沿った内容で描かれ、「一言坂の戦い」は徳川兵二千が参加して描かれているものの、家康が浜松城から出陣したのかは曖昧な表現にし、脱糞話は語られませんでした。

現代において「磐田原の戦い」の全容が分からなくなっているのは、このような経緯によるものだと思います。

徳川家康　山岡荘八著　　山岡荘八歴史文庫27　徳川家康［5］　うず潮の巻（一九八七年）

「（著者注・三方ケ原から浜松城に戻り、馬から降りて）地上に降り立った瞬間の家康は、自分が生きているのとも死んでいるのとも決定しかねる虚脱ぶりであった。

それほど、この一戦に、家康はすべてを賭けつくして戦って来たのである。

「お館！」また忠世の手が家康の肩をたたいた。そしてそのあとで大口あいて笑い出した。

「呆れたお人じゃな、お館は」、「な…なにッ」、

「見られませ。馬の鞍つぼにせつな糞をもらしてござる。ああ！臭や！」、

「なに、予がせつな糞を…」、家康ははじめてカーッと眼を開いた。

よろめきながら鞍にすがってそれを撫でると、「たわけめ！腰の焼き味噌じゃ」。

そういうと、忠世の頬を平手で張った。

※山岡荘八はこの出来事の設定を「一言坂」から「三方ケ原」に変更しています。

十　信玄による遠州侵攻の道筋は

覆《くつがえ》された南下説

元亀三年十月三日、信玄は甲府の躑躅《つつじ》ケ崎館を発向し、遠州侵攻を開始します。

長い間、武田軍の侵攻ルートは、遠江国の北に位置する青崩峠（兵越峠）から南下したと語り継がれてきました。武田の軍学書である「甲陽軍鑑」には、この時の進路を次のような謎めいた表現で書き表していま す。

「信玄公、十月中旬に、甲府を御立ちあり。遠州多々羅（只來）、飯田両城落ちて御仕置あり。乾《いぬい》（犬居）天野宮内右衛門に、遠州の定番の儀、能《よ》き様に仰せ付けらる、久能の城、御見廻の時…」

甲府を出て、久能城（袋井市久能）近くの遠州木原に着くまでの九日間の記述がこの二行のみです。この文章をそのまま読めば、武田本隊は青崩峠（兵越峠）から南下して乾（浜松市天竜区春野町・犬居）に達し、木原に向う途中にある多々羅城（浜松市天竜区只來）と、飯田城（森町飯田）を手に入れて仕置き（兵の配置）をし、遠州木原（袋井市木原）に達したと読み取れます。江戸時代に書かれた、ほとんどの編纂書がこれを引用し、武田軍が北から侵入して乾に至り、犬居城主天野景貫に道案内をさせて南下したとしました。

しかし、二万数千にも及ぶ武田軍が、険しい山の稜線を長蛇の列で進軍することは、極めて困難なことです。

この不自然な謎が解かれたのは、平成十九年（二〇〇七）、歴史学者である柴裕之氏が、「武田氏研究」三七号、「戦国大名武田氏の遠江・三河侵攻再考」によって、信玄本隊は駿河から大井川を越えて遠江へ侵攻したとする「大井川方面からの進攻説」を提起したことによります。

裏付けとした一次資料は、後掲する信玄が白羽神社（御前崎市）に与えた「朱印状」や、寺社に発行した「禁制」でした。柴氏はこの日付を辿ることにより信玄本隊が、田中城（藤枝市）までは東海道を進み、小山城と滝堺城を経て、御前崎方面へ進み、高天神城近くを通って木原に至ったことを裏付けました。

この研究により、信玄本隊は大井川方向から西進したことが有力説となりました。

寛永年間（一六二四～一六四四）に、姫路藩主松平忠明が編纂したと伝えられる「当代記」はこの説を裏付けています。この書には、「十月、武田信玄、遠州発向、高天神表を通り、見付国府へ打ち出らる」として、信玄本隊が大井川を渡って東から侵攻したとしています。

前年の元亀二年春に、武田軍は大井川を渡って小山城の西に遠州攻めの起点となる滝堺城を築城していますから、どう考えても東から遠江国に侵入した方が容易です。

さらに、地元の見付に遺されている延宝二年（一六七四）に記された「成瀬家文書」にも、「元亀中、信玄公遠州浅羽の内、芝原と申す所にて、御陣屋成され候」とあります。芝原の地は御前崎方面から木原に向う途中にあり、信玄が東から侵攻して来たことを示唆しています。

これにより信玄本隊は大井川方向から西進し、これに山県昌景率いる別動隊が長篠城方面から浜名湖北部の井伊谷に向かって攻め込んだとする「二方向」からの侵入説が有力となり、それまで信玄本隊と考えられていた青崩峠（兵越峠）から犬居方面に南下した部隊は、「別説」として位置付けられました。浜松市の三方ケ原古戦場近くに掲示されている侵攻図はこの「二方向＋別説」の考え方に沿った図となっており、北から侵入したとする別動隊は、別説と位置づけられて存在に含みを持たせていました。

※「朱印状」や「禁制」に書かれている日付は、武田軍の動きの目安にはなりますが、軍の動きそのものが通過した日付を示すものではなく、後続の兵糧調達部隊が発行した日付と考えるべきだと思います。

最新の二方向侵攻説

歴史学者の本多隆成氏が「定本　徳川家康」（吉川弘文館・二〇一〇年）でこれを整理し、「武田軍侵攻ルート図」を掲載しました。この図では、北から遠江へ侵入したとする「別説」は削除され、大井川方面から西進した信玄本隊と長篠方面の山県別動隊による「二方向」からの侵攻とし、青崩峠（兵越峠）を越えて南下した部隊は長篠方面へ向かった山県昌景軍であるとしました。

歴史学者の小和田哲男氏は「城と武将と合戦と」（静岡新聞社・二〇一五）でこれを引用し、この図が現在の有力説となっています。

令和三年（二〇二一）にリニューアルされた浜松城天守閣内の展示図もこの説に基づくものです。

しかし、本書はこの「二方向」説を採っていません。

長年伝承され続けた青崩峠からの別動隊による南進説も有力であり、これを含めた「三方向」からの進攻としました。戦術的には軍を分けて山道を進むことは得策ではありませんが、戦略的には得られるものが多い作戦といえます。ここでは、この道筋を推理してみたいと思います。

南下した別動隊は存在したか

まずは、本書が底本としている「甲陽軍鑑」の記述です。

甲府を出発した武田軍が、久能城近くの遠州木原に着くまでの行程をたった二行で記述しています。

その中で、多々羅（只來）城、飯田城、乾（犬居）などの遠州北部にある地名がいきなり語られています。これらの地は青崩峠から南下する道筋にあり、大井川方向から西進して木原に至った信玄本隊の進攻ルートからは大きく外れています。なぜ高坂は戦略的価値の少ない山城である多々羅（只來）城の名を語ったのでしょうか。

多々羅（只來）城は、木原から遥か北に位置する小規模な山城で、むしろ犬居城に近い山中にあります。「遠州多々羅（只來）、飯田両城落ちて御仕置あり」とありますから、恭順を申し入れて来たのではなく、信玄本隊の木原への進攻と同時期に、武田軍が両城に迫って開城させたと考えられます。

信玄本隊が大井川方向から西進して木原に進出したのであれば、どの部隊が遠方の多々羅（只来）の山城を攻略したのでしょうか。この城は、木原からわざわざ兵を差し向けるほどの重要な拠点ではありません。

一方、青崩峠から南下した部隊が、二俣方向と木原方向に進軍したとすれば、この二つの城はその途上にあります。この記述は信玄の遠州侵攻と同時期に、遠州北部で別動隊の動きがあったことを感じさせます。

次に東京大学教授の鴨川達夫氏は「西進説」を支持しつつも、「武田信玄西上作戦を研究する」（東京大学史料編纂所研究紀要　第25号、二〇一五年）において、信玄が発行した「禁制」や「朱印状」を調べたところ、遠江北部の寺社には花押が押された判物が多く、遠江南部の寺社に対しては印判が付された印判状（朱印状・黒印状）が多く遺されていると指摘しています。

この違いにより、遠州南部を西進した武田本隊とは異なる別動隊が、遠州北部に存在していたと考えることもできます。「甲陽軍鑑」によると、この半年ほど後に信玄が臨終した際、信玄はかねてから用意していた八百枚の印判状を示し、信玄が存命していることを装うように命じたとされています。これと同じく、遠州侵攻の時も、事前に花押や印判を付した紙を用意し、兵糧の調達を容易にしようとした可能性があります。

さらに、信玄の遠州攻めの戦略を推理するに、あわよくば戦わずして遠江国を手に入れようとしたのではないかとも考えられます。

信玄の旗印である「風林火山」は、「孫子」の軍争篇の一節から採られたものです。その謀攻篇には「戦わずして人の兵を屈するは、善の善なる者なり」とあります。

また、軍争篇の一説には「囲師には闕を遺し、帰師には遏むる勿れ」という言葉もあります。敵軍を完全に包囲すると敵兵は死にもの狂いで奮戦する。そこでわざと包囲網の一角を空けておき、先を争って逃げようとする敵を追撃した方が効果がある、という意味です。

浜松城を攻めようとする時、二方向から攻めるより、三方向から攻める方が、家康に対する包囲圧力を高めることができます。この時の徳川軍は半数が帰属してから三年ほどの遠江国衆であり、徳川の治世はまだ固まってはおらず、徳川不利と見れば武田に寝返る可能性は十分にありました。

信玄は、三方向からの包囲圧力により徳川軍を内部崩壊させ、戦わずして家康を三河国へ引かせることを狙ったのではと考えられます。浜名湖の今切口を通る東海道を、山県軍に封鎖させなかったのはそのためと考えられます。青崩峠から南下する別動隊の存在には、このような戦略的な価値があったと考えます。

「甲陽軍鑑」の謎めいた表現を推理

もう一度、「甲陽軍鑑」における「三方ケ原の合戦の事」の冒頭部分を読み返します。

「信玄公、十月中旬に、甲府を御立ちあり。遠州多々羅（只來）、飯田両城落ちて御仕置あり。乾《いぬい》（犬居）天野宮内右衛門に、遠州の定番《じょうばん》の儀、能《よ》き様に仰せ付けらる、久能の城、御見廻の時…」

読み書きのできない高坂弾正は、一定期間の記憶を後日に回想して口述しています。

ではこの時、なぜ高坂弾正は、遠州侵攻の冒頭部分で、戦術的に価値がなく北遠の小さな山城に過ぎない多々羅（只来）城の名前を出したのでしょうか。

あくまでも推定ですが、御前崎から海沿いの平地を進んだ信玄本隊は、特段、徳川方の反撃に遭わず、平穏な内に遠州木原に達したため、この間の特筆する項目が無かった可能性が考えられます。

代わりに高坂が記憶していたのは、同時期に北遠の徳川方の諸城を開城させながら南に兵を進めた、別動

武田信玄侵攻図Ⅰ　信玄本隊が青崩峠から侵入したとする旧説

武田信玄侵攻図Ⅱ　信玄本隊が御前崎方面から西進したとする最新有力説

「定本 徳川家康」本多隆成（吉川弘文館）を元に作図

※本書が採用している「武田信玄侵攻図Ⅲ」は巻頭に掲載

隊（馬場勢）の動きであり、これが記憶にあって口述したのではないかと思います。

そして、この記述こそが、同時期に青崩峠から南下した第三の別動隊が存在し、武田軍が三方向から侵入したことを示すものだと推測します。

これらの理由から、本書の第一章では、信玄の遠州侵攻は西から進攻した「信玄本隊」と、長篠方面から進攻した「山県別動隊」、そして北の青崩峠から南進した「馬場別動隊」の、「三方向」から遠州へ侵攻したものと位置づけました。

青崩峠から南進し、北遠の諸城を制圧しながら南下した「別動隊」は、武田四天王の一人、馬場美濃守率いる四千の兵とし、この別動隊の動きを書き加えた図を、「武田信玄侵攻図Ⅲ」として巻頭に掲げています。

十一　浜松城を発した徳川の兵数を推理する

天下を統一した家康は、亡くなった翌年に東照大権現となり、「神」となりました。その家康が、生涯の戦いの中で、唯一完敗した武将が武田信玄です。

あの秀吉でさえ、小牧・長久手の戦いにおいて負かすことができなかった家康が、見るも無残な大敗北を喫したのです。

徳川幕府は、神君となった家康の威厳を守るため、この戦いの様子がありのままに語り継がれることを放置できませんでした。

この方針は、家康が浜松城を発し、「磐田原の戦い」へ向かう際、引き連れた兵の数に表れています。

家康が「神」になる前に成立した「甲陽軍鑑」では、この時の兵数を四千（五千）、「三河後風土記」では五千としています。

家康が神となって以降成立した、徳川綱吉時代の「武徳大成記」では、兵数は若干名にまで減らされ、しかも家康自身は出陣せず、浜松城で指揮をしたとしました。

吉宗が編纂を命じた「武徳編年集成」では、兵数に触れてすらいません。

家康が浜松城に留まって指揮をしたとする説は、幕末まで語り継がれ、これにより、「磐田原の戦い」は全容が分からなくなってしまいます。

家康は「磐田原の戦い」の時、どの程度の兵数を率いてで浜松城を出たのか。さらには、どの程度の兵数が天竜川を渡って遠州木原の武田軍の本陣に近づいたのか。そして、その目的は何だったのでしょうか。

本章の冒頭で紹介したこれまでの通説では、なぜ家康が多くの兵に天竜川を渡らせ、武田軍に近づいたのかという動機の部分が語られていません。この時の参加兵数を知ることにより、家康の作戦意図を推理してみましょう。

まずは江戸時代の編纂書に書かれている、浜松城を発向した兵数を見てみます（太字は著者によるもの）。

〔甲陽軍鑑〕
「久野の城、御見廻の時、家康衆、随分の侍大将、三ケ野《みかの》川を切り、**四千余り**の人数にて、打ち居《お》る。内藤三左衛門と申す者、家康八千の惣人数は、**五千**これまで出て、しかも三万余りの大軍と、家康出で給わぬに、合戦仕り負《ま》くるは、必定《ひつじょう》なり」

〔三河後風土記〕
「家康公は八千余兵を二つに分け、三千騎は浜松の城に残し、僅《わず》か**五千**を率《そっ》し給い、三加野《みかの》に出《い》づ河坂を前に、当天龍川の辺に臨み給えば、先陣は三加野台に赴《おもむ》く」

〔武徳大成記〕
「神君、浜松に在りて宣《のたま》わり。向《さき》に信成を斥候に遣わす。大軍に遇《あ》わなば困ることも在りなんとて、本多平八郎忠勝、及び壮士**若干**をして援《たす》けしむ）

【四戦紀聞】　巻之二　遠州味方原戦記・

「神君、内藤三左衛門信成をして、敵軍を窺わしめ給う。信成帰り報ぜんと欲する所に、敵、軽卒をかけて喰い留めたり。神君は浜松に於いて仰せけるは、嚮《さき》に信成を大斥候《ものみ》に遣わす所、もし敵に慕われ困《くるし》むことや有るべき、見届けよとて、本多平八郎忠勝、大久保七郎右衛門忠世などを三賀《みか》野《の》の台に赴《おもむ》かしめらる。内藤信成、この援兵に気を得て、三頭《かしら》の兵合わせて、**千二百余**、敵を追い却《しりぞ》けて引き取らんと欲し、頻《しき》りに戦うて、一言坂まで退き去りぬ」

【武徳編年集成】

「神君、浜松より内藤三左衛門信成等を斥候として見付の原へ遣し玉う處に、木原西島に充満す、其時浜松より本多平八郎忠勝等馳来る信成これに力を得て引取んとす」　**※兵数表現なし**

【三河後風土記正説大全】

「家康公も浜松の御城を進発《しんぱつ》ありて御人数わずかに**千三百余**人を引率し給い、大天龍、小天龍を打ち越えて、急がせ給う所に、然る所に、家康公御下知ありて、御人数おいおい馳せ来たりて、**五千余**人、見付の台まで御馬を進め給い」

【改正三河後風土記】

「大久保七郎右衛門忠世、本多平八郎忠勝、内藤三左衛門信成などに、**四千余**の人数を添えて、斥候《せっこう》のために見附の宿まで遣わさる。この輩《やから》、三加野、木原、西嶋辺まで張り出し、武田が軍備の様を伺《うかが》い見るに、信玄遥かにこれを見て、あの敵を逃がすべからず。悉《ことごと》く討ち取れと下知すれば、武田勢は心得たりとて、袋井村の陰より段々人数を操（繰）り出す」

浜松城を発した兵数を五千と推定する

本書の第一章では、家康が浜松城から率いて出陣した兵数を五千としました。

根拠とした文献は、「三河後風土記」です。「家康公は八千余兵を二つに分け、三千騎は浜松の城に残し、五千を率いて天竜川に臨み、先陣を三ケ野に進出させた」とする部分を採用しました。浜松城の守りの兵三千は、奥三河に進出している山県昌景勢に対する備えと考えられます。

さらに「甲陽軍鑑」でも、「家康八千の惣人数は、五千これまで出て」としています。

家康は、一六一七年に神君となりましたが、神になる以前に高坂弾正が口述した「甲陽軍鑑」と、序文に一六一〇年成立と書かれている「三河後風土記」は、共に浜松城から家康が率いて動かした兵数を五千としています。

しかし、家康が神君となった以降に、幕府が編纂させた「武徳大成記」や「武徳編年集成」などの編纂書では、家康は浜松城に留まり、浜松城から向かった兵数も大きく減らしたり、兵数の表現を避けたりしています。

本書が柱としている「甲陽軍鑑」と「三河後風土記」が、同じく兵数を五千としていることから、家康が浜松城を出て、天竜川の西岸まで進めた兵数として採用しました。

徳川軍の半数以上を動かす作戦ですから、唯一徳川全軍の指揮権を持つ家康が、先頭に立って浜松城を出陣したと考えられます。家康本人が浜松城で自身の安全を確保して指揮をすれば、わずか三年ほど前に今川から徳川に寝返り、徳川軍の半数を占めている外様の遠江国衆はもちろん、三河以来の家来の信頼をも失ってしまいます。

十二　見付に進出した徳川の兵数を推理する

家康は天竜川を渡ったのか

歴史は推理小説のようなものです。

たとえ本書がフィクション（創作）だとしても、より史実に近いものにするためには、空白部分を推理して埋めなければなりません。

そのためには、家康が磐田原に向けて動かした兵数を推理する必要があります。

前項では、家康が浜松城から率いて出た兵数を五千と推定しました。

しかし、この兵数すべてが天竜川を渡ったとは思えません。磐田原台地を東西に続く東海道は脇道のない一本道であり、大軍を動かすのには適当ではないからです。武田軍からの攻撃を受けて撤退戦となった場合は撤退が遅れて天竜川に追い詰められ、大きな損害を受ける恐れがあります。

徳川軍が天竜川を渡った兵数に関しては、一次資料がまったく遺されていないばかりか、家康が神君になった一六一七年以降、徳川幕府は名誉を守るべく、「家康はその時、浜松城に留まっていた」として、幕末まで直接関与を否定し続けました。

この考えは、明治以降になっても受け継がれ、現代においても家康が天竜川を渡ったのかどうかは曖昧になっています。

この項では、浜松城を出た五千の徳川軍の内、どの程度の兵数が天竜川を渡って見付方面に進出したのか、そして家康本人は天竜川渡ったのかを推理します。

この部分は、「磐田原の戦い」を記述する上で、最も重要な部分です。この数を見極めることにより、戦い全体がどのような意図をもって行われたのか、その「動機」が見えてくるからです。

野戦《やせん》・籠城《ろうじょう》は勝ち目なし

武田信玄が遠江国へ侵攻したときの状況は、その十二年前に今川義元が尾張国へ攻め込んだ時の状況とよく似ています。

織田と今川とは圧倒的な力の差があり、勝てる見込みがほとんど無い状況下で、信長が選択したのは奇襲でした。尾張国へ進出した今川の兵数は二万五千ほどであったとされ、奇襲した信長軍は二千と伝わります。

これに対し、遠州木原へ進出した武田軍もほぼ同じ二万数千です。桶狭間と木原とでは、その状況が似ているのです。

信玄率いる百戦錬磨の武田軍とは大きな兵力差があり、三河武士の強さをしても勝てる見込みはほとんどありません。浜松城が、石垣と天守閣を備えた壮大な城になるのは二十年ほど後の堀尾吉晴の頃であり、この時の浜松城は石垣や天守が無い、木と土造りの城でした。

この時点で、包囲網に苦しむ信長からの援軍の見通しはまったく立っていませんでした。援軍が期待できない籠城戦は、やがては落城に繋がる勝てる見込みのない戦いです。野戦をするにしろ籠城戦をするにせよ、まともに戦ったのでは、家康に勝ち目はありませんでした。

桶狭間の戦いの時、すぐ近くの大高城にいた家康は、たとえ兵力に大きな差があったとしても、敵の大将さえ討ち取れば、大軍が一瞬にして崩壊することを学びました。信玄が遠州木原まで迫った状況下で、家康が奇襲攻撃を選択したのは、自然の流れだと考えます。

旗本先手組は常に家康と行動を共にし、家康の命令のみに従う家康の直属部隊です。

「磐田原の戦い」には、大久保勢や本多勢などの旗本先手役が投入されていることから、家康が見付に進出して指揮を執り、奇襲部隊は旗本先手役主体で編成されたものと考えます。

家康が見付に進出していたからこそ、見付の人々は自らの町に火をつけ、兵たちは一言坂の戦いなどで死に物狂いの撤退戦を演じたのです。

本書では、家康が武田軍への奇襲攻撃を選択し、旗本先手組を率いて天竜川を渡り、見付へ進出したとの位置づけで書き進めました。

渡河《とか》兵数を千五百と推定

歴史は、仮説を立てて推理することが必要です。

「磐田原の戦い」における徳川軍の兵数は、後年になって幕府に操作された可能性のあるため、推定することは困難な作業です。しかし、いくつかのヒントから、家康が自ら率いて天竜川を渡った兵数を推理してみます。

まず、家康が神君になって以降、幕府が編纂させた「武徳大成記」や「武徳編年集成」では、そもそも家康は浜松城を出なかったとされました。これに伴い天竜川を渡った兵数も大幅に減らされたり、兵数そのものの表記が避けられたりしています。

しかし、幕府が編纂に直接関与していない「四戦紀聞」（一七〇〇年頃成立）には、「本多平八郎忠勝、大久保七郎右衛門忠世などを三賀野の台に赴かしめらる。内藤信成と、三頭の兵合わせて、千二百余」とあります。

同じく、幕府が編纂に直接関与していない「三河後風土記正説大全」には、「家康公も浜松の御城を進発ありて御人数わずかに千三百余人を引率し給い、大天龍、小天龍を打ち越えて、急がせ給う所に」とあります。

次に、永禄十一年十二月、家康が遠江国への攻略を開始した時の兵数を見ると、四千ほどです。家康は永禄九年の「三備」の軍制の構築によって、自軍を「西三河衆」「東三河衆」「旗本先手組」に分けましたが、単純に三等分すれば、各組千四百ほどの数となります。

そのため、この頃の旗本先手役の兵数は、千数百の規模と推定します。

この旗本先手役は、「三備」の軍制を構築した時に新設され、将である大久保忠世率いる大久保一族には百騎、本多忠勝には五十五騎の寄騎《よりき》が付与されました。

さらに、一騎に対して従者が五～六名程度であったと推測します。そして、これを参考にして偵察隊は本多隊の三百とし、大久保隊五百、さらに榊原康政、鳥居元忠、内藤信成などの隊を加えて千五百ほどと見積もりました。

これらの要素を総合的に判断し、本書では、天竜川を渡った兵数は、家康直属の旗本先手役千五百と推定し、家康も天竜川を渡って見付に進出したとしました。

旗本先手役に対して命令を出せるのは総大将の家康のみです。

千五百もの兵に天竜川を渡らせ、危険を冒して武田軍に近づいたということは、何らかの目的、即ち奇襲をする狙いがあったからこそと考えます。

少数精鋭の千五百の兵であれば、信長の桶狭間のように、家康自身が自在に動かす事ができるため、機動力が生まれます。

残りの三千五百は、後詰《ごづめ》（救援のため後方に控える兵）として、天竜川を渡らず西岸に配置したと位置づけました。

奇襲は反撃を受けるリスクの大きな戦いであり、成功する確率は僅かです。しかし、磐田原は一本道であり、撤退時には地の利に長けた徳川に有利に働きます。追い掛ける武田にとっては、どこに伏兵が潜み、罠が仕組まれているかもしれず、慎重な追撃を強いられます。

奇襲は、あわよくば信玄の首を狙うことが目標ですが、それが叶わなくても、籠城する久野城への援軍姿勢を見せることにより、徳川軍に加わった遠江国衆に対する強いアピールとなります。

十三　夜戦と考えられる「磐田原の戦い」

家康が好んだ「奇襲戦法」

ところで、「磐田原の戦い」は何時頃に行われたのでしょうか。

「甲陽軍鑑」では、「三方ケ原の戦い」の時刻を、「申（著者注・午後四時頃）の刻に成りて、合戦始まる」としています。

ところが、「木原畷の戦い」から始まる一連の「磐田原の戦い」については、時刻が書かれていません。第三章に掲げる江戸時代に編纂されたすべての書物も同様です。

これは偶然というわけではなく、江戸期の書物は先発の「甲陽軍鑑」を参考にしているためであると考えられます。いかに「甲陽軍鑑」が後発の書物に影響を与えていたのかが分かります。

時刻さえ分かれば、「磐田原の戦い」の謎は一気に解けますが、それが分からない以上、推理するしかありません。

「甲陽軍鑑」は、読み書きのできない高坂弾正が見聞きした事柄を一旦全て記憶し、後日にまとめて口述したものです。人間の記憶には限界があり、語り漏れや記憶違いは当たり前に起こります。その理由により明治以来百年、「甲陽軍鑑」は偽書として扱われました。

高坂は記憶の中の情景を思い出しながら語るとき、自身にとって当たり前のことは言葉を添えない場合が往々にしてあります。

冒頭の武田軍の侵攻ルートを説明する際、「別動隊により」という言葉を添えなかったことも、その一つと考えます。

「磐田原の戦い」においても、高坂は「時刻」という重要な要素を口述しませんでした。特に時刻に言及がない場合、一般的には日中を連想します。しかし、一連の「磐田原の戦い」を検証すると、夜戦でなければ成立しないと考えられるいくつかの事象があります。

最も大きな項目は、千を超える徳川軍が天竜川を渡ったこと、そして偵察隊が三ケ野川を渡り、西島の先の木原まで侵入したという事実です。これらの隠密行動は、武田軍の厳格な警備の中、さらに密偵が放たれている日中では不可能です。夜襲は、自らの存在を消し、秘密裏に兵を進める戦いです。日中では武田軍に気づかれ、圧倒的な戦力差により川に追い詰められて逃げ場を失ってしまいます。

当時、兵力に大きな差がある場合の戦法として、夜襲は当たり前の作戦でした。

家康は三河を統一する戦いの中で、永禄四年（一五六一）に三河国牛久保城へ夜襲を行っているほか、翌年の三河上ノ郷城における鵜殿長照を討ち取った時にも、夜襲を仕掛けています。

さらには、三方ケ原における犀が崖の夜襲、後の長篠城包囲戦での徳川別動隊・酒井忠次による鳶ケ巣山砦への強襲など、奇襲は家康の常套手段でした。

まともに戦って勝てない場合、信長の桶狭間の戦いに代表される奇襲（夜襲）こそが起死回生の一手でした。さらに注目すべきは、伝承の中にある「見付の町屋への自火」です。炎は夜の闇の中でこそ進路を塞ぐ効果が得られます。家康の奇襲が夜だったからこそ、見付の町を燃やして武田軍の進攻を遅らせるという緊迫した場面に繋がるのです。

加えて、「挑燈野」として伝わる「万能の戦い」の逸話もあります。この逸話だけが夜の戦いであるため、「磐田原の戦い」との連続性に違和感が生じていました。「磐田原の戦い」が日中に起こったと想定すると、「万能の戦い」（挑燈野）とは時間的に整合性がとれません。

しかし、「磐田原の戦い」全体を夜の戦い（夜襲）として考えると、すべてが繋がってくるのです。

十四　夜で繋がる「万能の戦い」と「磐田原の戦い」

「遠江古蹟圖絵」の疑問点

「万能の戦い」（挑燈野《ちょうちんの》）の伝承とは、武田軍に敗れ退却していた徳川軍が、夜の暗さを利用して、提灯（松明）の明かりで「ゆるぎ」と呼ばれる万能村の深田に誘い込み、ぬかるみで動けなくなった武田軍に攻撃を加え、徳川軍が無事浜松へ帰ることができたという伝承です。

現在も戦いの地には史跡碑が建てられ、武田と徳川の激戦の模様を語り継いでいます。

この戦いは後年の作り話という説もありますが、本書は地元に伝わる伝承を大切にする立場で書いています。何かしらの出来事があったからこそ、伝承として語り継がれているのだと思います。

万能村の地元は、旧磐田郡豊田町（現・磐田市）です。豊田町誌（平成十一年）によると、享和三年（一八〇三）年に書かれた「遠江古蹟圖絵」の「万能の挑燈野」の項に、「天正年間中、神君甲州勢と戦ひの時」とあることから、この戦いは「一言坂の戦い」の時ではなく、天正二年に高天神城を落とした武田勝頼が西進し、天竜川岸に到達した時のことであろうとしています。

これに対し、浜松市の歴史研究家である神谷昌志氏は、「遠江古蹟圖絵全」修訂解説（明文出版社・平成三年）の中で、挑燈野があったのは天正年間ではなく元亀三年（一五七二）の誤りである、としています。

そもそも、遠江古蹟圖絵が挑燈野を「天正年間中」としたのは、掛川宿の再影館　藤長庚が記した「史跡名勝案内書」を元にしているからです。しかし、藤長庚は江戸時代後期の、しかも市井《しせい》の人に過ぎず、そのような人物が記した書物を天正年間の根拠とするのは弱すぎると思います。

さらに、天正二年に起こった勝頼軍との戦いの時の逸話だとすれば、すでに見付一帯は武田氏の影響下にあったはずです。さらに高天神城が落されたことによって、久野城、馬伏塚城、掛川城の兵たちは籠城を余儀なくされていました。

そうであれば、武田軍は自由に見付界隈を移動できたはずで、地理に疎かったということは考えにくくなります。

ましてや、武田軍が夜に慌てて攻め込み、深田にはまるとは思えず、元亀三年の大敗で武田軍を恐れている家康が天竜川を渡って兵を展開することもあり得ないと思います。

「磐田原の戦い」は、武田と一戦も交えることなく一方的に撤退した戦いであり、後年に将軍綱吉や吉宗、さらには家斉によって、家康は浜松城に留まって指揮していたとされました。「甲陽軍鑑」にも語られなかった、夜の戦いである「挑燈野」の伝承のみが、切り離されて地元で語り継がれたものと考えます。

これまで「挑燈野」は昼夜の違いにより、「一言坂の戦い」とは別の時の出来事、もしくは作り話とされてきました。しかし、逆に「挑燈野」の伝承こそが、「磐田原の戦い」が夜の戦いであったことを伝えるものだと思います。

本書の第一章で、「磐田原の戦い」の時刻設定を、「夜」としたのは、これらの理由によるものです。

「磐田原の戦い」が夜戦であれば、これまで別物と考えられてきた「万能の戦い」と繋がり、一連の合戦像が浮かび上がってきます。

何より、実際に一言坂上に立って万能の方向を見渡すと、真正面に機略に適した地が望め、「万能の戦い」

が実際にあったと感じさせるに足る光景が広がっています。

十五　小杉右近が迂回した道を探す

宝坂を下って一言坂下へ

本多平八郎が一言坂で撤退戦をした時、武田の家臣である小杉右近が一言坂下に先回りして、平八郎を挟み撃ちにしたとの伝承があります。「甲陽軍鑑」の中で書かれている有名な「家康に過ぎたる物は二つある、唐の頭に本多平八」の落首に繋がる逸話です。

一言坂で挟み撃ちをするということは、西坂を越えられない状況、即ち西坂の急な上り坂で徳川殿隊（大久保勢）が防衛線を敷いていたと考えられます。本書ではこれを「三の備　西坂の攻防」としました。

小杉右近が挟み撃ちを狙って、西坂の手前から一言坂下に迂回したのであれば、その道（間道）の痕跡が現存しているはずです。そこで実際に現地を歩いて、この道を探しました（巻頭の右下地図参照）。

天竜川の東に位置する磐田原台地は、三方ケ原台地の三分の一ほどの広さがあります。また、台地西側の南北に長く続く縁沿いには、多くの古い神社があります。

一言坂にはかつて金比羅神社がありました。さらにその北には山神神社、賀茂神社、岩田神社、稲荷神社、八幡神社が一直線上に並んでおり、間隔は八百メートルほどです。付近には坂があり、磐田原を東西に繋ぐ庶民の生活の道（間道）に繋がっています。

金比羅神社は浜松城への狼煙台の役割も担っていましたが、現在、社は失われており、跡地の痕跡のみが遺されています。

その八百メートル北には山神神社があります。小杉右近が犬居城主・天野景貫の案内のもと、一言坂下を迂回したとすれば、坂に最も近いこの神社横の宝坂を目指した可能性が高いと考えます。

西坂の手前を北に一キロほど進むと、山神神社の分社があります。その横の坂を上って台地に上がり、平坦な道を道なりに西へ七百メートルほど進むと、台地の縁《ふち》に前述の山神神社があります。

二つの神社の関係性から見て、当時は両社を結ぶ生活道（信仰の道）があったと考えられ、今も神社同士を繋ぐ緩やかなカーブの道が残っています。山神神社横の宝坂を下って平地まで下りて、台地の縁沿いに南へ八百メートル進むと、一言坂の坂下に出ます。坂を上れば、徳川軍を挟み撃ちにすることができます。この道を実際に歩いたところ、所要時間は五十分（四キロ）ほどでした。

小杉右近の挟み撃ちの逸話が、事実だった可能性を感じさせる道です。

張り巡らされていた生活の道

磐田原台地の三倍もの面積がある三方ケ原台地にも、多くの上り坂がありました。代表的な坂だけでも、宇藤坂、欠下坂、滝洞坂、休兵坂、祝田の坂などの名前が現代に伝わります。これらの上り坂の先には、三方ケ原台地を東西に繋ぐ無数の生活道（間道）が存在していたと考えられます。

三方ケ原の戦いがあった頃は現在と異なり、追分から気賀に直接向かう県道二六一号線はありませんでした、当時存在していたのは、追分から祝田の坂を下り、一旦金指に出て気賀に向かう現在の県道二五七号線だったとされています。

では、現在の二六一号線となっている道筋が、当時は無かったのでしょうか。

追分から二六一号線を北西に向かって辿ると、和知大谷川の下り上りがあり、その先に信玄が二週間ほど陣を敷いたとされる刑部砦（陣の平）があります。ここが三方ケ原台地の北の端であり、その先から下り坂に入ります。途中には八幡神社、陣座ケ谷古墳、浅間神社があり、標高差五十メートルほどを下り切ると刑部城に至ります。

坂の半ばにある陣座ケ谷古墳は、千五百年前の前方後円墳であり、古代から続く人々の生活を感じさせます。さらに、刑部城の脇には都田川が流れており、対岸には気賀の町が広がっています。

この気賀の人々は戦国当時、曳馬（浜松）方面に向かうときに、わざわざ金指まで迂回したのでしょうか。

千年以上、人々が暮らしてきた土地ですから、祝田の坂のような生活用の細道があったと考える方が自然ではないかと思います。

途中に和知大谷川という障害はありますが、困難といえるほどの高低差ではありません。

当時、荷車は普及しておらず、荷物の運搬は荷馬を使いました。和種の小柄な馬が通ることができる細道さえあれば武田軍は移動できます。現代とは異なり地図のない時代でしたが、数多くの生活道が張り巡らされ、庶民はたくましく生きていたと考えられます。本書は、後の姫街道となる県道二六一号線に類する生活道（後の本坂道・姫街道）や、台地を東西に結ぶ多くの生活道があったことを前提にして書き進めました。

十六　「二俣城の戦い」の時、信玄はどこにいたのか

有力な亀井戸城本陣説

一言坂での戦いの後、武田軍は二俣城を攻撃するため、見付と二俣を結ぶ道（現在の県道44号線の前身）を北上します。天竜川を渡る池田の渡し船は、徳川方に押さえられた後、対岸に隠されたと考えられ、渡河することはできなかったと考えられます。

途中にある匂坂城を押さえた信玄は、この城に一門衆の穴山梅雪配下の兵を入れて、渡し船による天竜川渡河を阻止させます。さらに北にある標高百三十六メートルの社山城を押さえ、全域の眺望を確保しました。信玄は遠州侵攻に当たって、必ず渡らなくてはならない天竜川の渡河地点を事前に調べさせ、浅瀬があって歩いて渡河できる合代島付近に本陣を置くことを、当初から決めていたと考えられます。

合代島で武田軍は、大きく二つに兵を分けました。一つは武田勝頼を総大将とし、武田信豊、穴山梅雪らで構成された二俣城攻撃部隊。もう一つは、天竜川東岸の合代島の信玄本陣を守り、浜松城の徳川軍に備える馬場信春、高坂弾正らの部隊です。

この時、信玄が合代島のどこに本陣を置いたのかは、記録が残されておらず定かではありません。

歴史学者の高柳光壽氏は、昭和三十三年（一九五八）の著書「三方原の戦」の中で、社山城と推定していますが、便の悪い山城の社山城に本陣を置くのは不自然です。

現在、社山城の麓にある慈眼寺は、天正十四年（一五八六）の建立であり、当時はありませんでした。

昭和五十三年（一九七八）から五十五年にかけて行われた静岡県中世城館等分布調査では、二俣高校の教諭太田裕治氏が、亀井戸城の遺構の存在を指摘しています。また、信玄がこの付近の地名にある「野辺」に陣を張ったという記録があることなどから、歴史学者の小和田哲男氏は著書「三方ヶ原の戦い」の中で、亀井戸城こそが信玄が本陣を置いた場所であるとしています。

亀井戸城は、天竜川が見渡せる磐田原台地の西端に位置し、横を流れる一雲済川を外堀に見立てた平山城です。天竜川を歩いて渡ることができる浅瀬「川道」の正面に位置しています。

現在遺されている亀井戸城の遺構には、武田流の改造跡が見られません。あくまでも二俣城を攻める間の短期間（結果として二カ月）の活用であり、今川時代の旧塁や古墳をそのまま利用して陣を敷いたものと考えます。

この城の利点は、鳥羽山砦、神田山砦、社山城の眺望地点を繋ぐ線上にあるため、各城や砦を狼煙で繋ぐことにより、全軍を速やかに動かすことができることにあります。さらには、東に半里ほどの位置に仲明城があり、亀井戸城の背後を守る拠点として活用することもできます。家康の援軍渡河を阻止し、二俣城攻めの指揮を執るのには最適な場所といえるでしょう。

武田軍は天竜川東にある徳川方の多くの城を陥れてはいたものの、久野城や掛川城は落とせていませんでした。そのため、今川義元が討死した桶狭間のような万が一の奇襲攻撃に備え、万全の態勢で亀井戸城に本陣を敷いたと考えます。

しかし、天竜川の流れは雨期の大雨により変化し、浅瀬の位置や中洲の形もその都度変わるため、武田軍はその時点で大軍が素早く渡ることができる川道までは見極めてはいなかったと考えられます。

この時の信玄の戦術は巧妙でした。徳川軍による天竜川渡河さえ阻止すれば、家康は二俣城に援軍を送ることができません。

そこで、「仏坂の戦い」を経て井伊谷まで進出していた山県昌景に、度々三方ケ原へ兵を向けさせることにより、家康を牽制しました。

とはいえ、家康も手をこまねいて傍観していたわけではなく、武田軍が二俣城を攻めていた二カ月間、二俣城への援軍を試みてはいました。「甲陽軍鑑」には、この時の家康の作戦行動が書かれています。

「甲陽軍鑑」における合代島の渡河部分を抜粋

家康後詰の押えに馬場美濃守手勢組添えて、雑兵七百余り小田原氏政衆、千、合わせて千七百余り。次は御籏本組添えて、四千余り、これは浜松の押えなり。

然れば家康、八千の人数をもって後詰と見えつるが、川をうち越え、早々引上げる。馬場美濃守、信玄公御前へ参り、申さるゝは、天龍渡り、内々絵図をもって馴らしの時、沙汰仕り候えども、浅き深きは更に見及ばざる所に、家康越したるを能く見て候えば、一段浅く相見え申す。若武者ゆえ、川を渡りて見せたると、申し上げらるゝは、もっともの儀なり。


この文章の大体の意味は次の通りです。

家康の後詰（援軍）に備えて、馬場美濃守の手勢七百余りと、北条からの援軍千と合わせて千七百を配置していた。これに信玄の旗本四千を、浜松の押さえとして（合代島周辺に）配置していた。

家康が八千の兵で後詰として現われ、天竜川を渡ろうとしたが早々に引き揚げた。馬場美濃守が信玄公の御前で申し上げるには、「天竜川の渡河については、兼ねてから絵図によって検討を重ねていましたが、浅い場所と深い場所がしっかり確かめられずにいました。ところが家康が川を越えて退くところをよく見ておりましたので、一段と浅い場所が知れました。家康は若武者（若造・未熟者）ゆえ川を渡って川道を見せてしまったのです」と申し上げた。もっともな事だった。

武田方に川道を知られる

当時は、堤防による治水が未完だったため、天竜川の川幅は広大でした。

家康は二俣城を助けるために、山県昌景軍を警戒しつつ、全軍を率いて合代島の対岸まで兵を進めました。しかし、社山城や神田山砦、鳥羽山砦などのすべての眺望地は武田方に押さえられていたため、敵の布陣を確かめるべく、偵察隊に川を渡らせ、対岸近くの中洲まで進ませました。武田の大軍が対岸に展開しているという報告を受けた家康は、やむを得ず作戦を断念して撤収を命じました。

一方、この徳川の動きは、社山城や神田山砦にいる武田軍から丸見えでした。その結果、武田側が掴み切れていなかった、複雑な川道を知られてしまいました。

この逸話は「甲陽軍鑑」のみに記載され、徳川方の編纂書には見られません。二俣城陥落の事実は隠すことはできませんが、その過程の出来事は、家康の名誉を汚さないように隠すことができます。

「甲陽軍鑑」から多くを引用している後年の編纂書で、この部分がゴッソリ抜けているのは、何かしらの情報操作があったものと推測できます。

配下の城が攻められている時に、主君が援軍を出さなければ、家臣たちの信頼を失い、その名に傷がつきます。

家康は二俣城の攻防戦において、信玄に翻弄され、天竜川を渡ることができなかったばかりか、敵に川道を教えてしまうという失態をも演じました。信玄に「若武者」と未熟さを指摘されたこの出来事は、神君の名誉を著しく辱《はずかし》めるものであり、後年の編纂書で触れることは憚《はばか》られることです。

「磐田原の戦い」に続き、「二俣城の戦い」についても、家康の動向に関する情報操作があったことを窺《うかが》わせる逸話といえるでしょう。

十七　「仏坂の戦い」における信玄の巧みな戦術

家康による援軍を阻止

信玄は浜松城への包囲圧力を高めるために、長篠まで進出していた山県昌景軍に井伊谷方面への攻撃を命じました。

武田信玄の遠州侵攻の戦いの一つである「仏坂の戦い」は、徳川方が武田四天王の山県昌景に蹂躙《じゅうりん》された一方的な戦いでした。

伊平（浜松市北区引佐町伊平）の山中にある仏坂古戦場には、井平城主だった井平直成ほか、徳川勢八十八名の墓と伝わる「ふろんぼさま」があり、戦いの様子は今も地元で語り継がれています。

「甲陽軍鑑」は高坂自身が見聞きした出来事のみを口述したものであり、同時期に伊平で山県昌景と山家三方衆が徳川方と戦った「仏坂の戦い」には一切触れていません。

「甲陽軍鑑」により、一躍注目を集めた「一言坂の戦い」に比べ、「仏坂の戦い」は知名度がそれほど高くない戦いです。

しかし、家康にとっては、援軍を出すことができなかったために多くの徳川勢が討死した痛恨の負け戦でした。

伊平は遠江国の最も北に位置し、三河国との国境にあります。戦いは二俣城攻めと並行して行われたため、家康が援軍を送れば、合代島に陣を張る武田軍に渡河されて回り込まれ、挟み撃ちにされる恐れがありしかありませんでした。来るべき信玄との決戦に備え、兵を温存するためにも、家康は泣く泣く井伊谷方面を見殺しにするしかありませんでした。

この戦いの後の山県勢の動きに注目すると、信玄の強《したた》かな戦術が見えてきます。

山県昌景は「仏坂の戦い」の後、二俣へ向かい信玄本隊と合流したという説がありますが、本書ではそれを採っていません。「甲陽軍鑑」に記されている「二俣城の戦い」には、山県昌景は一切登場していません。

二俣城攻めは勝頼以下、十分な兵力（二俣籠城軍の十倍ほどの兵力）で戦っており、合流する必要がないからです。また、籠城戦である二俣城の戦いにおいては、山県勢の騎馬隊の機動力が発揮できません。むしろ気賀周辺に留まる方が、様々な牽制の役割を果たすことができるのです。

松平忠明が編纂させた「当代記」は、信玄の遠州侵攻の道筋を「高天神城表」からであると言い当てており、この項目以外にもいくつか他の編纂書には見られない内容が含まれています。

その「当代記」には、「仏坂の戦い」の後の、昌景の動きが記されています。

「山縣三郎兵衛、遠州の山家井平へ打ち出で陣取る。日々祝田《ほうだ》へ打ち出で相備え、これ二俣へ敵、人数出すまじきの計《はか》りなり、この時、家康公、井平の人、数を打ち果たされ、こと安ずるべき処に、信玄と合戦これ有るべき内存《ないぞん》にて、この儀に及ばれざるか。家康公、已来《いらい》後悔し給う」

この文章の意味するところは次の通りです。

山県勢は祝田の坂から三方ケ原へ度々上り、家康が二俣城へ援軍を出せないように牽制していた。そして家康は「仏坂の戦い」のとき、来るべき信玄との決戦のために、援軍を出せず多くの味方を失ったことを後悔していた。

信玄の策略により、家康は次第に追い込まれていきました。

この「仏坂の戦い」と、二俣城援軍を阻止しようとする昌景の動きは、戦術的に理にかなっており、本書の書こうとしている方向性と合致しています。

信玄の目的は、家康に二俣城への援軍を送らせず、見殺しにさせることでした。仏坂の井平勢に続いて、二俣城も見捨てさせれば、家康に対する遠江国衆の信頼を地に落とすことができます。国衆が家康の配下となったのは、本領安堵をしてもらうことだけではなく、いざ攻められたときに援軍を出して守ってくれる主君に従い、お家の安寧を計ろうとするためです。より強い武将に属することこそが家を守ることに繋がります。援軍を出せない家康は、頼りにならない武将として見限られてしまうのです。

さらには、浜松城へ籠城する消極的な選択肢を断たせ、三方原での野戦に引きずり込もうとする信玄の巧みな戦術が垣間見えます。

遠江国における、信玄の九十日間

信玄が指揮する武田本隊が、遠州侵攻の際に遠江国に留まった日数は、大井川を渡って小山城方面に進出したであろう元亀三年十月十日から、三方ケ原の戦いを終えて刑部砦に二週間ほど滞陣後、三河国に向かった元亀四年一月七日まで、延べ九十日と推定します。

まず、元亀三年十月三日、甲府の躑躅ケ崎館を発した信玄が、田中城（藤枝市）で兵を整えて、十日に大井川を渡って遠江国に入ります。滝堺城（牧之原市）で一泊、翌朝遠州木原に向って芝原（袋井市）で一泊、翌十二日に、木原（袋井市）に陣を敷いて一泊と考えられ、ここまでで三泊となります。

その夜、「一言坂の戦い」となります。

そして、夜が開けると木原を発って、その日の内に合代島の亀井戸城に入り、十二月二十二日の「三方ケ原戦い」の早朝まで滞在します。この間の七十日を亀井戸城で過ごしたと考えられます。

さらに十二月二十二日の「三方ケ原の戦い」を経て、二十四日に刑部砦（陣の平）へ移動、ここで年を越して元亀四年一月八日朝、三河国に向かいます。この間十七泊であり、総計九十泊となります。

若干の誤差はあるかもしれませんが、整理すると次のようになります。

牧之原市	（滝堺城一泊）	一泊
袋井市	（芝原一泊、木原一泊）	二泊
磐田市	（合代島七十泊）	七十泊
浜松市北区	（根洗二泊・刑部十五泊）	十七泊
合計九十泊		

信玄自身は合代島での七十日間、亀井戸城から動くことはなく、この地で「二俣城攻撃」と「仏坂の戦

い」を総指揮し、来るべき家康との決戦の作戦を練りました。さらには、山県軍を動かして家康に包囲圧力を加え、徳川軍に睨みを利かせて渡河を阻止しています。

すでに体調を崩していた信玄は、後継者の勝頼を二俣城攻撃の総大将に任命しました。「甲陽軍鑑」の記述内容によると、二俣城攻めは武田信豊（信玄の甥）、穴山梅雪（同じく信玄の甥）らに補助させ、武田四天王（馬場、山県、内藤、高坂）の姿は見られません。この時、馬場と高坂は戦いに参加せず、合代島に詰めていました。

また、山県は「仏坂の戦い」の後、気賀方面にいたと考えられ、「甲陽軍鑑」にも二俣城の戦いに山県は登場していません。内藤昌豊は記述が無いため不明ですが、同じ理由により二俣城の戦いには参加していないと考えます。

二十六歳の勝頼にとって、二回りも年上の武田四天王は扱いにくい家臣であり、彼らの力を借りずして城を落とさせることで、次期当主としての求心力を高めようとしたと考えられます。

こうした背景もあってか、信玄は二俣城を落とすまで、亀井戸城で二カ月にわたる滞陣を余儀なくされました。

滞在が長くなった理由は、何よりも二俣城守備隊が頑強に籠城を続けたことです。これは武田軍の進攻を前にして、守備兵を遠江国衆から忠誠心の強い三河衆（岡崎衆）に置き換えたことが功を奏したと思います。

この二俣城の長い籠城は、信玄の遠州侵攻作戦を大きく遅らせました。二俣城が開城したのは新暦の一月二十二日であり季節は真冬になっていました。

長い滞陣は、体調を崩していた信玄の病状をさらに悪化させます。

長く病を患っていた信玄の目的は上洛ではなく、遠州攻略だったと考えます。そのためには、家康に籠城をさせずに、浜松城から三方ケ原台地の奥深く誘《おび》き出して一気に決着を付けなければなりませんでした。

家康が、消極的な籠城戦を選択すれば、遠江の国衆の心は離れ、見限られる恐れがある。そう家康に思わせるよう、信玄は心理戦を仕掛けたのです。

信玄の思惑通り、徳川方の重要な拠点である二俣城が落ちると、形勢不利と見た遠江国衆は武田へと傾いていきました。

十八　三方ケ原に向かった武田軍の道筋

主戦場は小豆餅から根洗へ

「三方ケ原の戦い」の主戦場がどこだったのかは、未だに特定されていません。

明治四十三年にまとめられた陸軍参謀本部編「日本戦史　三方原役」によれば、追分の南である小豆餅、千人塚辺りで戦闘が行われていたとされ、千人塚が「三方ケ原の戦い」で討死した者たちを葬った塚だと思われていました。小豆餅は追分分岐点の少し南、浜松城から五キロ程北の地にあります。この小豆餅からさらに五キロほど北にあるのが根洗です。

この小豆餅周辺が主戦場であるというのが長らく通説になっていましたが、昭和三十三年（一九五八）に発表された高柳光壽氏の「戦国戦記　三方原之戦」によって「戦いの始まりは小豆餅周辺ではなく、三方ケ原台地の北端にある祝田の坂を上った根《ね》洗《あらい》付近」だとする新説が発表され、これが現在の有力説になっています。

さらに千人塚に関しても、昭和四十年（一九六五）に浜松市教育委員会による発掘調査が行われ、塚ではなく五世紀ごろの古墳であることが確認されています。

武田軍はどこから台地に上がったのか

戦いの主戦場ですら確定されていませんから、武田軍がどの道筋を通って三方ケ原に上ったかは、さらに分かっていません。諸説ありますが、一般的に語られているのは、合代島を発した武田軍は、全軍一体を成して南下。先鋒は本坂道に入って宇藤坂を、別の隊はそのすぐ北側にある欠下坂を上がり、本坂道で合流した後、隊列を整えて根洗方向に向かったとするものです。

これに対し、「当代記」などには、分散して三方ケ原に上がったという説が見られます。高柳氏は、「戦国戦記 三方原之戦」で、「有力な敵の前を、兵力を分散して通過しようとしたなどと考えることは、当時の戦術では、甚だ不合理といわなければならない。（中略） これは全兵力をまとめて三方原の台地へ上ったと考えるのが至当である」としています。

高柳氏が一体南下説を主張した当時、信玄は青崩峠（兵越峠）から全兵力を率いて遠江へ侵攻したとする説が通説となっていました。

しかし、その五十年後に、武田軍が遠州に侵入するに当たって、信玄本隊は高天神脇を通って遠江に侵攻したことが一次資料によって裏付けされ、現在の有力説となっています。

三方ケ原の主戦場が小豆餅付近であれば、武田軍は間違いなく全兵が一体となって南下したでしょう。しかし、三方ケ原台地の北端にある根洗が主戦場の場合は、果たして全兵力を大きく南に迂回する必要があったのでしょうか。

武田軍の二万余りの隊列は、二列で進軍したとしても三十キロほどの長い列になり、伸びきってしまいます。これを根洗方向に進行させ、魚鱗の隊列に整えるにはかなりの時間を要します。

この伸びきった隊列に対して、家康が千名ほどの旗本先手役を率い、信玄一点のみを目標に絞って突入すれば、第二の桶狭間になってしまいます。信玄がそのような危険を冒すとは考えられません。

また、家康の立場で考えると、もし武田軍が兵を連ねて坂を上ったのなら、その時点で一撃を加え、直ちに浜松城に籠城する方法もあったはずです。局地戦で成果を挙げれば、遠江国衆に対する面目が立つからです。

高柳氏が主張するように、主戦場が根洗付近だったとすると、進行ルートも再検討する必要があると考えます。

信玄としては、何としても野戦に持ち込み、家康を浜松城から誘《おび》き出さなければなりませんでした。そのためには、浜松城に引き返せない三方原の奥深くに家康を誘い込む必要があります。全兵力を連ねて本坂道を進み、武田軍の全容を家康に晒《さら》せば、家康は戦意を喪失して浜松城への籠城を選択する可能性があります。家康を誘き出すためには、敵に付け入る隙を見せなければなりません。

家康は相次ぐ敗戦により、遠江の国衆に見放される危機に追い込まれています。この汚名を返上するには、信玄と一戦交えるほかありません。とはいえ、野戦による全面決戦を行えば、徳川家の滅亡に繋がりかねないのも事実です。そのような選択をするほど、家康は愚かな武将とも思えません。

注目に値する「当代記」の記述

本書では「甲陽軍鑑」と、「当代記」における三方ケ原に関する部分を、有力な情報源と位置づけています。

信玄が「高天神表」から遠州へ侵攻したと記しており、江戸時代の編纂書の中で唯一、最新の学説と一致しているのも「当代記」です。

また、信玄の三方ケ原への侵攻ルートに関しても、唯一、「十二月同廿二日、信玄、都田打ち越し、味方ヶ原へ打ち上り」としています。これは一体南下説ではなく、少なくとも信玄本隊は都田方面から三方ケ原へ上ったことを示唆しています。主戦場が根洗の場合は、この方が理にかなっています。

高柳光壽氏は、「当代記」に関する評価を、「信玄は都田を打越して三方原へ打上げた、と書いている。この書は比較的良質ではあるが、京都で風説を書いたものであり、遠方のことはかなり誤りがある。そしてこの記事は風説というよりも、地理的知識から、かくあるべきだ、というので書いたものではないか、と思う。これが誤っているのはいうまでもない」として、あくまでも武田軍は三方ケ原に向かって全軍が連なり、南下したと主張しています。

そもそも、「三方ケ原の主戦場は小豆餅ではなく根洗付近」という新説を発表したのが高柳氏ですから、この一体南下説は広く受け入れられ、現在も有力説となっています。

寛永年間に成立したとされる「当代記」の三方ケ原に関する部分には、他の書物にはない情報が含まれています。「当代記」の編纂者・松平忠明は、何らかの有力な情報筋があったからこそ高天神表の情報を掴んでいたと考えます。

松平忠明は後に姫路城主となり、江戸幕府の宿老として幕政に重きを成すことになる人物です。天正十六年（一五八八）に家康の養子となり、松平姓を名乗ることを許されました。仕えたのは家康、秀忠、家光で、生没年は一五八三年～一六四四年です。

一方、忠明と同じく秀忠に仕えた松平康安の生没年は、一五五五年～一六二三年です。康安は「二俣城の戦い」と「三方ケ原の戦い」に参加しており、後に御伽衆として秀忠に合戦話を披露しています。

忠明と康安は同じ時代を生きています。御伽衆の康安が、忠明に対して直接講釈したかは分かりませんが、歴史書の編纂を目指していた忠明が、「三方ケ原の戦い」に直接参加した徳川方の御伽衆や、徳川家に仕官した武田方の御伽衆へ聞き取りをする機会はあったはずです。

高柳光壽氏は、「当代記」を「京都で風説を書いたものであり、誤っているのはいうまでもない」としていますが、本書は、「三方ケ原の戦い」の部分に関して、「当代記」を一級の資料と評価しています。それは編者の松平忠明が何らかの有力な情報源を持っていたと考えているからです。

これにより第一章では、現在有力である「信玄本隊は全兵力が一体となって三方原の台地へ上った」とする説を採用せず、武田軍は複数隊に分かれ、少なくとも信玄本隊は北側の都田方面から三方ケ原台地に上がったとしました。

休兵坂という名の坂が、浜松市浜北区平口にあります。この付近で、武田兵が兵を休めて湧き水で喉を潤してから、三方ケ原台地に上がったという言い伝えが残されています。この伝承は、武田軍が何隊かに分かれて軍を進め、複数の場所から台地に上がった可能性を窺《うかが》わせるものです。

現在は開発が進み、当時の面影はまったく残されていないものの、かつて三方ケ原台地には多くの生活の道（間道）があったと考えます。馬が通れる程度の道幅さえあれば、一列で武田軍を展開させることができたはずです。

信玄は合代島の亀井戸城に二カ月ほど在陣しています。この間に密偵を放ち、三方原にある間道を隈なく調べ上げる時間は十分にあったと考えます。

十九 「甲陽軍鑑」から読み解く、三方ケ原合戦の流れ

序盤は善戦した徳川軍

では、「三方ケ原の戦い」は、どのような戦いだったのでしょうか。

第一章で戦いの模様を描く際、現代に伝わる徳川方の編纂書は、創作部分が多く、信用度は低いと判断しました。徳川軍は暗闇の中の敗走戦となったため、正しい状況把握ができたとは思えないからです。そのため本書は、その時現場にいた「甲陽軍鑑」の口述者である高坂弾正の文章を引用して構成しました。

「甲陽軍鑑」から、三方ケ原の戦いの部分を抜粋

小山田兵衛尉内の、上原能登守、味方ヶ原、さ（それ）へ乗り下ろし、犀ヶ谷の方より、家康人数を見てあれば、九手に備え、ただ一皮《ひとかわ》なり。

信長加勢の者どもは、人数多しといえども、旗色澄やかにして、しかも速く敗軍の色付いたり。馬場美濃と小山田と打ち連れ、信玄公へこの事を申し上げる。小山田申上げるは、敵の人数、ただ一重皮《ひとえかわ》に候て、味方五分一と申す。

小山田兵衛尉に合戦始めを下され候時、申《さる》の刻に成りて、合戦始まるは種々御遠慮のゆえなり。家康衆流石《さすが》の名を得たる弓取りの家中と思《おぼ》しくて、九手が八手にて、鑓《やり》を合わせ候。中にも山縣三郎兵衛手へは、家康籏本を以って懸って、三町余り退《し》さらする。三河山家三方衆は、日来《ひごろ》家康衆の手並みを存じたる故、三郎兵

衛が先から、四町ほど足並みにて逃げ掛かる。家康をば聟《おばむこ》の酒井左衛門尉も、山縣手へ掛かる。さには、小山田衆、三町ほど追い散らされ、馬場美濃、盛り返し、事故《ことゆえ》なく勝ちたり。さて、山縣日来《ひごろ》に違い、大崩れなるべきを、勝頼公、大文字の小旗を押し立て、横筋違《すじかい》に入れ立て、家康を切り崩しなされ候故、山縣衆も進み、酒井左衛門尉手へ掛かる時、信玄公、御諚《ごじょう》を以って、小荷駄奉行の甘利衆、横鑓を、合わせず崩れたり。

信玄公御籏本、脇備え、後備え、少しも働かず、見物の如くなれば、終に家康後れを取り、敗軍《まけいくさ》なり。この合戦は先手、二の手、合わせて十四組斗《たたか》いにての、信玄公御勝利なれば、定めて信長、謀《たばか》りて、今切れの辺りに罷り有り。二の合戦仕るべしと仰せられ、脇備えを先へ繰り、後《うしろ》備えを脇に繰り、捨て篝《かがり》を焚き、本篝《ほんかがり》を用いなさるれども、敵掛かることなし。

元亀三年（一五七二）、壬申極月《ごくげつ》廿二日、遠州味方ヶ原の御一戦これなり。五十二歳の御時、くだんの如し。

現代文による要約は次の通りです。

①（先陣の大将）小山田信茂の配下である上原能登守が徳川軍を偵察したところ、九隊（一隊は千から千二百と考えられる）で編成されており、厚みの無い（一皮）の薄い布陣であった。信長の援軍は、人数は多いが旗色が悪く（隊列が整っておらず）、敗北の兆しがあった。

②馬場美濃守と小山田信茂は、敵の人数が一重皮（鶴翼の陣を意味する）であり、味方の五分一の兵力であると信玄に報告した。

③信玄が先陣の小山田信茂に、攻撃の開始命令を出したのは、申《さる》の刻《こく》（午後四時ごろ）であった。
④家康勢は、さすがに武勇の名高い家中であり、九隊のうち八隊が戦いに参加した。（一隊参加していない隊があり、織田の援軍佐久間信盛勢と考えられる）
⑤中でも山県昌景勢に対しては、家康の旗本（旗本先手役・本多忠勝勢と考えられる）が打ち掛かり、三町（三百メートル）余り後退させた。
⑥三河国の山家三方衆は、日頃から家康の旗本先手役の手強さを知っているため、山県勢が後退する前に、さらに四町（四百メートル）ほど逃げた。
⑦家康の叔母婿である酒井左衛門尉（忠次）も攻め掛かった。左翼では小山田勢が三町（三百メートル）ほど追い散らされたが、馬場美濃守が加勢して盛り返し、逆転した。
⑧山県勢は日頃とは違い、大きく崩れかかろうとしたが、勝頼公が大文字の旗を掲げて横筋違《すじかい》から加勢して、（さすがの）徳川勢（本多勢と考えられる）も切り崩された。
⑨山県勢も反撃に転じて酒井忠次勢に打ち掛かった時、信玄公の命令によって小荷駄奉行の甘利勢が横槍を入れて加勢したため酒井勢は崩れた。
⑩（後方の）信玄公の御旗本、脇備え、後備えは戦いに参加しないまま見物していただけであり、ついに徳川軍は敗走した。
⑪この合戦には、先手と二の手（先陣と二陣）の十四隊のみが参加し、信玄公は勝利した。
⑫信玄公は、信長が今切（浜名湖の湖口）付近に待機していて、第二の合戦を企んでいるはずだと仰せられた。

脇備えを正面に繰り出し、後備えを脇備えに配置換えをし、捨て篝火《かがりび》を焚き、本篝火《ほんかがりび》を用いて待ち構えていたが、敵は再び攻めては来なかった。

この記述は、徳川方によって編纂された徳川びいきによるものではなく、武田方として参戦していた高坂弾正の口述によるものです。そのため、客観的に事実に近い内容を書き記していると考えます。記述内容を読むと、「三方ケ原の戦い」の初戦は徳川方が武田軍を押し込んでいたことが分かります。しかし、多勢に無勢であり、次第に武田軍に押し込まれ、守りが崩壊していく過程が読み取れます。

この時、高坂弾正は信玄の本陣近くにいて、伝令部隊である百足衆《むかでしゅう》が次々もたらす戦況報告から、戦いの状況を知り得ていたと考えられ、この「甲陽軍鑑」の文章を第一章では全面的に採用しました。

二十　家康は、なぜ籠城しなかったのか

「若気の至り説」への疑問

「三方ケ原の戦い」における最大の謎は、なぜ家康が無謀にも全軍を挙げて、浜松城を打って出たのかです。

戦いから四百五十年が経過した現在、この謎を解くことは残念ながら不可能です。

本書の第一章では以下の考え方で物語を構成しました。

この時の家康は、一言坂、仏坂、二俣城の前哨戦で援軍すら送れず、戦わずして負け続けました。そのため、遠江国衆の信頼を失いかけており、籠城という消極的な作戦を取りにくくなっていました。とはいえ、全軍で城から打って出て、徳川軍壊滅の危険を冒すほど、家康は無能な武将ではありません。

追い込まれていた家康が危険を冒してでも打って出たのは、僅かでも勝てる可能性を感じたか、武田軍の配置をまったく掴んでいなかったからと考えます。伝えられているような家康の若気の至りによるものとは考えられません。この場合の勝てるとは、危険な全面対決ではなく、自軍の安全を確保しながら武田軍と小競り合い程度の局地戦で成果を収めた後に、籠城戦に持ち込み、国衆に家康の心意気を見せることです。

すでに信長からの援軍の一部である三千の兵が到着しており、ここは籠城して信長のさらなる援軍を待つか、もしくは武田軍が浜松城を通り過ぎて西に向かった場合は、三河や尾張の国境辺りで織田軍との挟み撃ちを狙うのがベストな選択です。

しかし、家康は城を打って出ました。この常識では考えられない行動は、永禄四年（一五六一）の第四次「川中島の戦い」を連想させます。

この時、信玄は、上杉謙信が陣を張る妻女山に向け、別動隊に夜襲をかけさせる啄木鳥戦法を採用しました。

しかし、それを察した謙信は密かに山を下ります。川中島を包む深い霧が晴れると、武田軍の目の前には、いるはずのない上杉軍が布陣していました。信玄は自身の策略をまんまと逆手に取られたのです。

「三方ケ原の戦い」は、さすがにまだ明るい時間帯の戦いですから、川中島の再現は不可能です。しかし、謙信に嵌められた信玄が、今度は突然、家康の目の前に現れたとしか思えないような計略を見せたのが、三方ケ原での戦いでした。

「三河物語」では出陣の理由を、「わが屋敷の背戸を踏み切って通ろうとする敵をとがめだてせずに通すことはできない、合戦せずにおくものか」と言って飛び出していったとする、家康の若気の至りによるものとしています。

これは三つの前哨戦で信玄に負け続けた家康が、さらに三方ケ原で信玄に一杯食わされたとあっては、徳川の汚点になるためだと考えられます。神君家康は敗れたとはいえ、信玄を恐れていなかった勇ましい武将だと位置づけるため、情報操作を行ったのだと思います。

さらに、第一章で「三方ケ原の戦い」を描こうとしたとき、家康が鶴翼の陣で信玄と対峙したという構図は、どう考えても見いだすことができませんでした。どんなに三河武士が屈強でも、倍以上の武田軍と野戦で正面から激突して勝てる見込みはまったくありません。

後継ぎの信康を岡崎城に置いているとはいえ、家康が冷静さを失って多くの配下を危険に晒し、自身が討死する危険が極めて大きい選択をするとは、到底思えないのです。

嵌《は》められた家康

前出の「当代記」では、「三方ケ原戦い」の発端を、「家康公出馬の処、不慮《ふりょ》に合戦に及び」としています。不慮とは「思いがけないこと、意外、不意」という意味の言葉です。

本書では、この「不慮の合戦に及び」との記述から、家康は武田軍に対して最初から鶴翼の陣で対峙しようとしたのではなく、突然の武田軍の出現に、緊急対応として兵を展開し、結果として鶴翼の陣のような形になってしまったと位置づけました。

ちなみに、徳川方の「鶴翼の陣」の出典は、「甲陽軍鑑」の三方ケ原の戦いの項における、武田方の物見の報告、「家康人数を見てあれば、九手に備え、ただ一重皮に候《そうろう》」によるものです。対する武田軍は全軍が追分まで南下し、大きく遠回りして根洗に「魚鱗の陣」を布陣したとされています。

長く伸びきった隊列を徳川軍に晒せば、横っ腹を突かれて桶狭間の二の舞になってしまいます。さらにこの長い隊列を根洗まで進め、魚鱗の陣に配置し直すのは相当な時間がかかります。

第一章では、武田軍を複数隊に分け、家康を誘き出す囮として本坂道を進ませた馬場勢四千と、魚鱗の陣の先鋒を担った小山田勢四千の、計八千が浜松城の家康を牽制し、その後方で勝頼勢他九千が間道を使って素早く中段に陣を構え、最後方に位置する信玄本隊六千が、北側の都田方面から進んだとしました。

さらに、これに気賀方面から本坂道上に進出した山県勢四千余りを加えて、魚鱗の陣を完成させたとしました。

その参考としたのが、「当代記」に書かれている「信玄、都田打ち越し、味方ヶ原へ打ち上り」と、「不慮に合戦に及び」の部分です。

三方ヶ原の後方に信玄が陣を構えていることを、家康が知らなかったとする以外に、あのような無謀な戦いをするとは考えにくいものがあります。家康はまんまと信玄の罠に嵌ってしまったのだと思います。

結果、家康は多くの部下を失い、命からがら浜松城に逃げ帰りました。それが、江戸時代になって書かれた編纂書では、東照大権現となった家康の名誉を守るため、信玄に策略で誘き出されたのではなく、むしろ積極的に打って出たと置き換えられたのだと思います。たとえ大敗北であっても、神である家康は武将として信玄と互角でなければならないのです。あの信玄に、果敢に勝負を挑んで敗れたとする情報操作をしたものと考えます。

この情報操作により、なぜ浜松城から無謀にも打って出たのか、解けない謎となりました。

「戦に多勢無勢はない　天道次第」　三河物語

「我もし浜松を去らば　刀を踏み折りて武士を止むべし」　甲陽軍鑑

「いかに武田か猛勢であっても　城下を蹂躪して進むのを
居ながらに傍観している理由はない。戦の恥辱として　これ以上のことはない」　三河物語この言葉は、二〇二一年にリニューアルされた浜松城内に掲げられている言葉です。

歴史は、勝者に都合よく書き換えられることを常に頭に置いて読み解く必要があります。

二十一　信玄の健康状態

史料から病状を追う

「甲陽軍鑑」の口述者である高坂弾正は、信玄の健康状態についても、隠すことなく具体的に記していいます。信玄が遠州侵攻する元亀三年の前年、元亀二年（一五七一）と考えられる記述が見られます。

①品番三十七（北條氏政と和睦の事）
三年先（前）、辰の年。板坂法印、我が脈を取り、大事の煩《わずら》い有るべしと申すごとく、次第に気力衰え、心地よき事まれなり。か様にこれあらば、信玄在世、十年有るまじく候

三年前とは、永禄十一年（一五六八）であり、前年十月には廃嫡した嫡男義信が亡くなっています。さらにこの年の十二月、信玄は駿河侵攻を開始するなど、何かと心労が多い時でした。そういったこともあり、この時点で体調の異常が始まっていたとする記載が見られます。

②品番三十七（信長噂の事）
かくありて、信玄煩《わずら》い募《つの》らずして、存命さえこれあらば、天下に簱を立てん事、疑い有るまじく候、と仰せられ、来年は遠州御発向の御備え、定めあり

ここでも、体調の悪さが続いていることが示唆《しさ》されています。この翌年、信玄は元亀三年十月に遠州に侵攻し、「磐田原の戦い」「二俣城の戦い」「三方ケ原の戦い」に臨みます。

③品番三十九（人質取替ゆる事）
天正元年（一五七三）正月七日に、信玄公、遠州刑部《おさかべ》を御立ち有り。本坂を打ち越し、同月十一日に、三河野田の城へ取り詰め、攻め給う
信玄公、御煩《わずら》い悪しく御座候て、二月十六日に御馬入り

④信玄公御馬入りの事）
信玄公、癸酉《みずのとり》二月中旬に、御馬入り。四花《しか》の灸をなされ、御養生に種々御薬まいり、大形（大方）御病気平癒《へいゆ》成され候

「四花の灸」とは、灸のつぼの一つです。腰に近い背中の部分に四角い紙を貼って、その四隅に当たるところにすえる灸です。馬入りとは 大将が帰陣して、城の中に入ることです。この場合は、長篠城と考えられます。

⑤東美濃へ御出馬の事）
天正元年三月九日に、信玄公御煩《わずら》い能《よ》くましまして、御主殿まで御出成され、御庭築山に桜の 漸《ようよう》 開きた

るを御覧なされ、広縁に御立ちあり。古歌を吟じ給う」

⑥品番三十九（信玄公、御他界の事）
四月十一日未《ひつじ》の刻より、信玄公、御気相悪しく御座候て、御脈、殊の外速く候、また十二日の夜、亥の刻に口中に歯くさでき（いでき）、御歯五つ六つ抜け、それより次第に弱り給う。既に死脈打ち申し候につき、信玄公、御分別あり。各譜代の侍大将衆、御一家にも、人数を持ち給いぬ。人々悉《ことごと》く召し寄せられ、信玄公仰せらるは、六年先、駿河出陣まえ、板坂法印申し候は、膈《かく》と云う煩《わずら》いなりと云いつる。この煩いは工夫《くふう》積りて、心草臥《くたびれ》候えば、かくの如くの煩い有りと聞く。また信玄分別のことは、惣別五年已来より、この煩い大事と思い、判を据え置く、紙八百枚に余り、これ有るべくと仰せられ、御長櫃《ながびつ》より取り出させ、各《おのおの》へ渡し給いて仰せらるゝは、諸方より使札くれ候わば、返礼をこの紙に書き、信玄は煩いなれども、未だ存生《ぞんじょう》と聞きたらば、他国より当家の国々へ手をかくる者有るまじく候。某《それがし》の国取るべきとは夢にも存ぜず、信玄に国取られぬ用心ばかりと、何れも仕り候えば、三年の間、我れ死したるを隠して、国を鎮め候え

これらの記載内容から、信玄は死の六年前から体調を崩し、「膈《かく》」と診断されていたことが分かります。

そして、この病の原因は、思慮を重ね、心労が積もったことからとしています。当時の漢方医薬書「医学入門」によりますと「膈」の病とは、食べ物を飲み込むことができずに吐いてしまう病気であり、死の当日の記載で歯が抜けたとしていることから、胃癌が有力な死因のひとつと考えられます。

胃癌は、リンパ液を通じて口の中や顎《あご》の骨に転移し、歯の基礎となる海綿骨が壊されて歯が抜けることがあります。この信玄の病が、「二俣城の戦い」の時に、亀井戸城で二カ月間余剰の兵を動かさなかったことや、「三方ケ原の戦い」の後、浜松城への攻撃をしなかったこと、そして真冬の刑部砦で二週間もの長い滞陣をしたことなど、いくつかの不自然な行動に関係しているように思います。

「野田城の戦い」は、二月十六日に城兵の助命を条件に降伏開城したとされていますが、「甲陽軍鑑」では、同じ日に信玄が（長篠城へ）御馬入りしたとしています。

野田城攻めが始まったのは正月十一日ですから、これでは信玄は真冬の野田城攻めの陣中で、病と寒さに一カ月間晒《さら》されたことになってしまいます。

そのため、この時、野田城攻めの陣中にいたのは、影武者である実弟の武田信廉と考えます。「刑部砦から出立した信玄が、秘密裏にそのまま長篠城に入った」と本書が設定しているのも、そのような理由があるからです。嘔吐を繰り返していたであろう信玄は、伝えられているような太った体形ではなく、むしろ痩せていたと思われます。

当時の寿命が五十年程であったことを前提にすると、病を抱えた信玄の遠州侵攻が、上洛を狙った西上作戦だったとは考えにくいものがあります。

目的はむしろ遠江国を手に入れることであり、上洛はあくまでも信長包囲網を利用するための方便に過ぎず、遠州侵攻を有利に進めるための信玄の戦略だったと考えます。

信玄は今川義元亡き後、駿河国への侵攻を狙い、反対した長男義信を死に追い込みました。しかし、後を継がせようとした勝頼はまだ家臣の信望が薄かったため、次期当主に手柄を立てさせ、家中をまとめようとしたことも遠州侵攻の目的の一つだったと思います。

事実、「二俣城の戦い」では、勝頼を総大将として城攻めを任せています。

また、「三方ケ原の戦い」で実際に戦ったのは先陣と二陣のみであり、後方の部隊は戦局を注視していただけでしたが、信玄は勝頼勢を後方に布陣させることなく、前方の二陣に配置して実戦に参加させました。

自身の命が長くないことを知った信玄は、息子勝頼に武田軍の人心を掌握させるとともに、遠江国を手に入れ、安定的な基盤を引き継ごうとしたのだと思います。それは、まるで豊臣秀吉が幼い秀頼の行く末を心配し続けたような親の思いを感じさせます。

信玄は死に際して印判を押した八百枚の紙を用意し、これを使って存命を装い、三年間死を隠すようにと遺言しています。

自分の死が間もないことを知っていたからこそ、これらの印判を押した紙を用意していたのであり、そんな信玄が京都へ軍を進める「西上作戦」を考えていたとは思えません。

二十二　遠州に遺されている当時の資料

資料①　禁制《きんぜい》（朱印状）

「孫子の兵法」作戦篇　智将は務めて敵に食む
　　遠征軍を率いる智将は、できる限り敵地で食料を調達するように務める。

　通常、足軽などの兵士は、数日分の食料を自前で持参して戦に参加しますが、長期に遠征する場合は大名が食料を供給します。そのため、大名にとっても、戦には多くの軍資金が必要になります。

　貧しい農家の足軽にとって、戦に参加する楽しみとはたらふく飯を食べられることであり、戦いに勝った後の略奪も大きな目的の一つでした。そのため、寺社や村落などは、兵士の乱暴狼藉などから身を守るために、侵略してきた軍勢に金銭を支払ったり、兵糧などを提供したりして安全を買いました。

　この約束事を文書に書き記したのが「禁制」です。この禁制の日付を辿ることにより、元亀三年の武田本隊の遠江への侵入路が、青崩峠ではなく大井川方面からと裏付けられました。禁制は、当時確実に組織化されていた寺社や神社に対して発行され、檀家や氏子から効率的に金品を吸い上げていました。

※「朱印状」や「禁制」に書かれている日付は、武田軍の動きの目安にはなりますが、本隊そのものが通過した日付を示すものではなく、後続の兵糧調達部隊等が発行した日付と考えるべきだと思います。

〔吉田町の朱印状〕

榛原郡吉田町に伝わる朱印状は、元亀二年三月、武田信玄が遠江に侵入しようと大井川を渡って山崎の砦を奪い、これとほぼ同時に遠州で発給した最初の朱印状とされています。

この朱印状が発給せられた川尻は、小山城の東方・大井川河口にあり、武田氏がその水軍と連携しつつ、小山・滝堺・相良へ海岸沿いに中遠に侵攻していく道を示すものです。

吉田町川尻の朱印状
吉田町ホームページから承認を得て転載

定

其方《そのほう》知行《ちぎょう》之《の》内《うち》　船壱艘《ふねいっそう》諸役《しょやく》
被成《なさる》御免許《ごめんきょ》者也《ものなり》　仍《よって》如《くだんの》
件《ごとし》
土屋右衛門尉　奉之《これをほうず》
元亀二年　辛
未
三月廿十五日
斉藤四郎右衛門殿

［白羽神社の信玄印判状］

御前崎市白羽にある白羽神社に伝わる印判状（安堵状）は、元亀三年十月十四日の日付です。一言坂の戦いが十月十三日ですから、武田軍の御前崎方面から見付への兵の動きと、時期が合致しています。

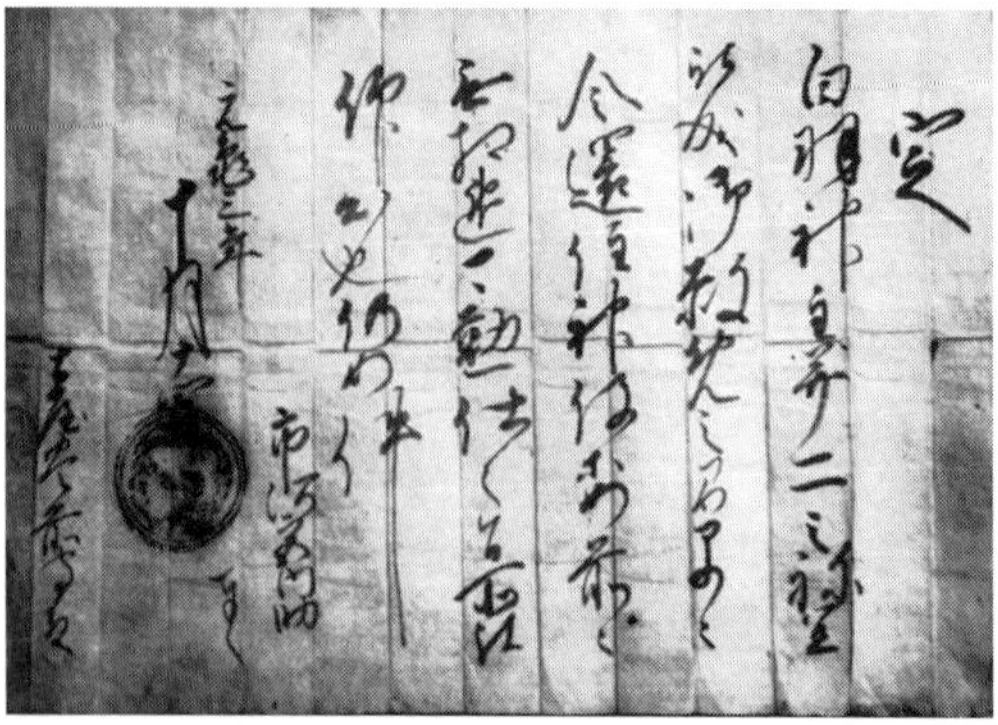

御前崎市白羽神社の印判状
御前崎市白羽神社ホームページから承認を得て転載

定
白羽神主《かんぬし》、并《ならび》、二之禰宜《ねぎ》
被成《なされる》御赦免《しゃめん》之間、早々
令還住《かんじゅうせしめ》、神役ホ《しんやくなど》、如前々《まえまえのごとく》
無相違《そういなく》可勲仕《きんし》之旨　所被《おおせださるゝ》
仰出成《ところなり》　仍如件《よってくだんのごとし》
市河宮内助
元亀三年　奉之《これをほうず》
十月十四日
土屋豊前守殿

［医王寺の禁制］

磐田市の医王寺に伝えられている禁制は、武田信玄の甥にあたる穴山梅雪（玄蕃頭）が、鎌田の医王寺に下したものです。天正元年（一五七三）十一月、武田勝頼は遠江に侵入し、犬居城・二俣城・高天神城（天正二年六月徳川方から奪取）・小山城を拠点に徳川方と対峙しました。

武田方の軍勢が遠江を移動・通過する際、地域の寺社などは兵火を避けるため、金品を払って武田軍に「禁制」の下付を申請する場合が多かったといわれています。医王寺の「禁制」もこのような情勢の中で、天正二年（一五七四）頃に下付されたものと考えられます。

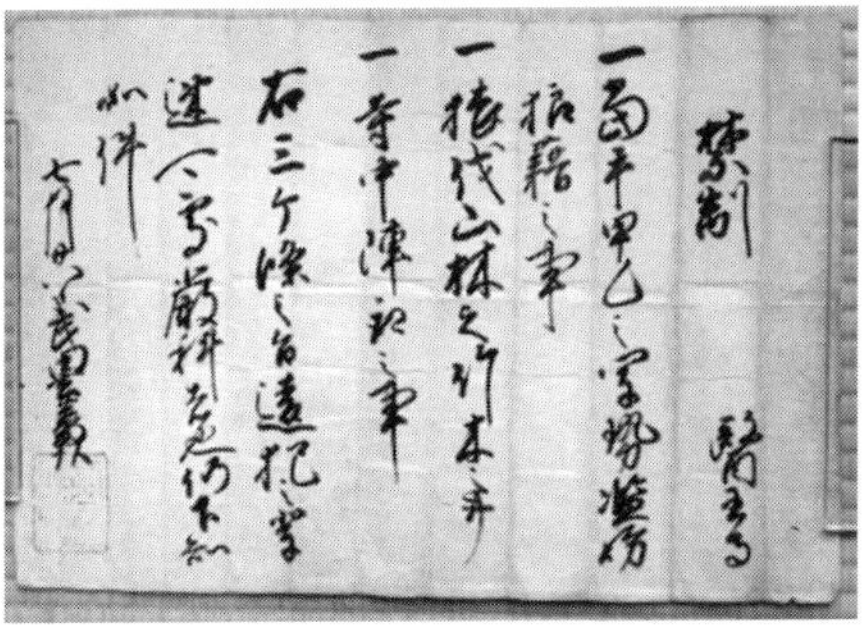

医王寺の禁制（磐田市指定文化財）
医王寺ホームページから承認を得て転載

禁制　　　醫王寺

一、當手《てのもの》甲乙《すべての》之軍勢《ぐんぜい》、濫妨《らんぼう》狼藉《ろうぜき》之《の》事《こと》

一、猥《みだりに》伐《きる》、山林之竹木之事

一、寺中陣取《じんとり》事

右三ケ條之旨、違反《いはん》之《の》輩《やから》速《すみやかに》可厳科者也《げんかにしょすべきものなり》、仍《よって》下知《げち》如件《くだんのごとし》

七月二十八日　武田玄蕃頭《げんばのかみ》
（穴山梅雪）

資料②　成瀬家文書「御由来書」

遠江見付の成瀬家に伝わる文書です。成瀬家は中世・近世を通して問屋と宿屋を営み、見付の有力者でした。この文書は、延宝二年（一六七四）の「見付町田畑定納諸書上控」の中に記録されています。読み下し文を第三章に示します。

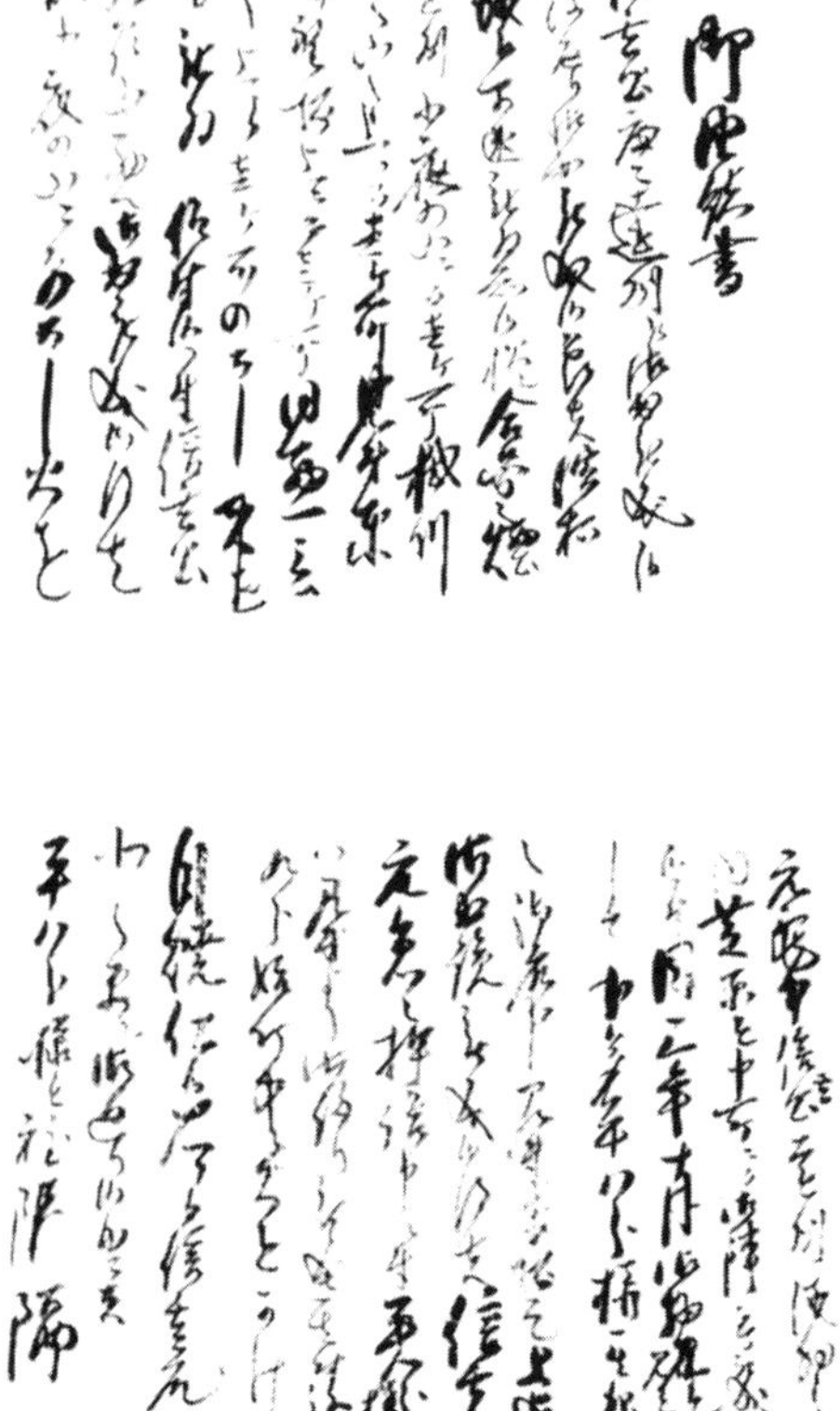

「見付町の畑年貢・田畑定等の由諸」延宝二年（一六七四）七月　　磐田市歴史文書館所蔵

資料③　大久保忠佐判物

見付大久保家に伝わる判物「遠州見付総社（惣社）神主職の事」は、天正十七年（一五八九）六月十七日付の神主職の安堵状です。

「義元、氏真支配時に下された神主安堵状を添えて、後日争いが起こらない様にこの書状を彌九郎に渡す」と書かれています。

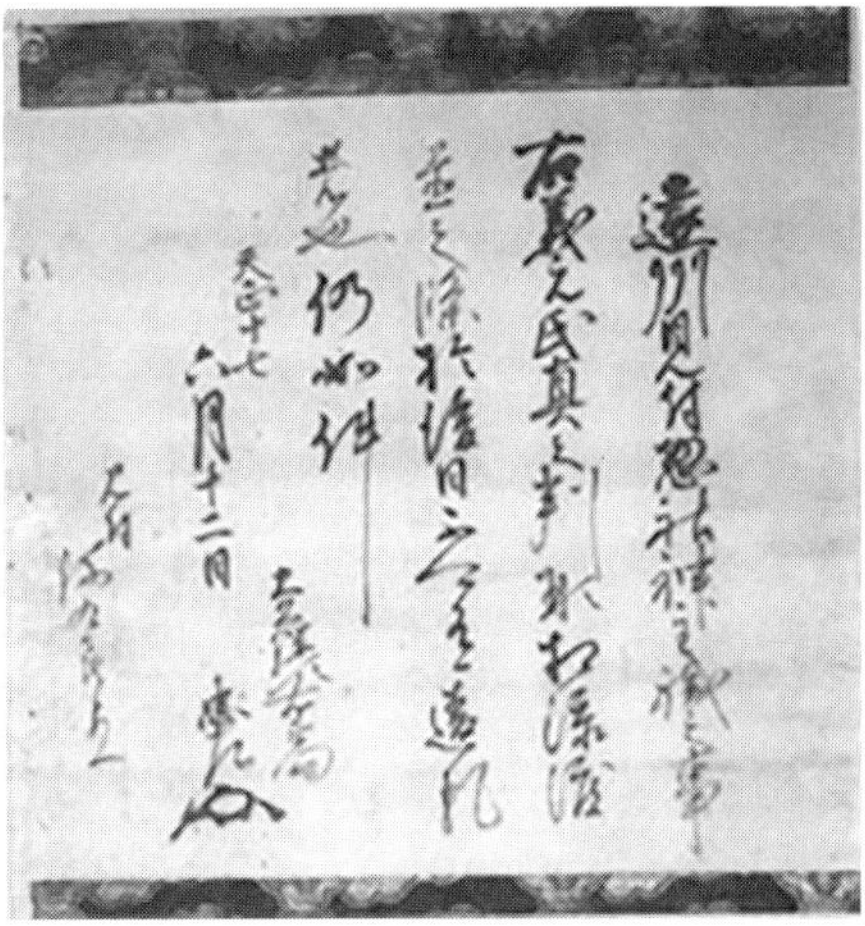

写真提供・見付大久保（伊東）家

遠州《えんしゅう》見付《みつけ》惣社《そうしゃ》神主職之事《かんぬししょくのこと》
右《みぎ》、義元《よしもと》氏真之判形相添《うじざねのはんぎょうをそえて》、
渡置之条《これをわたしおくじょう》、於後日《ごじつにおいて》、不可有違乱《いらんあるべからず》
者也《ものなり》、仍如件《よってくだんのごとし》
大久保《おおくぼ》次右衛門《じえもん》　忠左《ただすけ》（花押）
天正十七年六月十二日
見付《みつけ》　彌九郎《やくろう》どのへ

遠江国を今川氏が統治していた頃、遠江国の総社（惣社）である淡海国玉神社の宮司は、今川氏が選任していました。その時代のものとしては、義元時代の千法師、神太郎や、氏真時代（元亀五年）の甚太郎への判物が遺っています。

次いで、徳川が遠江国を制すると、宮司の選任も家康が行うことになります。

永禄十三年（一五七〇）、遠江国を制した家康は、家臣の大久保一族の次男大久保忠佐に、見付の町の中央に位置する淡海国玉神社の管理を任せます。これにより家康は、軍事、経済、信仰、すべての面で徳川治世の体制を構築します。

しかし、忠佐は戦場を転戦しており、不在の時は、長子である大久保彌九郎が祭祀を執り行っていたと考えられます。

「一言坂の戦い」の時、忠佐は三十五歳ですから、彌九郎は十代後半ぐらいでしょう。

この判物の存在は、家康と忠佐が見付に深く関わっていたことを示しています。

日付は、天正十七年六月十二日と書かれているため、家康の関東移封（天正十八年）によって見付を去ることになった忠佐が、宮司職を彌九郎に安堵した判物と考えられます。

以降、彌九郎の子孫は、十四代三百年にわたって明治まで淡海国玉神社の宮司を務めます。

ちなみに、幕末に宮司を務めていた十三代大久保忠尚は、元治元年（一八六四）、淡海国玉神社境内に磐田文庫（私設図書館・国の史跡）を創設しました。

忠尚は明治維新の際、遠州各地の神官らで結成した「遠州報国隊」に息子春野と共に参加しています。その後、大久保春野は、明治維新後に陸軍大将となります。

明治八年（一八七五）一月、娘婿の十四代大久保忠利が寄進した淡海国玉神社境内の一角に、町の有力者の協力によって建設されたのが「見付学校」です、当時の建物が、日本最古の木造擬洋風小学校校舎として現存しています。

その隣に建つ見付大久保家の家紋も、小田原大久保家と同じく「大久保上がり藤」であり、「西坂の戦い」で殿を務めた忠佐と同じ家紋です。大久保忠佐の通称が彌八郎・治右衛門であったこと、忠佐が六十二歳の時に生まれた忠兼が忠佐の次男であったことから、本書において彌九郎が忠佐の長子であると位置づけて書き進めました。本書の挿絵「西坂の戦い」の背旗には、この紋が描かれています。

資料④　甲陽軍鑑　万治二年（一六五九）版

本書で引用したのは、万治二年版の「甲陽軍鑑」です。信玄の甲府発向から三方ケ原までの読み下し文は、第三章に示します。

甲陽軍鑑　全23冊

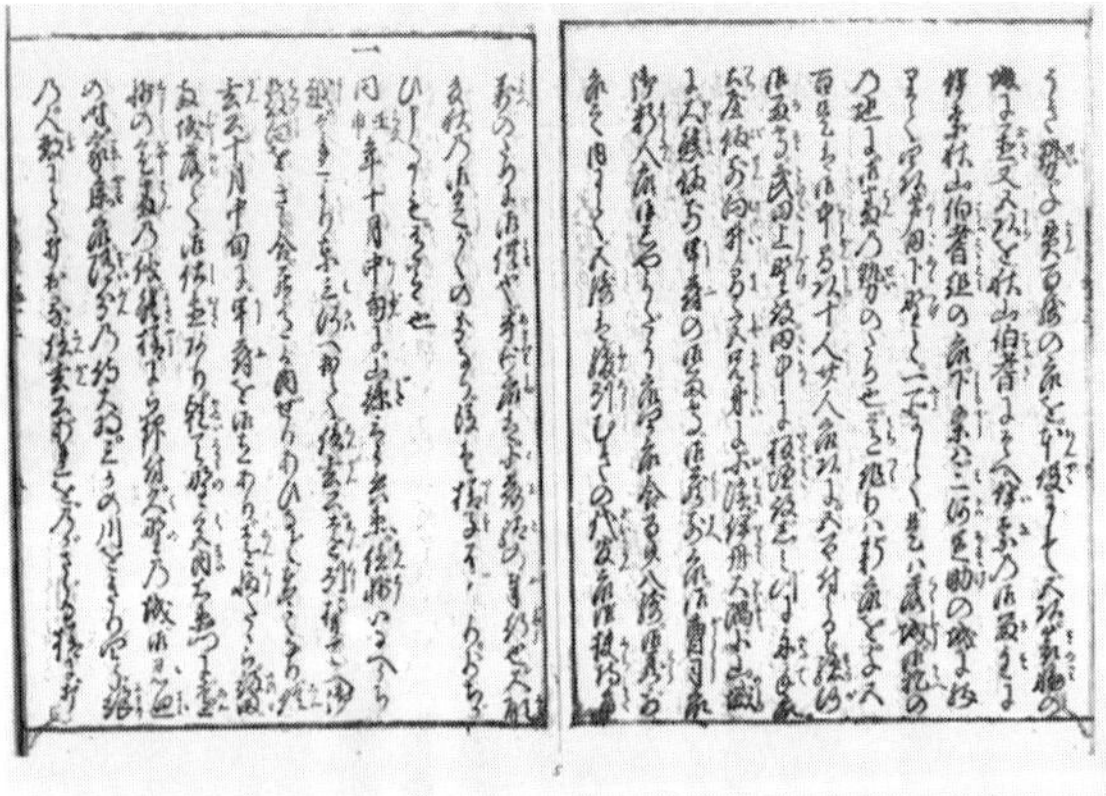

「甲陽軍鑑」　元亀三年遠州侵攻冒頭部分から転載
この本は男爵赤松則良が所有していた本であり、現在は「赤松文庫」として磐田市立中央図書館の蔵書となっています。

二十三　補足資料・数値にして考える

未知の歴史を知ろうとする時、感覚的に考えるのではなく、可能な限り論理的に積み上げて検証する必要があります。ここでは、数値にしての検証を記します。

【資料①　隊列の長さを試算】

三方ケ原に向かう武田全軍を二万（山県勢は気賀方面からとして含まず）とし、本坂道は二列進軍と仮定します。一列一万人の二列です。兵士間の間隔を一メートル、背旗を着けて刀を差した兵士の縦幅を一メートルとしますと、最低でも二十キロの長さになります。当時の武田軍の陣立書における武田軍編成は、足軽兵の半数近くが槍隊であり、槍を担いでの進軍はもう少し間隔が必要だったと思います。

これに騎馬が加わります。陣立書では兵数百に対し、騎馬十二とあります。二万の兵数の場合は二千四百頭となり、この騎馬を二列進行とした場合は千二百頭分となります。一頭分の間隔を最短の三メートルとすれば、馬だけで三・六キロの長さです。

これらを合計すると、二十～二十五キロの長い隊列になります。兵士が三列で進んだ場合でも二十キロ程になります。この隊を、足早に時速六キロで移動させた場合は、最前列から最後尾まで、すべて通過するのに二列行軍で四～五時間程かかります。

ちなみに、追分の分岐点から祝田の坂までの距離は約六キロです。祝田の坂のような狭い坂を下る場合は一列になるため、一時的に倍の五十キロ近い長さとなり、すべての隊列が坂を下り終わるまでに十時間ほど必要となります。もし家康がこの時に信玄を狙おうとすれば、坂を下る兵士によって大渋滞が起こるはずです。これはあくまでも卓上の試算ですが、二万以上もの武田全軍が一体となって移動し、本坂上で隊列を整えて根洗に向かったとする場合は、この物理的な長さを頭に入れて語らなければなりません。

[資料②　武田軍の陣立書]

当時の武田軍の陣立書によれば、標準的な武田軍のおおよその編成は、兵百名に対し、鉄砲隊七名、騎馬隊十二名、槍隊五十八名、弓隊十名、旗隊六名、手明組七名とされています。この陣出書を単純に比例計算すれば、山県勢四千における騎馬数は四百八十騎となり、鉄砲は二百八十丁となります。

あくまでも推理による試算ですが、山県勢は騎馬隊として特化された部隊と位置づけて、本書では騎馬数をもう少し多く見積もり、八百騎と推定しました。各騎は騎馬武者に加え、従者、槍持ち、口取り、荷物持ちなど五～六人程で編成していると仮定し、総勢四千となります。鉄砲といえば織田軍という印象が強いものの、仏坂の戦いでは山県勢の鉄砲により多くの徳川兵が討死していることから、武田軍においてもある程度の鉄砲配備が進んでいたことが分かります。

しかし、弾丸の材料である鉛は国内での産出量が少なく、南蛮貿易によって入手していました。山国である甲斐国は十分な量の鉛が入手できず、銅銭を溶かした銅弾も用いました。鉛の比重は銅に比べて25％大きく、威力に大きな差があります。

また、火薬の材料のひとつである硝石の入手も困難でした。従って、武田軍の鉄砲運用は、質・量ともに不十分なものでした。信玄にとっては、南蛮交易に繋がる海を得ることも、駿河国侵攻の戦略的な目的の一つでした。

[資料③　食事を数値にして考える]

武田信玄の遠州侵攻は、真冬の作戦でした。兵士たちはどのようにして寒さに耐えていたのでしょうか。

武田軍は「三方ケ原の戦い」の後、刑部砦（陣の平）で十四日間の長い布陣をします。祝田の坂を下ってしまうと、徳川軍が態勢を立て直して追撃してきたとき、速やかに台地に兵を上げることができないからです。

布陣したのは、新暦の一月二十七日から二月九日です。真冬の遠州地方は強い北西の風が吹き荒れます。粉雪も舞ったことでしょう。陣幕で風を和らげるとしても、足軽は基本的に野宿です。寺社や陣小屋を使えるのは限られた上級武士ですが、刑部辺りには寺社や民家がほとんど無かったと思います。股引を着用し、各自が持参した寝筵《ねむしろ》に包まって、酒や焚火で暖まり夜をしのいだことでしょう。

食事は、一人一日五合の玄米等の穀類を配給されると仮定すれば、その重さは一合約百五十グラムとして一人一日七百五十グラム、二万の兵だと一日十五トン。二週間で二百十トンとなります。一頭の荷馬（小荷駄馬）が百五十キロを運んだとして、穀類だけで千四百頭分の穀類を遠江国各地からかき集めたことになります。

さらに、馬も飼葉を食べ、水を飲みます。一日一頭十五キロの飼葉を食べるとして、仮に荷役馬を含めて千五百頭の場合は一日二十トン以上にもなります。これが十四日間で約三百トンです。無論、時折、放牧して野草を食べさせたはずですが、台地上では水の調達も困難であり、一部の馬は三方ケ原台地を下り都田川方面に展開したと考えられます。

武田軍の刑部での長い布陣を、「武田軍は刑部で十四日間布陣した」と書き流すのは簡単ですが、この時の武田軍はどのような理由で長期布陣し、兵士たちはどのような日々を過ごしていたのか。このことを念頭に置いて推理しなければなりません。

武田軍が十四日もの長い間、刑部で布陣し続けたのは、余程の理由があったはずです。

本書ではそれを、信玄の体調悪化により、作戦を継続すべきか否かの軍議を重ねたものとしました。

これより先、信玄が合代島で布陣し続けた二カ月間も、謎の多い期間です。単純に計算しても、この間の食料は刑部布陣の四倍かかります。武田軍は禁制を使って、遠州一帯から食料をかき集めたことでしょう。二俣城を兵糧攻めしながら、浜松城方面に兵を動かす選択肢もあったはずです。この二カ月間は二俣城がなかなか陥落しなかったことにより生じた期間ですが、武田軍が動けなかったのは信玄の体調も影響していた可能性があります。信玄は亀戸城内の病床で、来るべき家康との決戦に備え、三方ケ原の綿密な調査と、家康を誘き出す策を考え続けていたものと思われます。

これらの様々な要素を思い浮かべながら、できる限り理論的に組み立てて、第一章を執筆しました。

資料

第三章　一言坂、版本を読む

はじめに

武田信玄の遠州侵攻は、「甲陽軍鑑」をはじめ、江戸時代に書かれた多くの版本や写本によって語り継がれています。しかし、現代の様な情報伝達の手段がほとんど無い時代、集められる情報は限られており、口伝えや伝承に基づいているため、情報が不足している部分には多くの創作が加えられていることも少なくありません。

あるものは、その時の為政者《いせいしゃ》の意向に沿った内容に書き変えられています。

また、あるものは、都合の悪い部分が削除されたり、自身の働きを誇張した表現になったりしています。

本書の第一章はフィクションですが、少しでも史実に近いものにしたいとの思いで、書き進めました。

この第三章では、できる限り多くの編纂書を読み下して掲載しました。

これらの文章を対比することにより、記述の相違点を明らかにして、読者の皆さん自身に戦いの全容を推理していただこうとするものです。歴史の解釈は百人百様です。この本を読まれた歴史好きな皆さんが、自分自身の「一言坂の戦い」を創り上げていただけたらと思います。

読み下し範囲は、第一章を書くに当たって参考にした「一言坂の戦い」部分が中心です。

その中で、本書が底本として位置づけている、「甲陽軍鑑」「三河後風土記」と、地元遠州に伝わる「浜松御在城記」については、「三方ケ原の戦い」までの全文を掲載しました。四百五十年前に思いを馳せて、資料としてご活用いただければ幸いです。

第三章　一言坂、版本を読む

読み下し　木下恵生

甲陽軍鑑［抜粋］　万治二年版（一六五九）

味方ヶ原合戦の事（一言坂の戦いの部分）

同壬申年（一五七二）十月中旬に、山縣三郎兵衛、信州伊奈へ打ち越し、それより東三河へ出て、信玄公、遠州表へ御発向を聞き合い、罷り有り候内、競《せ》り合いなどこれ在るなり。信玄公、十月中旬に、甲府を御立ちあり。遠州多々羅（只來）、飯田両城落ちて御仕置あり。

乾《いぬい》天野宮内右衛門に遠州の定番《じょうばん》の儀、能《よ》き様に仰せ付けらる。久野の城、御見廻《みまい》の時、家康衆、随分の侍大将、三ヶ野《みかの》川を切り、四千余りの人数にて、打ち居《お》る。信玄公、あれを逃がさざる様に、討ち取れと、仰せ付けらる。家康衆引きあぐる（撤退する）なり。

甲州武田勢は食い止むる（阻止する）なり。

浜松衆、既に大事《だいじ》とある時、家康内の侍大将、内藤三左衛門と申す者、家康八千の惣人数は、五千これまで出て、信玄と云う名大将の、しかも三万余りの大軍と、家康出で給わぬに、合戦仕り負《ま》くるは、必定（避けられない）なり。これにて各《おのおの》負け候わば、家康御手前ばかりをもって、何とて信玄と合戦成り申すべく候。ここをば先ず引き取り候て、浜松へ帰り、重ねて一戦を遂げ候わば、その時はまた、信長御加勢を成らるに付いては、それを同勢にして三河武者八千をもって、無二《むに》の防戦を遂げられ候らえ。

但し、かくは云いながら、人数上ぐる（引上げる）儀は、これ程取り結びての上、三左衛門は、成るまじきと申し候。そこにて本多平八郎、その歳廿五歳なれども、家康下において、度々の誉れ有るよし。内々《ないない》武田の家へも聞こゆる様なりつるが、かの平八郎、甲《かぶと》に黒き鹿《か》の角を立て、身命を惜しまず、敵味方の間へ乗り入れ、引き上げたる様子は、甲州にて、昔の足軽大将、原美濃守、横田備中、小幡山城、多田淡路、山本勘介、この五人以来は、信玄公の御家にも、多くなき人に、相似たり。家康小身の家に、過ぎたる平八郎なり。その上、三河武者、十人が七、八人は、唐《から》の頭《かしら》を掛けて出る。これも過ぎたりと、小杉右近助と申す、信玄公御籏本の近習、歌に詠みて、見付坂に立つる。その歌は、「家康に過ぎたる物は二つある、唐の頭に本多平八」と詠む。

二俣城の戦い

その後、二俣の城へ取り詰め、攻めらるゝに、四郎勝頼公、典厩《てんきゅう》、穴山殿、三人の大将にして、二俣を攻め給う。中にも勝頼公は、紺紙金泥《こんしこんでい》の法花（華）経の母衣《ほろ》を成され、差物《さしもの》にして、御精を入れらるゝ。右三頭《かしら》の内にても、四郎殿を諸人執《しゅう》し奉るは、信玄公の御養《やしな》いある、その歳六つに成り給うを、惣領《そうりょう》にと有りて、太郎信勝と申す御曹司の御親父なる故、勝頼公を副将軍と定められ、典厩、穴山、勝頼三人に、惣人数を渡し、二俣、中根平左衛門を攻めらるゝ。家康後詰の押えに馬場美濃守手勢組添えて、雑兵七百余り小田原氏政衆、千、合わせて千七百余り。次は御籏本組添えて、四千余り、これは浜松の押えなり。然れば家康、八千の人数をもって後詰《ごづめ》と見えつるが、川をうち越え、早々引上げる。馬場美濃守、信玄公御前へ参り、申さるゝは、天龍渡り、内々絵図をもって馴らしの時、沙汰仕り候えども、浅き深きは更に見及ばざる所に、家康越したるを能く見て候えば、一段浅く相見え申す。若武者ゆえ、川を渡りて見せたると、申し上げらるゝは、もっともの儀なり。

さて日々生け捕りを仕り、侍大将衆、聞き届け申され候に付、(本多) 平八郎事も、(内藤) 三左衛門申したる事も、家康二俣後詰の批判も、能《よ》く聞こゆるなり。さて又、中根平左衛門、二俣の城、水の手を取られ、降参仕り、城を渡し、浜松へ退き候。水の手に付、信玄、御工夫いくつもあり。殊に、二俣御番勢に信州先方侍大将、芦田下総を差し置かれ候。さ有りて程なく、極月廿二日に、浜松味方が原まで、押し詰め成さる。その日、御一戦有るべしとて、廿二日の朝、信玄公軍神《いくさがみ》へ進《しん》ぜらるとて遊ばすとて、御歌に、

「ただ頼め　頼む八幡《やわた》の　神風に　浜松ヶ枝は　倒れざらめや」

三方ケ原の戦い

とかくあれども、合戦はなさるまじきと有り。子細は、海道一番の弓取りとはいえども、吾朝《わがちょう》に若手の武士に、家康一人に留めたり。その上、信長加勢を九頭《かしら》まで仕るに、しかも岡崎、山中、吉田、白須賀まで、取続けて、信長被官《ひかん》ども、居たるときく。家康伯父水野下野も、半途《はんと》に控えたるは、さだめて家康と合戦を遂げ、勝利を得たると云うとも、敵大軍をもって、草臥《くたび》れたる味方へ掛かられ候わば、疑いなく信玄、後れを取るべく候。

敵の居城際《いじろぎわ》へ深く働き、負けたるに付いては、大河、大坂を越えて退《の》く事ならず、一騎一人も残る事なく、討ち捕られ候えば、若き時より後れを取らず、信玄勝利の誉れ、皆な水に成りて、年寄の分別違うは、屍《かばね》の上の恥辱、末代までの悪名と仰せられ、馬場美濃と勝頼と山縣と、三人に相知らせ、今日は山際まで引き取り候えと仰せ付けられ候所に、小山田兵衛尉内の、上原能登守、味方ヶ原、さ(それ)へ乗り下ろし、

犀ヶ谷の方より、家康人数を見てあれば、九手に備え、ただ一皮《ひとかわ》なり。信長加勢の者どもは、人数多しといえども、旗色澄やかにして、しかも速く敗軍の色付いたり。早く帰りて、この機を兵衛尉に申し候えば、則《すなわ》ち、馬場美濃守に語る。馬場美濃と小山田と打ち連れ、信玄公へこの事を申し上げる。信玄仰せらるゝは、戦《いくさ》に勝べきとの踏まえ所はと、仰せらるゝ。小山田申上げるは、敵の人数、ただ一重皮《ひとえかわ》に候て、味方五分一と申す。信玄公仰せらるゝは、証拠ある申し様なり。さらば籏本の物見番、功者《こうしゃ》の人、今日はたそ（誰ぞ）と御尋ねあり。

室賀《もろが》入道にて候と申す。室賀入道を召し、上原能登守に指し添え、重ねて見せ給えば、上原が見様《みよう》、一段理《り》究《きわ》め、相済み申し候間、今日の御防戦疑いなく、御勝ちと、室賀入道走り帰りて申し上げ候故、小山田兵衛尉に合戦始めを下され候時、申《さる》の刻に成りて、合戦始まるは種々御遠慮のゆえなり。家康衆流石の名を得たる弓取りの家中と思《おぼ》しくて、九手が八手にて、鑓《やり》を合わせ候。中にも山縣三郎兵衛手へは、家康籏本を以って懸って、三町余り退《し》さらする。三河山家三方衆は、日来《ひごろ》家康衆の手並みを存じたる故、三郎兵衛が先から、四町ほど足並みにて逃げ掛かる。家康をば、聟《むこ》の酒井左衛門尉も、山縣手へ掛かる。さには、小山田衆、三町ほど追い散らされ、

馬場美濃、盛り返し、事故《ことゆえ》なく勝ちたり。

さて、山縣日来《ひごろ》に違い、大崩れなるべきを、勝頼公、大文字の小旗を押し立て、横筋違《すじかい》に入れ立て、家康を切り崩しなされ候故、山縣衆も進み、酒井左衛門尉手へ掛かる時、

信玄公、御諚《ごじょう》を以って、小荷駄奉行の甘利衆、横鑓を、合わせず崩れたり。

信玄公御籏本、脇備え、後備え、少しも働かず、見物の如くなれば、終に家康後れを取り、敗軍《まけいくさ》なり。こ

の合戦は先手、二の手、合わせて十四組斗《たたか》いにての、信玄公御勝利なれば、定めて信長、謀《たばか》りて、今切れの辺りに罷り有り。

二の合戦仕るべしと仰せられ、脇備えを先へ繰り、後《うしろ》備えを脇に繰り、捨て篝《かがり》を焚き、本篝《ほんかがり》を用いなさるれども、敵掛かることなし。一の御先、五千の人数をもって仕る。山縣手へ頸《くび》十三ならで討ち取らざるに、二の手の勝頼公、手不足の備えに六十三頸《くび》をとる。

元亀三年（一五七二）、壬申極月《ごくげつ》廿二日、遠州味方ヶ原の御一戦これなり。

五十二歳の御時、くだんの如し。

信長より織田掃部、刑部道差し越さるゝ事

織田信長へ平手が頸（首）をもたせ、送りなされ、信長と御無事の儀、御手切れなる。信長より、織田掃部《かもん》を刑部《おさかべ》まで御越し候て、申さるゝは、家康若気《わかげ》の故、相違の事あるに付いては、扱い候らえとて、我等者ども（平手など）差し遣い候所に、合戦仕《つかまつ》り、御成敗《せいばい》の儀、もっとも（に）候間、信玄公へ対し奉《たてまつ》り、信長御無沙汰なき通りには、御成敗の我等者ども、跡を立て申すまじく候と。

人質取替ゆる事

天正元年（一五七三）正月七日に、信玄公、遠州刑部《おさかべ》を御立ち有り。本坂を打ち越し、同月十一日に、三河野田の城へ取り詰め、攻め給うに、家康より信長へ、小栗大六と云う者を使いにて、後詰《ごづ》めの有《あ》り様《よう》にと、頼み申され候えども、信長出られず候。二度の使いにても、信長出ることなき間に、菅沼新八郎、降参いた

し、野田の城を明け渡し、山縣三郎兵衛に、新八郎御預け遣わし成らる。新八郎方より家康へ申し越し、奥平美作守人質、家康にこれ在りと。菅沼新八郎と取り替え、奥平人質、信玄公へ家康より進上申され、菅沼新八郎を家康へ渡しあり。その取引、三州長篠の馬場において、これ在る事。二月十五日なり。その後、信玄公、御煩《わずら》い悪しく御座候て、二月十六日に御馬入り。

信玄公御馬入りの事

信玄公、癸酉《みずのとり》二月中旬に、御馬入り。四花《しか》の灸をなされ、御養生に種々御薬まいり、大形（大方）御病気平癒成され候。

東美濃へ御出馬の事

天正元年三月九日に、信玄公御煩《わずら》い能《よ》くましまして、御主殿まで御出成され、御庭築山に桜の漸《ようよう》開きたるを御覧なされ、広縁に御立ちあり。古歌を吟じ給う。その歌は、「み山木《やまぎ》の　その梢《こずえ》とは　見えざりき　桜は花に　あらわれにけり」とあり。次に、都近き人は申し置くこと、仕置遠国までかくれなし。「夷狄《いてき》の君有るは、諸夏の亡きが如くならずなり」と仰せらる。御陣触れ、早々仕れと有る事なり。

信玄公、御他界の事

四月十一日未《ひつじ》の刻より、信玄公、御気相悪しく御座候て、御脈、殊の外速く候。また十二日の夜、亥の刻に口中に歯くさ出来《いでき》、御歯五つ六つ抜け、それより次第に弱り給う。既に死脈打ち申し候につき、信玄公、御分別あり。各譜代の侍大将衆、御一家にも、人数を持ち給いぬ。人々悉《ことごと》く召し寄せられ、信玄公仰せらるは、六年先、駿河出陣まえ、板坂法印申し候は、膈《かく》と云う煩《わずら》いなりと云いつる。この煩いは工夫《くふう》積りて、心草臥候えば、かくの如くの煩い有りと聞く。

また信玄分別のことは、惣別五年已来（おおよそ五年前）より、この煩い大事と思い、判（朱印）を据え置く、紙八百枚に余り、これ有るべくと仰せられ、御長櫃《ながびつ》より取り出させ、各《おのおの》へ渡し給いて仰せらるゝは、諸方より使札くれ候わば、返礼をこの紙に書き、信玄は煩いなれども、未だ存生と聞きたらば、他国より当家の国々へ手をかくる者有るまじく候。某《それがし》の国取るべきとは夢にも存ぜず、信玄に国取られぬ用心ばかりと、何れも仕り候えば、三年の間、我れ死したるを隠して、国を鎮め候え。

信玄煩《わずら》いなりというとも、生きて居りたる間は、我が持ちの国々へ、手差す者は有るまじく候。三年の間、深く慎めとありて、御目をふさぎ給うが、また山縣三郎兵衛を召し、明日はその方籏をば、瀬田に立て候えと、仰せらるゝは、御心乱れて、かくの如く。然れども少し有りて、御目を開き仰せらるゝは、「大底は他の肌骨の好きに還す。紅粉を塗らず、自ずから風流」とありて、御年五十三歳にて、惜しむべし。惜しかるべし。朝《あした》の露と消え失せ給う。各々御遺言のごとく仕り候えども、家老衆談合の上、諏訪の海へ沈め申す事ばかり仕らず。三年目、四月十二日、長篠合戦一と月前に、七仏事の御弔い仕り候。信玄公、御一代の御武勇、御勝利、三十八年の間、一度も敵に押し付け見せ給う事なし。よってくだんの如し。

【備考】

「甲陽軍鑑」の由来については、本書の「はじめに」の項に記しています。一六二〇年頃に発表された「甲陽軍鑑」は、江戸時代の編纂本に大きな影響を与えています。高坂弾正は、天正六年（一五七八）五月に亡くなっているため、遠州侵攻部分は、少なくとも一五七八年以前に口述したものとなります。

「甲陽軍鑑」は間違いが多い書物とされていますが、文章自体は過度に装飾せず、事実を誠実に伝えようという姿勢が感じられます。また、高坂弾正は間違いなく一言坂や三方ケ原の戦いに参加しており、侍大将として信玄の本陣近くで客観的に戦況を見ていたと考えられます。高坂自身が実際に見聞きした遠州侵攻部分に関しては、信頼に値するものと考えます。

一方、三方ケ原の戦いにおける徳川方の文献は、徳川びいきの装飾が多く、当日が夜の戦いだったことを考えると、大敗北の混乱によって戦局の正確な把握は不可能だったのではないかと思います。

また、徳川方の編纂書には、武田方の武将である山県昌景が「一言坂の戦い」に登場しますが、山県はこの時、長篠や井平方面で戦っており、当然、「甲陽軍鑑」では登場しません。

さらに、「甲陽軍鑑」には、三方ケ原において山県勢が押し込まれたことや、信玄が死の六年前から病を得て、臨終までの経緯などが包み隠さず客観的に書かれています。

ただ、冒頭で徳川家臣の内藤三左衛門が登場するくだりは、視点がいきなり敵方になり、不自然です。これは後の二俣城の攻撃のくだりで、平八郎や三左衛門のことを捕虜から尋問したとあるため、この時に得た情報を思いついて盛り込んだものと考えられます。この部分があるために、一言坂に進出した徳川方の兵数が四千なのか五千なのか辻褄が合わなくなって、前後との脈絡に違和感が生じています。そのため、この部分は第一章で採用しませんでした。

その後の記述から、高坂が二俣城攻撃には参加せず、合代島に在陣していたことが読み取れます。ただし、残念ながら、一言坂部分における時刻の口述はありません。

「甲陽軍鑑」は、内容に誤りが多いとして、明治以降百年余り偽作として評価されませんでした。しかし、原本の言葉使いから室町末期（戦国時代）に書かれたものであることが解明されました。重要なことは真実の部分と間違いの部分が混在しており、それを見極める力を私たちが持って読まなければならないことです。自身で検証せずして、安直に間違いと評価すべきではないと思います。その判断をするに当たっての目安は、口述者である高坂弾正が現場にいて直接見聞きした部分か否かです。少なくとも、本書の対象範囲である信玄の遠江侵攻部分に関しては、高坂は現場に立っており、信用性が高いと判断しました。

こうした理由から、第一章における、「三方ケ原の戦い」部分は、全面的に「甲陽軍鑑」の記載内容を採用しました。

三河後風土記《みかわごふどき》　巻第十三　慶長十五年（一六一〇）

遠州一言坂軍《いくさ》の事

元亀三年閏正月、家康公、軍兵を引率して、金谷大井川の辺を巡見し、浜松の城へ皈《かえ》り給う。この時までは、武田信玄と御和睦《わぼく》の分なり。然るに、信玄の持ち分たる金谷大井川辺へ御出張《でばり》を聞きて、浜松へ使者を遣わし申しけるは、兼約を変改在りて、信玄が持ち分へ御出張あること、心得がたき由を咎む。家康公御答に、全くかの地を犯し奪わんために、出張するに非ず。領地の境目、巡見のみなり。この故に、民屋《みんおく》をも追《つい》補《ほ》せず。何ぞ約を変ずと云わんや。

家康は一度定めし約を変じたる吏《こと》、あるべからず。信玄こそ偽道《にせみち》を以って表とし、人を偽り計ること数度なり。以前約せし赴《おもむ》きは、大井川を境として、互いに手指《てざ》しべからざるとありに、程もなく秋山伯者を差し向けて、遠州を犯す故、某《それがし》追い払い候《そうら》いき、これ一つ。家康小勢にて、領地巡見に出《いで》しに、山縣三郎兵衛、大兵にて軍《いくさ》を仕掛くる、

これ二つ。諏訪原の城に、松井忠次を入れ置く処に、動《やや》もすれば、信玄の軍兵、川を越して数度攻《せ》む、これ信玄約を変える、三つなり。

家康は道を守りて終に一度も軍を仕掛けず。和睦を破る不義者をば、信玄の心に問わば、分明《ぶんめい》に知らんと、痛ましく御返答有りければ、信玄耻《はず》かしめられて、口惜《くちお》しくや在りけん。

同九月下旬、四万余兵を率《そつ》して遠州に至り、同国乾の城主、天野宮内右衛門を案内として、多々良、飯田の両城を攻む。この宮内右衛門は右大将頼朝の御家人、天野藤内遠景が末葉《まつよう》、代々名を得し剛の者にて、先登《せんとう》し、甲州勢、渠《かれ》に負けじと攻め付ければ、遠州の先方衆、防戦の術《すべ》を失い、両城ともに責め落とさる。信玄それより久野《くの》の城を巡見し見付の辺、袋井に至る。

家康公は八千余兵を二つに分け、三千騎は浜松の城に残し、僅《わず》か五千を率《そつ》し給い、三加野《みかの》に出づ河坂を前に、当天龍川の辺に臨み給えば、先陣は三加野台に赴く。武田侍大将、馬場美濃守氏勝、山縣三郎兵衛尉昌

景が両勢は、浜松勢の後《しり》えを遮《さえぎ》らんと、兵を右の方へ廻さんとす。この時、本多平八郎忠勝は廿五歳に成りけるが、敵の謀《はかりごと》を推量して、家康公の御前へ参り、冑《かぶと》を脱いで高紐《たかひも》に掛け、跪《ひざまず》きて申しけるは、甲州勢の躰《てい》を伺《うかが》うに、地白に黒き山道の旗と、赤地に白桔梗の旗は右の方へ廻る見え候。一定《いちじょう》、味方の後を遮《さえぎ》らんとの術《すべ》と覚え候。この両勢、後ろへ廻りては戦大事《いくさおおごと》ならんか。

今日は軍《いくさ》を止《や》められ、浜松へ引き入れ給い、信長へ加勢を請《こ》われ、重ねて御合戦在るべし。敵は四方進退自由の戦場なり。味方小勢にて戦場宜しからず。某《それがし》後殿《しんがり》仕り、敵天竜川を越えて来たらば、半渡《はんと》に戦いて敵を敗《やぶ》らん、と諫《いさ》め申しければ、家康公、もっともと宣《のたま》い、一千余騎を引き返し、千騎を残して、浜松へ皈《かえ》り給う。

都築藤十郎、以下千二百余騎、静かに引き取る。甲州勢は二手に分かれ追い来たる。浜松勢は馬を馳せて、三加野に赴き見付の町に至る。甲州勢は山縣三郎兵衛昌景、一方の道より追い掛ける。従う侍には、八代安芸守勝正、山本土佐守清頼、一手に成りて先陣す馬場氏勝（信春）が組には、早川豊後守行憲、同弥三右衛門行宗、前嶋和泉守則弘、同加賀守則盛、一手に成りて追い来たる。

本多忠勝は家人大兼彦助に下知して、見付の町を馳せ過ぎて後、かの宿屋を放火す。この火に支《つか》えられ、敵、猶予《ゆうよ》する隙に、一言坂まで引き取る。この所、地形よければ、爰《ここ》にて終日大いに戦う。内藤、大久保、自ら大いに戦《いくさ》する故、敵敢えて進まず。

本多忠勝は黒糸の鎧《よろい》に鹿角打ちたる冑《かぶと》を着け、唐《から》の頭《かしら》掛けたるが、踏み留まりて苦戦す。この忠勝は器《き》量《りょうじん》人に越したるのみならず、大刀の猛兵なり。郎等《ろうどう》柴田五郎右衛門、栗井弥蔵、大原作之右衛門、桜井庄之助、以下稠《しげ》く働きて、首数級を得たり。この間に、浜松勢は天龍川を渡ることを得たり。忠勝後殿《しんがり》して、馬を川に乗り入れる処へ、敵また追い来たりしが、忠勝川向うへ馳せ渡せば、敵もこれより引き返す。この間、家康公は真古目（馬込）植松までにて、待ち給う。時に御家人、何《いず》れも仰《の》け冑《かぶと》に戦うなり。皆な矢一筋、二筋、折り掛けて来たる。

中に本多忠勝は、祖父平八郎忠豊が時、清康卿《きよやすきょう》より給わりし扇子の指《さ》し物《もの》を、伝い得て指したるが、半ばは切り割かれ、鎧に矢五、三本折り掛けて参る。家康公は大久保、内藤等が軍功を感ぜられ、次に御馬を安んじられ、忠勝を召して、汝《なんじ》今日の進退中度、その武功感嘆す。吾が家の良将と謂うべし、と大いに御褒美在りて、浜松の城に入り給う。甲州勢も忠勝が大勇《たいゆう》を感じて、俚歌《りか》を書き（俗に云う落書《らくしょ》）、一言坂に立てる。

「家康に過ぎたるものが二つあり、唐の頭に本多平八」

家康公、浜松の城に入り給い、御馬より下り給う時、大久保治右衛門（忠佐）、大音揚げ、御馬の口付《くちつき》に向いて、その御馬の鞍壺を能く見よ。糞が在るべきぞ。糞を垂れて逃げ給いたる程に、と悪口す。これは忠勝が諌《いさ》めに付いて、一戦せず引き入り給うを云う。甲斐なしと存じ、かつまた忠勝を吾が家の良将と御褒美有りしを嫉妬して、則《そく》悪口を申しける。家康公、直《じか》に聞し召されども、何とも仰せなく城に入り給う。その夜、御家人大勢伺公《しこう》し今日の軍《いくさ》の事を申し上げる。仰せに、今日大久保忠佐《ただすけ》が申す処、一応は理あるに似たれども、大将の志《こころざし》には背《そむ》けり。凡《およ》そ大将は、死生を能く知りて、進退《しんたい》するを良将とす。士卒《しそつ》残りて、主君の危うきを救い、落すこと、古今珍しからず。遠州二俣落城に付、家康公より信長に於いて、加勢請けらるのこと、信玄は一言坂の軍《いくさ》に勝って、なお遠州家康公の持ち城どもを責め取らんと、四郎勝頼並びに信玄の舎弟、武田左馬助、同穴山梅雪を軍将として、遠州二俣を責める。城主中根平左衛門、小勢故、兼ねて加勢として、青木又四郎貞治、松平善兵衛正親（初め、善四郎と云う。父善兵衛正光〈三光ともあり〉は、去る永禄三年五月十九日、正光、並び高力新九郎直重、筧又蔵など、一所に討ち死にせり）などを籠《こ》め置かる。然るに、甲州の大軍、城を囲みけれども、城兵稠《しげ》く防ぐ故、甲州勢これを見、力責《ちからぜ》めにせば軍兵多く討たれんとて、謀《はかりごと》を廻《めぐ》らし、城中への水の手を取り切りたり。城兵渇《かつ》に及べども、浜松方の後詰《ごづめ》を頼みて、暫《しば》しは堪えたり。家康公、則《そく》御馬を出し給い、天竜川を渡り給いけれども、二俣の城中にはこれを知らずして、水に渇《かつ》する悲しさに、城を開きて出走す。

二俣、既に落城しければ、家康公も浜松へ引き入り給う。信玄二俣を責め取り、この城の守護として、信濃の国住人、芦田下総守幸成、並び依田下野守雄朝に人数を添え守らす。其此《それこれ》、東三河の兵は大略《たいりやく》信玄に与《よ》力《りき》す。その中に菅沼新八定盈、同二郎右衛門定清ばかり信玄に従わず。武田は大軍にて浜松辺へ出張すると聞こえければ、この小勢にて大敵を拒みしこと叶い難く、信長へ加勢を請い然るべしと申上げる。家康公仰せに、信長へ加勢を乞わんも口惜し。同じくば一手を以って軍《いくさ》せんと仰せけり。大久保、酒井、大須賀など、口々に申しけるは、信長、若干の兵を持ちながら、徳川家へ加勢を数度乞い給う。この方より加勢乞いたる様《さま》なし。何が苦しからん。加勢を乞い給えと頻りに申しければ、然らば使者を遣わせとて、加勢を乞い給う。信長、則《そく》加勢の大将を定めらる。佐久間右衛門尉信盛、滝川左近将監一益、平手監物汎秀《ひろひで》、林佐渡守秀成、水野藤九郎政信、坂井彦右衛門忠秀、飯尾隠岐守信宗、土肥孫左衛門通平、荒川新八頼季を始めとして、侍大将九人、その勢八千余騎、十一月、尾州を立ちて遠州に着陣し、勢《ぜい》を二つに分けて、新井、本坂二ヶ所に陣を取る。また家康公の御下知にて、遠江国宇豆山に、新たに砦を構えらる。松平与二郎清宗を遣わされ、守らせらる。これは信玄が兵を防がせらるべきためなりけり。

遠江国味方原合戦の事

既に信長の加勢、遠州に着陣すれば、家康公は浜松の城に二千騎を留め置き、六千余騎を率《そっ》し給い、元亀《げんき》三年（一五七二）十二月二十二日（元亀二年と云うは非なり）、遠州味（三）方原へ押し出さる。信玄これを見、宣《のたま》うは、信長加勢すると沙汰在りしが、実と覚えて思いしよりは大勢なり。他国に深く働き戦わんは大事《おおごと》ならん。味方四万といえども、長途《ちょうと》を経て、案内知らざるにて、粮《かて》乏し。敵の一万四千は地戦《ちだたか》いにて、人馬疲れず、粮自在なり。軍《いくさ》は定めて牛角《ごかく》ならん。一旦勝利を得る時、兵《いくさ》を避けて、危うきを遁《のが》るを良将の規《のり》とす。兵を纏《まと》めて刑部へ押し行くべしと、既に軍を班《かえ》さんとす。浜松方の早雄《はやりお》の若殿原《わかでのはら》、信玄軍を返さんとす、是非一戦仕らん、と進む。家康公は鳥井四郎左衛門を召して、合戦有るべきや否やの斥候《せっこう》として遣さる。鳥井畏《かしこ》まりて敵陣へ忍び入り、見済《みす》まして馳せ皈《かえ》り、今日の軍、戦えども利有るべからず。甲州勢、若干《そこばく》にて、段々に備えを設《もう》く。その備え堅し。味方小勢にて、山際に一頬《ひとほお》に備え、甚だ薄し。味方の旗色、忒《はなはだ》、例《ためし》て悪く候。

敵軍を班すは幸いなり。早々先手《さきて》へ軍使を遣わされ、味方を退《しりぞ》け給うべし。若し是非戦わんと思《おぼ》し食《め》さば、甲州勢、堀田郷の辺まで引き取りたる時分、段々に備えて御合戦有るべし。只今は軍を仕掛けられば、必ず味方が討ち負けると申上げる。

家康公聞し召し、汝は日比《ごろ》軍用に立つべき者と目利《めき》きせし故、大事《だいじ》の使いに遣わす処に、臆病心《おくびょうごころ》付きけるか。また大勢に見驚き、腰の抜けたるにや。目前の敵を討たずして、のさにと通すことの有るべきか、と大いに怒り給う。鳥井聞きて腹を立て、御用に立つべき者なる故、心も剛に目も利きて、勝負を見定め候。負けにも御構《かま》いなくば、御心の侭《まま》なるべし。

勝負の是非を知らぬこそ、闇将《あんしょう》とも、臆病とも申すべけれんと罵《ののし》りて、御前を退く。

家康公、渡辺半蔵を召して、斥候に重ねて遣わさる。渡辺馳せ皈《かえ》り、今日の戦《いくさ》、利在るべしとも存ぜず。敵の備えは段々に厚く敷《し》くらみ、味方は薄く、間厚なり。必ず敗《やぶ》れせんと申す。家康公聞し召し、鳥井が詞《ことば》と等しければ、暫く思惟《しい》し給う処に、大久保治右衛門、柴田七九郎を始めとして、大勢を引き具《ぐ》し、我々斥候仕らんと、声々に叫んで、敵陣へ馳せ向かう。渡辺、頻りに抑《おさ》え留めすれども、耳にも利き入れず、先登《せんとう》に進む。

武田勝頼、これを見、馬場美濃守と山縣三郎兵衛に下知し、大久保、柴田を會釋《あいした》わせ、兵を山際へ引き取りけり。甲州方の先陣、小山田備中守昌行が手の者に、上原能登と云う者、昌行に申すは、犀ヶ崖《さいががけ》より敵陣を見るに、備えは以上九ヶ所にて、唯一重《ひとえ》と見えたり。また信長の加勢と見えて、新井、本坂に陣す。その勢八、九千もや候《さぶ》らん。然れども、この陣の旗色《はたいろ》宜しからず。討たば敗せんと目利きしたりと云う。小山田これを信玄に告げしかば、諸加甚五郎に上原を添えて、重ねて物見《ものみ》に遣わすに、両人頓《やが》て皈《かえ》りて、信玄へ申しけるは、敵小勢なれども勇気尖《せん》にして、待ち掛けたり。この方より掛からば、敵に利を得られん。暫くここに御扣《ひか》候て、敵を欺《あざむ》かれば、敵苛《いら》ついて掛からんか。その時味方の兵を進め、相掛かりに掛かり合い、手《て》痛《いた》く当らば、味方勝利疑いなしと申す。信玄、もっともとて、態《わざ》と備えを堅くし、馬の掛り場を前に残し、敵の掛かるを待ち居たり。陣の小山田は足軽の兵を以って、遠矢射させて、偽引《おび》く時に、大久保治右衛門と柴田七九郎が両勢、小山田に討ちて掛かる。

小山田も掛かり合いて、火を散じて戦う。大久保、柴田討ち負けて敗走す。家康公の御先手《さきて》、石川伯耆守数正入れ替わりて戦う。石川が兵は馬より皆な下り立ちて、敵の馬を突きて駁（駈）け落さする。石川が手の郎等（郎党）、外山小作と名乗りて、一番に槍を合わす。石川自ら切って廻る。小山田が兵二百余人討たれて引き退《しりぞ》く。山縣は手の郎等三百余騎、従軍都《すべ》て二千余人を、一つに纏《まと》い、家康公の旗本へ一文字に討って掛かりしが、御旗本小勢と見侮《あなど》りて、只一揉にせんと、二千三百騎掛かるを、弓鉄砲にて打ち立ちければ、山縣が先手《さきて》、矢庭《やにわ》に百人討ち殺され、進み兼ねるを、鎗を揃えて突き立てければ、左右に分かれ逃げ走る。

既に味方討ち勝つよと思う処に、初め敗軍せし小山田勢、備えを立て直し、佐竹衆並びに遠山家の味方衆、一手に成りて討って掛かる。家康公の御旗本、大久保七郎右衛門、大須賀五郎左衛門、榊原小平太、本多平八郎、酒井忠次など、左右より横合いに入りて、突き崩す。

小山田が跡備えより、裏崩れして引きければ、先軍も堪り兼ねて、小山田再び敗北す。武田勝頼は馬場、山縣と一所に成りて突いて掛かる。武田左馬助、穴山梅雪、甘利左衛門も、山縣を救わんと、五千余兵討って掛かる。本多、大須賀、榊原、一手に成りて先登す。本多忠勝は一番に鎗を合わす。その家人、栗林弥蔵貞元、荒川甚太郎勝治、苦戦して討ち死にす。本多甚六、河合又五郎、多門越中も討ち死にす。

桜井庄之助は能《よ》く戦いて、首を得たり。大須賀、榊原が属兵《ぞくへい》も苦戦して、首数級《すうきゅう》を取る中にも、坂部又七郎、久世三四郎、筧竜之助、鈴木角太夫、渥美源五郎、伊東鳫助、清水久三郎は諸勢に抽《ぬきんで》て高名す。かくの如く戦いて、勝負付かざる処に、武田方の荒手、また三千余人助け来たり、味方の後陣を、裏で軍路を断《た》たんとす。これを見て、浜松勢、堪り兼ねて敗北す。敵は気に乗りて追い掛ける。家康公は味方の勢を落とさんと、轡を引き返し、追い来たる敵を防ぎ給う。

夏目二郎右衛門、都築右京、走り来たり、御馬の三寸を取りて引き直し、正無《まさな》き殿の御挙動《ふるまい》かな。これは大将の討ち死にし給う所に非ずとて、一鞭当て、馬を飛ばせ、二人は踏み留まりて討ち死にす。敵は犀ヶ崖《さいがけ》辺まで追い来たる故、味方危うかりしに、本多、榊原力戦して支えたり。先陣たりし石川数正、大久保七郎右衛門、後殿《しんがり》して除《はら》うを、武田勢は家康公とや思いけん、喰い留めて慕《した》い来たる。石川、大久保下知して、鉄砲をつるべ放しに打ち掛けたれば、敵、猶予する隙に、家康公は難なく浜松の城へ入り給う。鳥井彦右衛門元忠、兼ねて仰せを蒙《こうむ》り、玄黙口を堅《かた》めしが、門扉《もんぴ》を閉《とじ》んとす。家康公仰せに、必ず門を閉じるべからず。殿《しんがり》して来たる味方を城へ入れんためなり。開き置くとも、予が篭《こも》る城へ敵押し入ること、叶うまじ。門を閉じては、敵に気を呑まれん。門前、門内に篝《かがり》を焼かせよとて、大篝を焼かせらる。

今日の軍《いくさ》は申の刻より始まりて、夜半に及べり。家康公は御殿に入り御在りて、御湯漬けを請い給う。久野殿と云う女房、持参せしに、三度まで替りて召し上がられ、その後高鼾《いびき》して御寝《ぎょしん》なる。誠に不敵《ふてき》の御心とぞ、沙汰しける。武田が先陣、馬場、山縣、浜松勢に追い番《つが》いて、玄黙口まで押し寄せみれば、大門、小門押し開き、内外に大篝を焼き置きたり。山縣は馬場に申しけるは、城兵周章《あわ》て、門扉を閉じる暇なし。倡《みだれ》るや、城に乗り入れて攻め取らんと云う。馬場氏勝（信春）が云わく、軍《いくさ》、敵によって転化するを当たれりとす。当時（今）、家康は若手《わかて》の良将なり。門を堅め、橋を引きて守るべき時なるに、結句《けっく》、開きたるは、謀《はかりごと》を構え、城へ偽《いつわ》り引き入れて、討たんと計るらん。見合わせて責め入らんと、猶予する所へ、鳥井彦右衛門元忠、渡辺半蔵、同半十郎、勝屋五兵衛、桜井庄之助、以下百余人討って出、人馬の嫌《きら》いなく、無方に突いて廻る。篝《かがり》はあれども、外闇《あん》じて、僅かの勢、大勢へ入りければ、敵味方分かち難く、甲州勢、持ち扱い、同士討ちすなど、散乱す。両渡辺、鳥井、桜井、一番に鎗を合わせ、首《くび》数級討ち取る。鳥井は膝《ひざ》の口を突かれけれども、陣所を去らず戦う。軍《いくさ》半ばに、城より二百余人、真っ黒に成って突き出る。殿《しんがり》して引きし浜松勢も、敵の後ろへ来たりしが時（鬨）の声を揚げれば、徒早《すばや》く後詰の来たるとて、四角八方へ分かれ逃げるを、少々追い討ちして、城へ引き入りけり。

［備考］

「三河後風土記」は、徳川家康が将軍に就任するまでを年代順に記述した歴史書です。慶長十五年（一六一〇）五月成立とされます。

ここでは、信玄の甲府発向から「三方ケ原の戦い」までの部分を掲載しました。

武田四天王の一人、高坂弾正が口述した「甲陽軍鑑」に対し、徳川十六神将の一人、平岩親吉が撰したとされる「三河後風土記」は、後発の編纂書や講談などに少なからず影響を与えます。「三河風土記」と「平岩親吉」については、本書の第二章で説明を加えているので、そちらを参照してください。

本書は家康が東照大権現として神となる前に書かれたものであり、家康のことは「神君」ではなく「家康公」と書かれています。内容的には、「一言坂の戦い」に参加しているはずのない山県昌景を登場させたり、徳川の奮戦ぶりをドラマチックに描いたりしており、徳川の威信を高めるために盛った創作部分と、史実であろう部分が混在して、見極めることは困難です。本書における「三方ケ原の戦い」部分では、徳川びいきの「三河後風土記」を採用せず、より客観的に書かれていると思われる「甲陽軍鑑」を採用しました。

最も注目した部分は、一言坂の戦いに五千の兵で浜松城を出陣したとする部分と、戦い後、浜松城に戻った時、鞍に脱糞をしていた部分です。綱吉や吉宗によって脱糞は無かったこととされ、徳川家斉の時代になって執拗に完全否定されるまで、「三河後風土記」は語り継がれ続けます。脱糞部分は他の編纂書には書かれておらず、「一言坂の戦い」を描くための興味深い情報として位置づけました。

三方ケ原で大敗し、浜松城の玄黙口に押し寄せた馬場信春と山県昌景との会話部分は、謀《はかりごと》として自重をすべしとの馬場の主張を、万能の戦いでの徳川の謀に嵌《はま》った馬場の苦い経験と組み合わせて、第一章に盛り込みました。

天保八年（一八三八）、徳川家斉の命により、幕末の儒学者・歴史家である成島司直《なるしまもとなお》の「改正三河後風土記」によって全面改訂されます。成島は「三河後風土記」の成立時期を、正保年間（一六四五年頃）以後と考証していますが、本書はこれを採らず、平岩親吉《ひらいわちかよし》著と位置づけました。その理由は、第二章に示しています。

三河物語　元和八年（一六二二）

三河物語　第三下

然る所に、元亀三年壬申の年、信玄より申し越されけるは、天龍の河を限《きり》で切り取らせ給え。河東は某が切り取り申すべしと、相定め申す処に、大井河限《ぎ》りと仰せ候儀は、一円に心得申さず。然れば、手出しを仕るべく候とて、申《さる》の年、信玄は遠江へ御出馬有りて、木原、西島に陣取り給えば、浜松よりもかけ出して、見付の原へ出て、木原、西島を見る所に、敵方これを見て、押っ取り〳〵（急いで）、乗り駈ければ、各々申しけるは、見付の町に火をかけて退くものならば、敵方、案内を知るべからずとて、火をかけて退《の》きけるに、案《あん》の外《ほか》に、案内をよく知りて、上の台へ駈けあげて乗り付ける程に、頓《やが》て一言の坂の下り立てにて、乗り付けるに、梅津は、しきり乗り付けられてならざれば、岩石をこそ乗り下しける。

その時、大久保勘七郎はとって帰して、鉄砲を打ちけるに、一、二間にて打ち外す。その時、上様の御状（諚）には、勘七郎は何として打ち外して有るが、と仰せられける時、その儀にて御座候。都筑藤一郎が弓をもちて罷り有るによって、それを力《ちから》と仕り候て、放し申しつる。纔《わずか》一、二間ならでは御座有るまじき。定めて薬《くすり》はかゝり申すべく、兎角《とかく》と申す内に、我等が臆病ゆえに、打ち外し申したると申し上げければ、藤一申すは、勘七郎が立ち止《とど》まりて、打ち申すゆえに、我等は了簡《りょうけん》なくして罷《まか》りありつると申しければ、兄の大久保次右衛門が申すは、藤一、左様に御取り合わせは申さるるぞ。御身を力とせずんば、せがれが何とて立ち止《とど》まらんや。方々の故に有りつるぞと申せば、御方の弓弓懸《ゆがけ》を外し給うを見て、我も馬弓懸を外したると申せば、藤一申すは、次右、左様に話し、坂の降り口にて、御馬の馬弓懸を外したるに心付き、我も弓懸を外したと申せば、上様は御笑わせ給いて、その儀はまず置け。勘七郎、汝《なんじ》があやかりと云うにはあらず。見付の台より追い立てられて来たる間、急息《せいき》のせき上げたる処に、定めて汝は鉄砲を中程に手をかけて、火皿の下を持ちて放したるか。御意の如く、左様に仕り申す、と申し上げれば、左様に有るべし。中程に手をかけて、火皿の下を持ちて放せば、引息にては、筒先が上り、出る息にては、筒先が下るものなり。殊更、常の時と、追い立てられし時の、息は変わるものにてある間、外れたるも道理なり。汝が臆病と云う処にはあらず。何時も左様なる時は、諸手ながら、引きが手の下を持ちて打つものなり。何と息を荒くつきたりとも、筒先は狂わざるものにて有るぞ。以来はその心持ち有るべしと御意なり。

然る間、遠江の小侍どもが、信玄へ退きけるが、この度、供《とも》して来たりて、天方、向笠、市の宮、各和の古《ふる》構《がま》い、その外の古城《ふるじろ》、又は屋敷構いを取り立て持つ。各和の構いを持ちたる小侍どもを、久野と懸河と出合いて、攻め落して、多く討ち取りたれば、その外の所をば、残らず明けたり。天方ばかり、久野弾正、その外、寄り合いの小侍どもが持ちけるを、味方ヶ原の合戦の後、天方の城を攻めさせ給いて、本城ばかりにして引き退かせ給えば、その後、明けて退く。

信玄は、見付の台より、国府《こう》台島へ押し上げて陣取り、それより、二俣の城を攻めける。城には、青木又四郎、中根平左衛門、その外籠る。信玄は乗り落とさんと仰げれば、山方三郎兵衛と馬場美濃守両人、駈け廻りてみて、いや〳〵この城は土井高くして、草うら近し。とても無理責めには成るまじく、竹束をもって詰めよせて、水の手を取り給う程ならば、頓《やが》て落城有るべしと申しければ、その儀ならば責めよとて、日夜油断なく、鉦《かね》太鼓を打って、時（鬨）をあげて責めけり。城は、西は天龍河、東は小河有り。水の手は岩にて、岸高き崖作りにして、車を掛けて水をくむ。天龍河の押し付けなれば、水もこと凄まじき態《てい》なるに、大綱《おおづな》をもって、筏《いかだ》を組みて、上よりも流し掛け〳〵、何程ともきりもなく重ねて、水の手をとる。釣瓶《つるべ》縄を切るほどに、ならずして城を渡す。

然る間、信玄は、城を取りてより、東三河に、奥平道文と、菅沼伊豆守と、同新三郎、これらは、長篠、作手《つくで》、段峰《だみね》。これらが山家三方を持ちたるが、逆心《ぎゃくしん》して信玄に付く。菅沼次郎右衛門と、同新八郎は、御味方を申して、逆心は無し。然る間、信玄は、上方《かみがた》に御手を取る衆の多く有りければ、三河へ出て、それより東美濃へ出、それより切って登らんとて、味方ヶ原へ押し上げて、井の谷へ入り、長篠へ出んとて、祝田《ほうだ》へ引き下ろさんとしける処に、

元亀三年壬申（一五七二）、十二月二十二日、家康浜松より、三里に及びて打ち出させ給いて、御合戦をなさるべくと仰せければ、各々年寄どもの申し上げるは、今日の御合戦、如何に御座あるべく候や。敵の人数を見奉るに、三万余と見申し候。その上、信玄は老武者と申す。度々の合戦に慣れたる人なり。御味方はわずか八千の内外に御座有るべくやと申し上げれば、その儀は何ともあれ、多勢にて、我が屋敷の背戸を踏み切りて通らんに、内に有りながら出て咎《とが》めざる者やあらん。負くればとて、出て咎むべし。その如く、我国を踏み切りて通るに、多勢なりというて、などか出て咎めざらんや。莵《と》に角《かく》合戦をせずしては置くまじき。陣は多勢無勢にはよるべからず。天道次第と仰せければ、各々是非に及ばずとて、押し寄せけり。

［備考］

「序」の部分に、「これは門外不出の書として、世間にだすことなく子供にもたせて、後世に長年お仕えしたご主君様のことを知らせようと、書きとめたものである」として大久保家の子孫に伝えることを目的としています。

著者の大久保彦左衛門は、三代将軍家光の天下の御意見番として、昭和の映画やテレビなどにはよく登場した人物です。

成立時期は、奥書部分に元和八年（一六二二）と書かれていますが、実際には寛永時代（一六二六〜一六三二）とされています。

学者が書いた編纂書とは異なり、細部を具体的な言葉で物語的に語っています。注目点は、木原畷の戦い、見付の町の自火、西坂の攻防が、連続した戦いであることを伝えていることです。

ただし、家康が元和二年（一六一六）に死去し、翌年東照神君となった後の成立であるため、その記述内容は神君家康の威信を護ることに徹しています。特に三方ケ原の戦いにおける家康は、決して信玄に臆することなく、積極的に立ち向かう若武者として描かれており、無謀にも浜松城を打って出た謎に対する理由を、「合戦をせずしては置くまじき」や、「天道次第」として美化しており、この記述は現代でも引用され続けています。この美化された家康像は、その後の「武徳大成記」や「武徳編年集成」等の、幕府の編纂本の基本となります。

武徳大成記《ぶとくたいせいき》　貞享三年（一六八六）

武田信玄兵を遠州に出す、本多忠勝一言坂殿の事

初め今川氏真の敗亡せし時、武田信玄、神君（家康）と約して、遠州は我れに属し、駿州武田に属して、大井川を以って分界《ぶんかい》とす。元亀三年壬申（一五七二）閏正月十三日、神君、兵を率いて大井川に出でて、疆場《さかい》を巡見し給う。酒井左衛門忠次、小笠原与八郎長忠など、井呂瀬《いろせ》を渡りて、嶋田川原に陣す。十九日、浜松に帰らしめ給う。これに於いて、信玄使いを来《きた》して、誣《あざむ》いて曰く、向日《きょうじつ》の約言《やくげん》は天龍川を限りて東西を分かち、領せんと云えり。

今、兵を大井川に出して、領内に濫入あるは、甚だ素意《そい》に背くとなり。この信玄、約言を変じて、事を生じて遠州を侵さんと、姦計《かんけい》なり。神君その詐《いつわ》りを怒りて、遂に和好《わこう》を絶し給う。これより先立ちて、山縣三郎兵衛昌景、遠州を侵掠《しんりゃく》、神君怒りて昌景を譴《せ》め給う。これに至りて、益《ますます》信玄の姦計を悪《にく》みて、遂に敵讎《てきしゅう》となれり。

十月中旬、信玄、騎士三万五千を率いて遠州に出《い》づ。また山縣昌景をして騎兵五千、東三河に出でて、遠州に会《あ》わせしむ。遠州の旧族、天野宮内右衛門景貫を郷導《きょうぞう》として、多々羅（只来）、飯田の両城を攻陥《こうかん》す。また久野城を攻む。久野三郎左衛門宗能、固くこれを守る。甲州の大兵、袋井、見付の際《きわ》に陣す。この日、内藤三左衛門信成をして、甲軍の形勢を候《うかが》わしむ。信成還り報《しら》せんとす。敵、軽卒を出して喰い留めたり。

神君、浜松に在りて宣《のたま》わり。向《さき》に信成を斥候に遣わす。大軍に遇《あ》わなば困ることも在りなんとて、本多平八郎忠勝、及び壮士若干をして援《たす》けしむ。信成、援兵《えんぺい》に機を待って、相ともに防戦す。敵大兵を進めて、我れを囲みて殲《ほろ》ぼさんとす。我が兵、かつ戦い却《しりぞ》いて、一言坂に至る。敵また急に逼《せま》る。梅津某《ぼう》、岩石を乗せ下して、禦《ふせ》ぎ戦わんとす。本多忠勝、踏み止《とど》まりて防戦す。大久保次右衛門忠佐、同勘七郎忠正、同荒之助忠直、都筑藤一郎、本多三弥正重、渡辺平六真綱、同半蔵守綱、同半十郎正綱など鑓を執《と》って競い進む。

一説に曰く、大久保勘七郎は鳥銃を放ち、都筑藤一郎は弓矢を執《と》る。

忠勝、黒絲《いと》の鎧、鹿角の兜を著《つ》けて、両軍の間に馳せ廻りて、衆士《しゅうし》を励まして防ぎ戦うこと、七、八度とも、勢い絶勝《ぜっしょう》たり。忠勝が手下、桜井庄之助勝次、三浦竹蔵、大原作野右衛門、同惣右衛門、柴田五郎左衛門など、島銃を発ち、刀を揮《ふる》いて、これを支え、敵二騎、島銃に中《あた》りて死す。敵鋒《てきほう》、稍挫《ややくじ》く。吾が兵、見付の驛に入る。敵また見付の臺に充満せり。忠勝、家丁《かてい》大葉彦一をして、見付の驛舎に火を縦《たて》て、烟りに乗じて去らんとす。かつ敵の来路《らいろ》を遏《とど》めんとす。甲州の兵、思いの外に案内知りて、進んで一つ橋に亘《わた》りて、邀《むか》え撃たんとす。乗り廻し防ぎ戦うて、軍《いくさ》を全《まっと》うして、小天龍に至る。神君曰く、一言坂にて忠勝下知なくば、我が兵悉く撃《う》たれ死すべし。這回《このたび》の殿《しんがり》は抜群の功なり、と称美《しょうび》し給うて、成瀬吉右衛門を使いとして、忠勝が今日の働きは八幡と思し召さるゝと仰せあり。甲州の将士もまた忠勝が勇壮を感ぜずと云う事なし。信玄の近臣、小杉左近、一首の俳歌を榜《ぼう》（板に書きたる物を「榜」と云う）に題して、見付の原に樹《た》て、忠勝を褒美《ほうび》すと云う。

一説に曰く、この日、甲州の衆軍、袋井、見付の辺に至る。神君、軍を出し給うて、先鋒、已《すで》に三加野に至る。甲州の大兵、急に戦《いくさ》を始めんとす。遅滞して時を移す。忠勝言《げん》す。敵は大軍なり。少兵を見て、急に進みて撃つべし。今敵、戦《いくさ》を始めざるは、兵を廻して、我が後ろを邀《もと》むらんとするならん。今日の戦《いくさ》、利あるべからず。速やかに軍を旋《かえ》さるべし。敵若し進みて止まず、天龍川を越し来らば、半渡を撃《う》って勝利を得ん。神君これを然りとして、前軍を引上げしむ。敵兵ひしと喰い留めたり。忠勝両軍の間に乗り入りて、士卒を下知して、一騎も撃たせず引き退《しりぞ》く。忠勝、時に二十五歳。

［備考］

五代将軍綱吉が編纂を命じ、貞亨三年（一六八六）に成立した「武徳大成記」の一言坂部分のみ掲載しました。

家康が東照神君になった後に書かれたものであり、家康を「神君」と表現しています。「三河後風土記」の様に「一言坂の戦い」に山県昌景を登場させてはいません。「神君、浜松に在りて宣わり」とし、家康が「一言坂の戦い」の時に出陣せず、浜松城で指揮したとして直接の関与を否定しています。また「信成を斥候に遣わす、本多平八郎忠勝及び壮士若干をして援けしむ」の部分は、戦いに参加した兵数を少なくして、戦いを矮小化しています。

・家康は浜松城で指揮したとし、撤退や脱糞などを間接的に否定し、家康の威厳を護ろうとする綱吉の意向が反映されています。後半の「一説に曰く」は、「三河物語」、末尾の「一説に曰く」は、「甲陽軍鑑」からの引用です。すでに広く知られているこれらの書を引用して裏付け資料としています。徳川軍の兵数を「若干」としており、四千とする「甲陽軍鑑」兵数の差が顕著です。

四戦紀聞《しせんきぶん》

遠州味方ヶ原戦記

元亀三壬申《みずのえさる》年（一五七二）十月、武田大膳大夫、従五位下兼信濃守源晴信入道信玄、遠参二州の諸城を攻め抜《ぬ》かんと欲し、相州小田原へ使節を以って、北條左京太夫、従四位下平氏政へ援兵を請う。氏政許諾《きょだく》して、清水太郎左衛門正次、大藤左衛門高直、近藤出羽助真《すけざね》、中山勘解由家範を部将として、一千余兵を甲府に遣わしければ、信玄この勢を合わせて四万余人（或るは三万五千）を率いし、甲陽を発して、遠州乾《いぬい》に到り、城主天野宮内右衛門景貫《かげつら》を郷導とし、山縣三郎兵衛昌景に五千余兵を添えて、神君の御領内、多々羅、飯田の両城を攻め屠《ほふ》り、久野三郎左衛門宗能が久野の城に手遣《てづか》いし、山名郡木原、西島、袋井に屯《とん》を設《もう》く。

神君、内藤三左衛門信成をして、敵軍を窺わしめ給う。信成帰り報ぜんと欲する所に、敵、軽卒をかけて喰い留めたり。神君は浜松に於いて仰せけるは、嚮《さき》に信成を大斥候《ものみ》に遣わす所、もし敵に慕われ困《くるし》むことや有るべき、見届けよとて、本多平八郎忠勝、大久保七郎右衛門忠世などを三賀野《みかの》の台に赴《おもむ》かしめらる。内藤信成、この援兵に気を得て、三頭《かしら》の兵合わせて、千二百余、敵を追い却《しりぞ》けて引き取らんと欲し、頻《しき》りに戦うて、一言坂まで退き去りぬ。

敵には、山縣昌景、馬場氏勝（信春）、強《し》いて喰い留める時に、本多平八郎（二十五歳）、黒絲《くろいと》の鎧を著《ちゃく》し、鹿角打ちたる冑《かぶと》に唐《から》の頭《かしら》掛けたるを被《こう》ぶり、黒の駿馬《しゅんめ》に乗り、敵味方の真ん中へ屑《もののかず》ともせず馳《は》せ入り、縦横に馳せ廻り、下知《げち》すること七、八度に及べば、大久保忠世、内藤信成、諸軍を指揮《しき》し、一言坂の下まで引き退《しりぞ》く。

その時、甲州勢二手に分かれ、両道よりこれを慕う。山縣昌景は赤地に白桔梗《ききょう》の旗を靡《なび》かせ、右の方に廻る。従軍には、屋代安藝勝正、山本土佐清頼、魁《さきがけ》す。また馬場氏勝は白地に黒、山道の旗を靡かせ、早川豊後行憲、同弥三右衛門行宗、前島和泉則弘、同加賀則盛を先鋒として、左の方に廻り追い来たる。味方梅津某、岩石を乗り下《おろ》し、後殿《しんがり》して拒《ふせ》ぎ戦う。

その時また、本多忠勝、轡《くつわ》を班《かえ》せば、大久保治右衛門忠佐、同勘七郎忠正、同荒之助忠直、渡辺半蔵守綱、同半十郎政綱、同半六真綱、本多三弥正重、都筑藤一郎、及び忠勝が属兵、桜井庄之助勝次、三浦竹蔵、大原作右衛門（或る書に作野右衛門と記す）、同物右衛門、柴田五郎右衛門、梶金平など、鎗を作りて、中にも大久保勘七郎忠正は火砲を飛《と》ばせ、都筑は矢を放って防ぐゆえ、敵に、騎に、中《あた》りて落命す。ここに於いて、敵慕うことあたわず。すでに味方見付の町に入らんとするに、敵早くも上の台に充満《じゅうまん》たり。忠勝、従士大兼彦助に下知して、商屋《あきうどや》に火をかけ、煙に紛れ引き退く。敵猶《なお》も道を替えて、一ツ橋に到りて邀《むか》え撃《う》たんとせしかども、忠勝少しもひるまず、乗り廻り、下知して、味方一騎も討たせず、小天龍まで引き取りける。

今日の働き、忠勝は人間に非《あら》じと、敵味方共に歎美《たんび》しけり。神君は真籠（馬込）植松辺りに御旗を立てられ、成瀬吉右衛門定好を以って、汝が武略、八幡の変じてなし給うやと思し召す旨、釣命《ちょうめい》あり。かくて各兵を浜松へ返す。信玄の近臣小杉右近、俚語《りご》を書いて見付の台に立て、大いに忠勝を称美《しょうび》す。

家康に　過ぎたるものが　二つある　唐の頭と　本多平八

【備考】

編纂者は幕臣の根岸直利であり、子息の木村高敦が校正しています。成立は「武徳大成記」の数十年後であり、「武徳大成記」での幕府の方針に従い、一言坂の戦い時「家康は浜松城に留まって指揮をした」とし、脱糞話は書かれていません。しかし、山県昌景を一言坂に再び登場させるなど、華やかさを求めて創作を加えた内容となっています。「三河後風土記」や「三河物語」などからの引用も見られます。磐田原に進出した本多、内藤、大久保の兵数を、三頭《かしら》の兵合わせて、千二百余と、具体的に記しています。

武徳編年集成《ぶとくへんねんしゅうせい》

十月小〇三日、信玄三萬五千を帥《そつ》して、甲府を発し、山縣三郎兵衛昌景に五千余兵を副《そ》えて、信州より東参河に赴《おもむ》かしむ。これ雪深き折柄にて、謙信信上の間に乱入の憂《うれ》いなき故なり。信玄、遠州に入りて、乾の天野宮内右衛門景貫を嚮導《きょうどう》として、多羅、飯田の両城を抜きて、久野の城を攻めんとす。時に、神君、浜松より内藤三左衛門信成等《ら》を斥候として、見付の原へ遣わし給う処に、敵、既に木原、西島に充満す。その時、浜松より本多平八郎忠勝等《ら》馳せ来たる。

信成、これに力を得て引き取らんとする所に、敵競い来たる。味方は見付の町に火を放し、烟《けむり》の紛れに退かば、敵は不知《ふち》案内なり。必備《ひつび》騒ぐべし時、大返しして討ち退くべしと相議し、火を放つ所、案の外に、敵、地理を察し、見付の台に押し揚《あ》げて、一言坂へ下《お》り立つまで、乗り蒐《あつめ》しかば、味方梅津某、漸く岩石を乗り下す。その時大久保勘七郎忠正は火炮、都筑藤一郎は弓を携え、後殿しけるが、互いに刀を得て勘七郎返し、一、二間を隔て鳥銃を発し敵を討ち仆《たお》す。

藤一郎は矢を発し、大久保治右衛門忠佐、同荒之助忠直、渡邊一族槍を取って返しける時、本多忠勝（唐の頭掛けし冑を被れり）、敵味方の間に馳せ入りて、縦横に乗り割り、味方一騎も討たせず。兵を全《まった》くして帰る。神君は成瀬吉右衛門正一を以って、忠勝が働きは八幡宮の化身なるべしと称美せらる。甲陽の小杉右近が家康に過ぎたる者は、の狂歌はこの時の事なり。

［備考］
編纂者は、「四戦紀聞」を校正した木村高敦です。寛保元年（一七四一）、徳川吉宗に献上されました。綱吉が編纂を命じた「武徳大成記」同様、家康は浜松城から出陣せず、一言坂に山県昌景は登場させません。「武徳大成記」と比べて、文字数は半分ほどに抑えられ、あっさり片づけています。幕府の意向を受けて、磐田原に進出した兵数を、父の根岸直利が「四戦紀聞」で記した千二百とする説を捨てて、具体的な兵数を全く示していないため違和感があります。「武徳大成記」同様、家康の脱糞話は無く、徳川の威信を守る内容となっています。

三河後風土記正説大全

信玄遠州表発向

さる程に、信玄は軍《いくさ》用意整《ととの》いければ、元亀《げんき》元年（一五七〇）十月十四日、三万五千余人を引率《いんそつ》し、甲府を打ち発《た》ち、遠州乾《いぬい》の城主、天野甚左衛門、芦田下野守などを案内者として、山縣三郎兵衛に五千余人をさし添えて、遠州多々羅、飯田を攻めさせけるに、両城ともに攻め落す。それより兵《つわもの》を進めて、久野の城を攻むべしとて、木原、西嶋、袋井などに、人数を進めけるに、追々早馬《はせうま》をもつて、信玄大軍を率《そつ》して、国中《くになか》を侵《おか》し掠《かす》むるよし、注進《ちゅうしん》に及びければ、家康公も浜松の御城を進発《しんぱつ》ありて、敵に向かわせ給う故、御後より追々に馳せつ向かいて、御供に侯《こう》じける面々には、本多平八郎忠勝、榊原小平太康政、大久保七郎右衛門忠世、同次右衛門忠佐、内藤三左衛門信成、平岩七之助親吉、已下《いか》、御人数わずかに千三百余人を引率し給い、大天龍、小天龍を打ち越えて、急がせ給う所に、内藤三左衛門信成は、公の御馬の先に馳《は》せふさがり、唯今御物見として御出馬とは申しながら、信玄大軍を引率して発向に及び候所、あまり御小勢なれば、しばらく此辺に御旗を立てられ、後勢を御待ち付け、その後、御馬を進められ、しかるべしと申し上げる。

家康公聞こし召し、もっともと仰せられ、然らば汝《なんじ》見きりして来たれと仰せければ、信成畏《かしこ》まりて馬を乗り出す。その出立ちには、萌黄糸《もえぎいと》の鎧《よろい》に、同じ色の兜《かぶと》のうえに、白熊《はぐま》を掛け渡し、栗毛の馬に打ち乗り駈けだしたり。

斯くて、袋井縄手《なわて》へ乗り付けて、信玄の先手《さきて》山縣が備え先、半丁ばかりの間にて、よくよく見きり引き返す。山縣遥かに見て、唯今、味方の備え先を窺《うかが》うは、まさしく三州武士の物見に出たるなるべし。急ぎ討ち取れと下知《げち》しければ、心得たりと甲州勢三十騎ばかり、鑓先《やりさき》を揃えて駈け向いけるに、信成少しも驚く気《け》色《しき》なく、近づく敵を尻目《しりめ》ににらみ、矢頃《やごろ》近く成りしとき、馬を引き返して、番《つが》いたる矢を切り放ち、真っ先に進みたる兵の眉庇《まびさし》を射砕き、眉間《みけん》の真ん中、射通しける故、馬より真っ逆さまに射落しけり。続いて掛かるをすき間無く、一の板より母衣付《ほろつけ》まで、矢先著《しろ》く射出したり。信成只一騎なれば、甲州勢見侮《みあなど》り、群がり掛かる。そも〳〵この信成は、優れたる矢継ぎ早やの精兵《せいびょう》なれば、透き間なく、すでに弐十筋《すじ》の矢を以って、弐十三人まで射落しけれども、なお武田勢は退《しりぞ》かず、我れ劣《おと》らじと、追い慕《した》いけり。

（中略）

かくて　家康公は、御人数を御まとひ、浜松の御城へ御引き入り、御馬より降りさせ給う時に、大久保治右衛門忠佐《ただすけ》は、諸人に向かい高声に、「今日、如何《いか》なれば、殿には卑怯《ひきょう》の御心根《こころね》ありしや。昔より一将軍勇あれば万卒《ばんそつ》しかりという事あり。然るに、殿の御心根臆《おく》し給うによって、人数心ならず敗したり。」と申すを、公御聞き遊ばすといえども、曽《かつ》て御構いなく御奥へ入らせ給う。この節、治右衛門、かように申せしは、本多が諌《いさ》めに従わせ給い、御一戦もなく引き給う事を言い、甲斐《かい》なしと存じ、その上、忠勝を御賞美深きを嫉妬にして、かく申しける由。

［備考］

編纂者は不明ですが、伝えられている中山本の巻末に「西渓」の落款があることから、天保時代（一八三〇～一八四四）に生きた西村西渓の可能性があるとされています。幕府の命による編纂書ではありません。磐田原の戦いに参加した徳川の兵数を千三百としており、「家康公も浜松の御城を進発ありて」として、家康が浜松城から出陣したとしています。加えて、浜松城へ帰城した時の様子も描かれています、「三河後風土記」の脱糞部分と比較すると、前後の文章を引用しつつも、肝心な脱糞部分をまったく別な言葉に置き換えていることが注目点です。「大全」という名称から「三河後風土記」の後継本である位置づけとし、「神君」ではなく「家康公」としています。

「三河後風土記」に代わる新たな編纂書を作るべく、綱吉と吉宗が「武徳大成記」と「武徳編年集成」をそれぞれ編纂させ、家康が浜松城を出ていないとしたにも拘らず、千八百年代になってもなお家康が出陣したとする幕府の意図と反する内容が書かれており、依然として「甲陽軍鑑」と「三河後風土記」の記述が影響を与え続けていたことが分かります。こうした背景から、家斉が「改正三河後風土記」の編纂を命じ、「三河後風土記」を全否定する流れに繋がっていったと考えます。

改正三河後風土記　天保八年（一八三八）

遠州一言坂軍の事

武田信玄は三遠二州を攻め取りて徳川家さえ傾《かたむ》けなば、京都までの間に、手に立つ者が有るべからずと、深く謀《はかりごと》密策を帷幄《いあく》の中に回《めぐ》らしけるが、手配《てくば》り已《すで》に定まりければ、元亀《げんき》三年（一五七二）十月中旬、原書九月とするは誤りなり。

大成記御年譜、甲鑑十月とす。山縣三郎兵衛昌景に五千余兵を添えて信州伊奈（伊那）より東三河に向かわしむ。その跡より信玄三万五千の軍を引き具《ぐ》し、甲府を発し、遠州乾城まで、天野宮内右衛門景貫を案内者とし、多ゝ羅（只來）、飯田の両城を攻め落し、それより久野の城に攻め掛かり、袋井、見付の間、木原、西嶋に陣す。（大成）上杉謙信が所領越後は、この節、最早雪深くして、加勢出す事叶《かな》い難きを察し、十月を待って三遠に乱入せしなり。

浜松にては、神君、斯《か》くと聞召《きこしめ》して、大久保七郎右衛門忠世、本多平八郎忠勝、内藤三左衛門信成などに、四千余の人数を添えて、斥候《せっこう》のために見附の宿まで遣わさる。この輩《やから》、三加野、木原、西嶋辺まで張り出し、武田が軍備の様を伺《うかが》い見るに、信玄遥かにこれを見て、あの敵を逃がすべからず。悉《ことごと》く討ち取れと下知すれば、武田勢は心得たりとて、袋井村の陰より段々人数を操（繰）り出す。内藤三左衛門、斯《か》くと見て、諸将に向い申しけるは、今浜松の軍勢八千の内、四千は爰《ここ》に来たれり。この勢《ぜい》を以って、只今、武田が大軍と合戦を取り結ぶ程ならば、勝負の程もっとも危うし。

爰《ここ》にて打ち負けなば、後日の合戦成り難《がた》かるべし。何卒《なにとぞ》してこの人数を引き取り、織田殿へ加勢の事、申し遣《つかわ》し、待ち合わせて戦うべし。然りといえども、両軍斯く間近く取り結びし上は、この人数を引き揚げて帰らん事、三左衛門には成るまじく候。誰か候《そうろう》、人々下知して引き揚げ給えと申しける。その時、本多平八郎忠勝、廿五歳なりしが、黒糸の鎧に、鹿の角打ちたる兜《かぶと》を着、蜻蛉《とんぼ》切《き》りという鎗を馬手《めて》に掻《か》い込み、扣《ひか》えたりしが、進み出で、某《それがし》引き揚げ見申すべしとて、徒士《かち》大兼彦八郎に下知し、足軽を差し添えて、見附の町へ遣わし、戸板、畳、筵《むしろ》などの焼き草を路に積ませ、合図次第に火を放つべしと約束し、その身は、かの蜻蛉切りの鑓《やり》を提《さ》げて、只一騎、二反ばかり隔てたる敵味方の間へ乗り入り、士卒を指揮し馳せ廻り、味方を引き揚げたる。武者振りのゆゝしきを、武田勢も感称し、諸軍皆な眼を付け、猶予しける間に、平八郎采幣《さいはい》を振り立て、味方の兵を脇の小路《こみち》に引き取り、藪陰を片取り、足軽を立て、焼き草に火を放ち、その烟りに乗じ引き取る処に、甲州勢は山縣三郎兵衛を先手《さきて》とし、思いしよりも地理を心得て、引き取る味方を喰い留めて、悉く生け取りにせんと、一言坂の下まで乗り掛かる。

この時、都筑《つづき》藤一郎は、頻りに矢を以って敵を射落し、大久保勘七郎忠正は、鉄砲を放ちて敵を打ち倒し、大久保七郎左衛門忠世《ただよ》、同治右衛門忠佐《ただすけ》、同荒之助忠直、本多平八郎が属兵、桜井庄之助、三浦竹蔵、大原作之右衛門、同惣右衛門、柴田五郎右衛門、村越与惣右衛門など、小返《こがえ》しして突戦《とっせん》す。平八郎、敵味方の間を縦横に乗り割りて、味方一騎も討たせず、軍を全くして浜松に帰りしかば、神君、甚だ平八郎が功を感称し給い、成瀬吉右衛門正一を以って、忠勝に仰せ下されしは、汝が今日の挙動は平八とは思われず、只これ八幡大菩薩の御化神と覚ゆる、と褒詞《ほうし》を賜《たまわ》りしかば、諸人これより益《ますます》平八郎を鬼神《きしん》の如く恐れける。

さて甲州勢の中よりして、一首の歌を書いて、一言坂の上に立てたり。

家康に過ぎたるもの二つあり、唐《から》の頭《かしら》に本多平八

この歌、後に聞けば、信玄が近習《きんじゅう》、小杉右近助と云う者の所為《しょい》なりとぞ。唐頭はその頃世に稀なる品なるを、三河武士は十人の内七、八人は、唐頭を掛けたり。故にかくは読みけるとぞ。柏崎物語に、唐頭は、元亀二年、始めて蛮人持ち来たり、犛牛《からうし》という獣の尾なり。三河にては、本多平八郎、内藤三左衛門、川井十度兵衛など七人、これを懸けたり。これにより、武田方の者どもは、小身の御家に過ぎて多し、と申しけるなりと見ゆ。

按ずるに、原書（三河後風土記）には、この時神君三加野まで御出馬あり。内藤・本多が陣に依りて、先に浜松へ引き取り給うとて、真籠（馬込）に御馬を留め、諸将の帰るを待ち給うと記すといえども、大成記、基業編年などには、神君御出馬はましまさず、内藤、大久保、本多などのみ、斥候に遣わされしと記す。今これに従う。

また原書（三河後風土記）に、大久保忠佐、神君浜松へ御帰城の時、その御馬の鞍置《くらおき》に糞が有るべきぞ、糞を垂《た》れて逃げ給いたり、と罵《ののし》りたる由を記す。この日御出馬無ければ、逃げ給う事有るべきにあらず。これなど皆な妄説《もうせつ》なり。故に刪去《さんきょ》（削除）。

甲陽（甲陽軍鑑）の説にも、家康衆、随分の侍大将、四千余人の人数にて打ち出でたるとは見えて、御出馬の事は無し。

【備考】

「三河後風土記正説大全」とほぼ同時期である、天保八年（一八三八）に完成した江戸幕府の編纂物です。十一代将軍家斉の命により、幕府に仕える儒学者成島司直によって編纂されました。幕府にとって「三河後風土記」の不都合な部分を「改訂」と称して書き改めています。あくまでも磐田原の戦い部分のみの比較ですが、「武徳大成記」や「武徳編年集成」の記述を踏襲し、磐田原の戦いの時、家康はあくまでも浜松城に留まって指揮をしたとしています。「三河後風土記正説大全」により、再び家康の出陣が取り上げられたため、これを否定する編纂書を示す必要に追い込まれたのではないかと考えます。

特に「三河後風土記」の脱糞部分を妄説とまで言い切って執拗に否定しています。しかし、派遣した兵数は「甲陽軍鑑」と矛盾が生じていたため、斥候として四千を見付まで遣わしたとして数合わせしました。これにより、本多・大久保・内藤ら旗本先手役の将が天竜川を渡って、徳川軍を率いたことになり、矛盾が生じています。将はあくまでも将であり、大将ではありません。徳川の命運を賭けて、四千もの徳川軍を率いる指揮権を持っているのは、総大将の家康でしかないと本書は考えています。

当代記《とうだいき》　寛永年間（一六二四〜一六四四）頃

九月の頃、武田信玄、遠州へ発向有るべくの沙汰隠れなく、これに依り、信長公より使者を以って、武田へ無事《ぶじ》有るべくの由、度々宣《のたま》い、十月、武田信玄、遠州発向、高天神表を通り、見付国府へ打ち出らる。見付には浜松より人数置かる、といえども、無勢の間、引き退《しりぞ》く。

信甲衆、見付の古城普請の躰を見て夥《おびただ》しきこと、、云々。信玄、二俣へ押し寄せ攻めらる。十月、山縣三郎兵衛、秋山伯耆三千余、三河へ打ち出で、三河の山家《さんが》三方《さんぽう》、信玄に属す。長篠へ陣取り、野田へ相働き放火、遠州の山家井平へ打ち出で陣取る。日々祝田《ほうだ》へ打ち出で相備え、これ二俣へ敵、人数出すまじきの計《はか》りなり。

この時、家康公、井平の人、数を打ち果たされ、こと安ずるべき処に、信玄と合戦これ有るべき内存《ないぞん》にて、この儀に及ばれざるか。家康公、已来《いらい》後悔し給う。十月、岩村城、信玄に属するの間、井平陣中より、信州衆、下條伊豆守、東美濃へ遣わし、岩村に在城す。

信甲衆井平に在陣の儀は、十月山縣三郎兵衛、秋山伯耆守、信州より三河山中へ出、三方の主、作手奥平道汶（道文）入道、長篠伊豆守、同新九郎、田嶺新三郎、信玄に属し、案内者として先登（先頭）にせしむの間、長篠に在陣して、野田へ相働き、放火せしむ。さて遠州井平へ相移り在陣す。

十二月、二俣城落居《らくきょ》の間、普請《ふしん》せしめ、番手《ばんて》を入る。同廿二日、信玄、都田打ち越し、味方ヶ原へ打ち上り、浜松衆、物見《ものみ》として十騎、廿騎づつ懸け来たり、取り合いの間、これを引き取るべくの由曰《い》い、家康公出馬の処、不慮《ふりょ》に合戦に及び、浜松衆敗北、千余討ち死に。（信玄人数二万、浜松衆八千ばかりなり）浜松近辺放火、但し、町中へは押し入らず。

則ち、取り詰めべく、かの旨評議有り。然れども、家康公居城なり。左右《そう》無く、落居《らくきょ》難し由、談合せしめ、徒《あだ》に十日に及び、かの野に在陣なり。この時、信長より加勢の衆、佐久間右衛門、平手、水野下野守などなり。平手は討ち死ぬなり。

下野守は三河岡崎まで遁《のが》れ行き、比興《ひきょう》成る躰なり。大方、信玄と一味有るべし、と云々。

【備考】

寛永年間（一六二四～一六四四）頃に成立したとされ、編纂者は家康の外孫に当たる姫路藩主松平忠明といわれています。忠明は天正十六年（一五八八）、家康の養子となり、松平姓を許されました。

「三方ケ原の戦い」は短い文章で経緯を記すのみですが、適格な表現であると思います。

信玄の遠江侵攻の道筋が高天神表だったことや、山県勢が仏坂の戦いの後に家康の二俣城後詰を牽制したことなど、他の編纂書には見られない記述が目を引きます。さらに、信玄本隊が三方ケ原へ上る道筋を都田方面からとし、三方ケ原の戦いが不慮（思いがけず）に合戦に及んだ事など、興味深い事柄が多く書かれています。そのため、本書では重要な資料として位置づけて引用しました。

家忠日記増補　寛文五年（一六六五）

十月小十二日　信玄、甲州を発して遠州に至り、天野宮内左衛門尉を案内者として、多々羅、飯田の両城を攻めて、これを抜きて、見付に至りて陣す。

大神君の兵、三千余騎、一言坂に進み向う。本多平八郎忠勝が徒士《かち》、大兼彦一郎、見付の町に放火して、敵を西北に廻し、御味方の兵、既に進み、撃たんとす。

時に、本多平八郎忠勝、内藤四郎左衛門尉正次、大神君に言いて曰く、今日、必ず戦うことなかれ。速やかに軍を返さしめ給うべし。

敵多勢を率いて、進退自由の、地利《ちり》に陣す。味方は且つ微勢にして、地利宜しからず。味方の陣を退かんに、敵、若し天竜川を越えて追い来らば、かれ川を半ば渉るの時、味方の軍を返すとて、迷うに奮い撃てば、その利を得ん事、掌《たなごころ》を指すがごとくならんと決す。大神君これを許し給う。ここに、これにより、味方の兵を退かんと欲す。然りといえども、両陣の間、その近き事僅かに二反計りにして、味方の兵、退かば、敵その動きに来《こ》して、競い撃たんと窺う。故に、退くことを得ず。両陣、互いに支《ぼく》へ挑《いど》む。本多忠勝、独り鎗を捨て、両陣の間に馬を乗入れ、諸率《しょそつ》に指揮して馳せ廻る事、七、八度にして、遂に味方の陣を退かしむ。敵その勇勢に辟易《へきえき》して、これ故、追うことを得ず。味方の軍勢、三町余退き去る。時に敵起きて、これを追う。忠勝が徒士、桜井庄之助、三浦竹蔵、大原作右衛門尉、柴田五郎右衛門尉など、軍を返して奮い戦う。武田が兵、なお進みて競い追う。本多平八郎忠勝、内藤三左衛門尉、大久保七郎右衛門尉忠世など、殿《しんがり》後《ご》し、兵を全うして浜松に帰る。

[備考]

編纂した松平忠冬は「家忠日記」を編纂した松平家忠の孫です。資料性が高い「家忠日記」と比較すると、史料的価値は低いとされています。寛文五年（一六六五）完成と伝わります。

松平記

元亀元年（一五七〇）十月中旬、信玄、遠州へ発向し、乾の天野宮内右衛門案内にて、飯田の城を明け渡す間、見付の台へ、信玄旗《はた》を立たれ、家康衆三千にて出合い、一言坂にて合戦す。大敵、殊更嵩《かさ》みて見ゆる。

本多平八、内藤三左衛門申すは、ここ信玄の大勢《おおぜい》と合戦し、味方大勢討たれて後、家康の旗本小勢に成りて合戦、大切《たいせつ》なれ。先ず引き取りて、信長よりの加勢と一つに成り、信玄を切り立て討ち捕るなりとて、評談《ひょうだん》し、本多、鹿角《しかつの》の立物《たてもの》に、唐《から》の頭《かしら》掛けたる甲《かぶと》にて、敵味方の間へ乗り入れ、人数を左右《そう》無く引き上げる間、跡目《あとめ》に付け、信長衆押し、大久保治右衛門、同勘七、都筑藤一、大久保荒之助、四人しんがりにて引き取る。

信玄、その後、二俣の城へ押し寄らる。城主中根平左衛門大将、家康よりの加勢、青木又四良、松平善兵衛篭《こも》る間、この人々小勢を事ともせず合戦す。度々突いて出て競り合う。然る間、浜松より後詰《ごづめ》の勢、出勢《しゅっせい》の時分、二俣城水の手を取られて、篭城《ろうじょう》叶い難く、城を渡し退く。城には信玄衆、信濃の芦田下野守を篭《こ》めらるゝ。さて信玄、三方原に押し出す。家康へは信長より、平手、水野、林、佐久間、四頭《かしら》、加勢に来たる由、信玄聞きて、さては軍《いくさ》は無益なり。

子細《しさい》は、他国へ来たりて、大敵との勝負大事《おおごと》なり。すぐに刑部《おさかべ》押えしと評定の処に、浜松衆押し出して対陣す。日既に暮れなんとす。浜松衆勇み、是非とも合戦を初めんと申す。

家康、鳥居四良左衛門を召し、物見に越《こ》し給う。鳥居皈《かえ》りて申しけるは、人々如何《いか》に勇み掛からんとも、必ず、御合戦御無用《むよう》と申す。子細は、信玄衆、ことの外大勢、段々に備え、浜松衆は山の際に一皮《ひとかわ》にて、中々危なく御座候。早々先手《さきて》へ使いを遣わし、人数を引き上げさせ給う。御合戦は成り難し。もし御合戦あらば、跡より堀田の郷へ、敵押し行きたる時分、段々に備えて、御合戦然るべし。唯今成され候わば、御負け申す。

家康聞し召し、鳥居を日比（頃）御用にも立ち申すべきと思し召して、御事の御使いに遣わされ候。それほど臆病にては、何の役に立ち申すべく候。

甲州衆の大勢を見て、腰の抜けたるや、と御立腹成されて、目の前の敵をおめ〳〵と通しては、口惜《くちお》しと仰せらる。四良左衛門申すは、御用にも立ち候て、口も聞き申す故に、勝負を見定め申し候えども、御負け候えども、御懸り候わば、こなたの御ままなり。

勝負さえ知らぬ人をこそ臆病とは申す、とて腹立ちける。

その合戦前、成瀬藤蔵と口論致しけるが、藤蔵をたずね候えば、藤蔵高名致し討ち死ぬと聞く。則ち、四良左衛門も駆《の》り込み、晴れなる討ち死に候。藤蔵は四良左衛門を尋ね、四良左衛門は藤蔵を尋ね候て、両人ともに討ち死に仕り候間、その次に渡辺半蔵、物見に出で、これも中々味方御大事《だいじ》なり。先手《さきて》を呼び返し申すべく候と申し上げる。然れども、味方の若き殿原《とのばら》皆な勇み、是非とも合戦と望み申す。

その次に、柴田七九良、大久保治右衛門、二頭懸り来る。渡辺は平《ひら》に止まれと制すれども用いず。

真っ先に掛かり、敵の様躰《ようだい》を見よとて、足軽をかけ初め、甲州衆の小山田兵衛が手と競り合いて、懸け負け、引く。石河伯耆守組一手にて盛り返し、合戦をす。日既に暮れければ、下り立ちて競り合う。石河伯耆守手にては、外山小作と云う者、一番鑓を合わせ致し、高名候。信玄衆、惣軍勇み掛かり、家康も掛かり給う。遠州の山家三方と小山田衆は、家康衆に追い立てられ、殊の外、敗軍なり。

申の刻より合戦初め、夜半までの合戦。甲州も小山田衆、佐竹衆、遠州三方衆の内、能き侍百人討ち死にし、然れども、味方敗軍にて、酒井左衛門尉衆、信長より加勢衆、平手、中務二手は、就中《なかんずく》敗軍し、味方へなだれかかる間、これに引き立てられ、味方引上げる。

榊原小平太は城の方へも退かずして、東の方、西島へ引き、平手は伊場と云う処にて取って返し、討ち死ぬなり。家康も旗本にて盛り返し給う。かれども、敵気負《きお》い掛かる間、皆な敗軍して、本田肥後守、鳥居四良左衛門、岩城勘解由左衛門父子、阿澄（渥美）源五良、長谷川紀伊守、加藤二良九良、成瀬藤蔵、天野麦右衛門を初めとして、究竟《くきょう》の衆三百人討ち死にす。大久保七良右衛門、犀ヶ崖の辺に御旗を立て、味方の敗軍を集めしめ居たりしなり。

家康、その間に浜松へ引き取り給う。敵、気負い掛ければ、玄黙口、鳥居彦右衛門堅《かた》めけるが、敵余りに急に押し掛け来たる間、鳥居も突いて出、防ぎ戦う処に、渡辺半蔵、同半十良、勝屋五兵衛、桜井庄之助と名乗り、最前に進出、鑓を合わせ、敵五人討ち捕り、押し来たる敵を追い払う。また石河伯耆守も味方のしんがりして、引上げるを、家康とや思いけん、敵喰い付き〳〵押し来たる。石川引き返し数度敵を防ぎ、終に引き取る。さて石河と七良右衛門相談し、鉄炮を揃え、つるべ放しに打ち立てしかば、敵慕《した》い来たらず、皆な引き返す。

敵も味方も草臥《くたび》れ、殊に味方敗北しける間、夜討ちにせんともせず。草臥れを休めけるに、天野三兵と大久保七良右衛門、相談し、敗軍の中を尋ねしに、鉄炮只十六挺有りしを連れて、夜に入り、信玄の夜陣、犀《さいが》崖《がけ》の辺へ打ち越しかば、甲州衆驚き、不案内なり、くらさは闇し、崖へ落ち入ること、その数を知らず。信玄、これに驚き、中々寄せんともせず。その夜明けるといなや、早々引き取る。さへかへ（刑部か？）へ引きて、越年これ有るなり。元亀三年十二月、遠州味方合戦これなり。

［備考］
江戸時代前期の成立、阿部四郎兵衛定次著とされますが定かではありません。「家康衆三千にて出合い、一言坂にて合戦す」としています。幕府に不都合な表現を避け、無難な内容となっています。

信長公記

これは遠州表の事。霜月下旬、武田信玄、遠州二股の城、取り巻くの由、注進これ在り。則ち、信長公御家老の衆、佐久間右衛門、平手甚左衛門、水野下野守、大将として御人数、遠州浜松に至り、参陣の処に、早や二俣の城攻め落し、その競《きそ》いに、武田信玄、堀江の城へ打ち廻りさせ、相働き候。家康も浜松の城より御人数を出され、身方（三方）ヶ原にて足軽ども取り合い、佐久間、平手初めとして懸け付け、互いに人数立ち合い、既に一戦に取り向かう。武田信玄、水股の者と名付けて、三百人ばかり、真っ先に立て、彼らにはつぶて（礫）を打たせて推《お》し、太鼓を打ちて、人数かかり来たる。一番合戦に、平手甚左衛門、同家臣の者。

家康公の御内衆《うちしゅう》、成瀬藤蔵、十二月廿二日、身方（三方）ヶ原にて数輩討ち死にこれ在り。さる程に、信長公、幼稚《ようち》より召し使われ候。御小姓衆、長谷川橋介、佐脇藤八、山口飛騨、加藤弥三郎、四人、信長公の御勘当を蒙り、家康公を憑《たの》み奉り、遠州に身を隠し、居住候《そうら》いし。

これまた一番合戦に一手にかかり合い、手前《てまえ》比類なき討ち死になり。ここに希代《きだい》の事あり。様子は、尾州清《きよ》州《す》の町人、具足屋《ぐそくや》玉越三十郎とて、年頃廿四、五の者あり。四人衆見舞として、遠州浜松へ参り候。折節《おりふし》、武田信玄、堀江の城取り詰め、在陣の時に候。定めてこの表相働くべく候。左候えば、また一戦に及ぶべく候間、早々罷り帰り候らえと、四人衆達《たっ》て異見候らえば、これまで罷り参り候の処を、外して罷り帰り候わば、また以来、口はきかれまじく候間、四人衆討ち死にならば、同心すべきと申し切り、罷り帰らず。四人衆と一所に切りて廻り、枕を並べて討ち死ぬなり。家康公、中筋切り立てられ、軍の中に乱れ入り、左へ付いて、身方（三方）ヶ原の来し道の一騎打ちを退かせられ候を、御敵、先に待ち請け支《つか》え候。馬上より御弓にて射、倒し、懸け抜け、御通り候。これならず、弓の御手柄、今に始まらず。浜松の城、堅固に御拘《かかわ》りなされ、信玄は勝利を得、人数打ち入り候なり。

［備考］
戦国大名・織田信長の一代記で、戦国時代から安土桃山時代にかけての史料です。著者は信長旧臣の太田牛一。原本は江戸時代初期に成立したとされています。

浜松御在城記　天和年間（一六七三～一六八四）

元亀二辛未（一五七一）
一、旧冬、源三郎（松平康俊）殿、甲府御欠落成《かけおち》され候儀を、信玄立腹、意趣に仕られ、二月十六日、甲州を打ち立ち、道滞留《たいりゅう》、同月廿四日、遠州小山、能満寺に城を築き、大熊備前を入れ置く。それより高天神へ押し寄せ、内藤修理亮重昌を残し置き攻めさせ、自身は参州へ出陣、御味方の小城どもを攻められ候。この時、三州の足助、伏地《ぶせつ》等、甲州へ降参仕り、甲州勢を入れ置き候。

元亀三壬申（一五七二）

一、閏正月、金谷大井川へ御人数御出し、巡見仰せ付けられ候えば、信玄立腹致され、国切りの約は天竜川にて候に、大井川切りと思し召され候は、心得難きの由、難題申し越さる。それ以後、十月中旬に、信玄甲州より遠州犬井、秋葉口より発向。犬井の天野宮内右衛門藤秀を案内者として、多々羅へ、飯田の両城を攻め取る。天野を遠州定番に居《きょ》し、久野の城巡見、袋井に着陣。

この時、浜松の御人数も三加野台へ押し出す。敵兵、御味方の後ろを遮《さえぎ》らんと、兵を右の方へ廻す。本多平八郎忠勝（時廿五）、敵の機を能く察して、今の御合戦、御無用に遊ばさるべく候。その子細は、敵は大勢、蒐引《かけひき》自由の広場なり。御味方は小勢、殊に楯と象《かたど》り、防ぐべき切所《せっしょ》もこれ無く候。敵、若し追い来たらば、天龍川の半渡《はんと》を見合い蒐《かけ》て、御一戦成され候わば、御勝利、御座有るべくと存じ奉り候旨、言上仕るに付、権現様も御同心遊ばされ、則ち、御人数、御引取成され候。

この時、退口《のきぐち》大事に御座候を、平八郎手勢、並び御家人をも引き廻し、殿《しんがり》仕り、退き申し候。然れども、敵猛勢、追い掛け来たり候に付、不案内敵、度《たび》に迷い候わんやと、平八家来、大兼彦助に申し付、見付の国府に火をかけ候えども、案の外、敵道筋を能く知り候て、（天野を拘《とら》え、遠州の小侍、信玄に随う故なるべし）上の台へ押し上げ、乗り付け申し候。一言坂の下り口にて、御人数、危く御座候。この時、平八郎が戦い、家来、桜井庄之助、三浦竹蔵、柴田五郎右衛門、大原彦右衛門、同左近右衛門等、能く働き、敵を突っ掛け、または鉄炮にて打ち落し申し候。この間に御味方、天竜川を渡り申し候。

一言坂の下り口にては、御旗本大久保次右衛門忠佐、舎弟勘七郎忠正、大久保荒之助忠綱、都筑藤市、殿《しんがり》仕り候。勘七鉄砲打ち外し申すに付、次右衛門と、藤市と、問答御座候。これは委細、彦左衛門忠教の記に見え申し候。敵も天竜川より引き返し申し候。

権現様は馬籠（馬込）に御扣《ひか》え、平八を御待ちなされ、今日の進退度に中《あた》り、比類なき儀、我が家の良将と上意の由、申し伝え候。この中、平八忠勝に続きて、敵味方の間にて、乗り廻し、下知の振合、見事成るは、内藤三左衛門信成にて御座候。信玄の近習、小松右近、過《すぎ》たる物が二つ有ると云う落書《らくしょ》を、見付の坂に立つる。参河衆十人に、六、七人は、唐の頭を用いらる付きてなり。平八は甲《かぶと》の立物《たちもの》に、黒き鹿角に御座候由。

二俣城の戦い

一、信玄は、見付の国府台嶋《こうだいじま》へ推し上げ、陣取り、勝頼、典厩《てんきゅう》、穴山三人に申し付け、二俣の城を攻められ候。城主、中根平左衛門、浜松よりの御加勢、青木又四郎、松平善兵衛（両人ともに御留主居。異（異本）にはこの説これ無し）楯籠《たてこも》る。彼等小勢として、大軍を恐れず、毎度突いて出、相戦う。勝頼、金泥の䋞《ほろ》を差物《さしもの》にして、先登《せんとう》に進み下知し、信玄も急に攻め落し候えと申され候えども、馬場美濃守信政、山縣三郎兵衛昌景、見分《けんぶん》仕り、中々土居高く、要害《ようがい》よく候えば、一旦《いったん》無理攻めには叶い難く候。竹手把を付、水の手を取り切り、然るべしと申し候。この城、西は天龍、東にも小川有り。水の手は岩にて岸高く、桟《さん》作《づく》りにして、車を仕懸け、水を汲み候。

天龍川の押し付けなれば、水冷《とぼ》しき躰に御座候えども、信玄下知を以って、大綱にて、筏を組み、上《かみ》より流し懸け、何程もなく打ち続け、水の手を取り、釣瓶《つるべ》縄を切るに付、城中、頼みなき躰に御座候。浜松より後詰に出御《しゅつぎょ》成され候えども、御一戦も成されず、御引取り成され候。この時、馬場信政、信玄へ申すは、天龍川絵図にては、浅深覚束なく候処、家康公、勢を引上げらるゝにて、知れ申し候。若武者、武骨なり、と申しける由。

信玄より城中へ、使を以って、この上は如何様にも討ち果すべく候えども、働き神妙なれば、敵ながら惜しき事に候。早々城を渡し退き候えと申し来たる。両人は城を枕とし、討死と申し候えども、信玄より再往《さいおう》申し来たるに付、城を渡し退く。（一説に信玄より人質を取り、鹿島を渡り、貴船と云う所より、人質を返し、退き候由。）然る所に、権現様へ纔人《わずかびと》御座候いて、褒美を取り、乗り替えの馬を貰い、城を渡し候由、申すに付、御目見え罷り成らず。欠下と云う所に扣え、二俣にて討死仕らず、これまで退く、無念には候えども、余、申し分は有るまじきと申し候由。

一、信玄より二俣には、信州先方侍大将、芦田下野守幸成を入れ置く。（異書説、下野守に、加勢もこれ有りとも御座候）

一、信玄、遠州に在陣。二俣の城を攻落し候えば、東三河の士、山家三方衆を初め、大方志を変じ、信玄に属す。東三河にて、御味方申され候は、野田の菅沼許りにて御座候。二俣より三方ヶ原へ推し出だし、大菩薩に陣取り、刑部へ引き入るの処。

この説や、都田丸山の説の由。味方ヶ原と書くは非《ひ》にて御座候。和地、都田、祝田、三方立ち合うの草苅原。

三方ケ原の戦い

○　信玄、刑部へ引き退かれ候こと。（一説に、三河衆を手引にして、信玄東美濃へ入り切りて、上り候らわんとの志と云う。この説、非にて候。一説には、浜松を攻むべしとの志候えども、信長公より、平手監物清秀の男《むすこ》甚左衛門、佐久間右衛門信盛、氏家常陸入道卜全、林佐渡守、安藤伊賀守、同名与兵衛、遠藤九左衛門、毛利河内守、武藤弥平兵衛、都合九頭、八千許りにて、加勢来たると聞きて、他国と云う新手の大敵、勝負大事なりと、刑部へ引き入るの由。この説も非なり）

十二月廿二日、浜松よりも三里（旧記次第に認め、誤り申し候。一里余の積りなり。絵図に道のりに御座候）、御出勢、御対陣。日既《すで》に薄暮《うすぐれ》なるに、御味方、勇進、御合戦と望む。御家老は、信玄の勢、四万余と、聞き申し候。御味方、纔《わずか》に八千の内外御座候を、岡崎に弐千、吉田に千、野田に三百、かれこれに打ち散らし、残り少なに御座候えば、信長の御加勢を副《そ》えても、中々、敵に対すべき御人数にあらず。

今日の御合戦、御無用に遊ばさるべき由、申上候えば、その儀は兎《と》もあれ、角《かく》もあれ、敵、我が城辺を推して通るに、城内に居ながら、出て一当《ひとあて》あらざらんは、甲斐なく聞ゆる。縦《たと》い、軍《いくさ》に負けるとも、一合戦すべし。勝負は天道次第との上意なり。

その日の物見《ものみ》、鳥居四郎左衛門忠広も罷り帰りて、敵は大勢、段々に備《そな》えを立ちて堅陣。御味方は、山際只一側《ひとかわ》にて、危《あやうく》見え候。御合戦、御無用に成さり、御使番を遣わされ、御人数、御引き上げ成され候に存じ奉り候。然れども、是非御一戦と思し召し候わば、敵、祝田《いわいだ》の郷へ推し行く時分（都田の丸山より、直《ちょく》には、瀬戸谷越え難く御座候。これにより、祝田坂へかかり、引き取り申し候）、蒐《かか》りて追い討ち成され候わば、自然御勝利有るべきやと、申し上げ候えば、御顔色変《へん》じ、汝ら日頃、用にも立つべきものと思《おも》い、大事の使にも遣わし候に、敵の大勢を見て、腰の抜けたるや。何とて、斯く後れたる儀を申し候やと、御立腹成され候。

四郎左衛門申し上げ候は、御用に立ち候えばこそ、目も利き、かように勝負を見定め申し候。御一戦成さるべきは、それは殿の御数寄《すき》次第、勝負を知らぬ人をこそ、臆劣《おくれつ》とは申せと云い捨て、御前を罷り立ち候。渡部半蔵も斥候に参り、これも御合戦、然るべからずと申し上げ候。その次に柴田七九郎、大久保次右衛門駈け来たる。渡部、両人を引き留め、制すれども、承引これ無し。先ず、敵の行を見んためとて、足軽を蒐《か》くる。

信玄の下知は、勝頼と馬場、山縣、三人会釈《えしゃく》、山際まで引き取るべしと、下知の処に、小山田兵衛尉重高、手の上原能登、三方ヶ原の左の方へ乗り出し、犀ヶ崖の方より敵を見やれば、九段に備う。然れども、ただ一側《ひとかわ》なり。信長の加勢、大軍なりといえども、旗色、速やかにして、敗軍の機有りと云う。これを聞き、小山田、馬場、信玄に云う。則《そく》、今日の物見の番、室賀入道と上原、両人を遣す。二人乗り返して一同に申せば、則、先陣を小山田に申し付けらる。

既に申の刻におよび、合戦初《はじ》まる。先手大久保・柴田、小山田が手と迫り合い、手掛け負け、引色なるを、石川伯耆守一手にて守返《もりかえ》す。薄暮なれば、各々降り立ち、粉骨を尽す。石川が手にては、外山小作、一番を入れ、高名《こうみょう》仕り候。御旗本備えにて、山縣を三町余り、追い崩して、山家三方衆と小山田も、御旗本勢に駈け立てられ、敗北なり。馬場は高天神衆と相戦い、小笠原与八郎長忠内、杉野十斗兵衛、金の制札の差物《さしもの》にて、真っ先に進むを、馬場が内、落合市之允、気付きして討ち取る。山縣大崩れ成るべきを、勝頼、二本の馬印を左右の脇に推し立ち（白地に黒大文字、黒地に白大文字）、馬より降り立ち、芝居《しばい》を踏み堪《こた》う。山縣、相備えの人数、大いに崩れ来たるを、妻手《ひきて》に叩き廻し、能き時分に御旗本へ横筋違《よこすじかい》に蒐《かか》り入り、切り崩す故、山縣衆も引き返し、酒井左衛門尉手へ突き懸る。

信玄下知して、小荷駄奉行甘利、横鑓《よこやり》に懸る。この時、信長よりの加勢、手を乱して、逃げる。（平手監物は、取って返し、伊場村にて討死。一説に小豆餅と云う。信用ならず。）酒井尉は、この時、鑓をも入れず敗北。榊原小平太、御城へ退かず、東の方、西嶋へ引く。山田平市は岡崎まで逃げ行く。権現様も御討死と申す所へ、恙《つつが》なく御城へ入らせられ、御註進ありて面目を失う。

権現様、一旦、御守（盛）り返し成され候えども、平手と酒井勢、大《おお》いに敗走、御旗本とも云い、砂切れかける。これに引っ立てられ、数度の戦いに労《つか》れたる御人数なれば、力及ばず、惣敗軍仕り候。然れども、権現様、少しも御動転《どうてん》成されず、御小姓衆を討《う》たせじと思し召され、御乗り廻わし、御円居《まどい》、御引退《ひきしりぞ》き遊ばされ候。大久保新十郎、馬に離れ歩立《かただち》にて、御馬に続き難く見え候。折節《おりふし》、小栗忠蔵、敵の馬を取り、乗り来たるを御覧成され、その馬、新十郎に借《か》せと上意あれば、忠蔵飛び下り、新十郎を乗せ、その身、手負い候へども（股に鎗疵御座候）、事ともせず、御馬に、傍《わき》を、御城まで御供仕り候。

敵、慕い来たる、危い時、取って返えし、御乗り込み成さるべきと仰せられ候処に、夏目次郎左衛門、諫《いさ》め奉り、御馬の口を牽き廻わし、鎗の石突《いしづき》にて御馬を打ち、その身は残り留まり、討死仕り候。その間に、恙《つつが》なく御城へ玄黙口より入らせられ候。

大久保七郎右衛門忠世は、犀ケ崖《さいががけ》に旗を立て、御味方敗軍の兵を集め、玄黙口をば、鳥居彦衛門元忠、固めけるが、敵、急に御跡より推し懸かり来たる時、鳥居突いて出、防戦。渡部半蔵、同半十郎則綱、勝屋五兵衛等、粉骨を尽す。本多平八忠勝も諸共《もろとも》に下知して、諸卒整《ととの》え引き入る。この時、家来桜井庄之助高名、本多豊後守広高、同彦三郎康重、返えし合わす。鑓を合わせ、家来、高部屋加木之助に首を取らせ申さるの由。

石川伯耆守、殿《しんがり》して、味方を引き上げるを、敵これを　権現様と存じ、これに喰い付き、追い来たる。石川、数度返し合わし、防ぎ引き取る。石川、鳥井、大久保相談して、鉄砲を釣瓶《つるべ》放《ばなし》に打ち立て候らへば、敵、追い来たらず、御門を閉め申したる由、伝承候。

一、今日討死の衆　御合戦前に、鳥居四郎左衛門と成瀬藤蔵と、口論仕り候が、後は互いに武勇を争う。成瀬、敵陣に入り、高名して討死仕り候と云う事を聞き、鳥居も、続いて駈け入り、討死申し候。中根平左衛門、青木又四郎は、二股の恥辱、雪《そそ》がんとや、乗り入れ候。

御味方の手負い、討死、三百余人なり。

一、御味方敗軍なれば、その夜中に夜討ち成さるべき御　謀《はかりごと》は、御座なく候処に、大久保七郎右衛門忠世、天野三郎兵衛康景、相談して申し上げるは、加様《かよう》の負け軍《いくさ》には、敵勝ちに乗るものに候条、重《かさ》ねての為に候とて、敗軍の中を捜し出し、鉄炮十六挺ありしを召し連れ、名栗口より出、明光寺の西の山先より、信玄の野陣《のじん》、犀ヶ崖へ打ち掛かくる。甲州衆騒動、暗夜と云い、不案内と云い、崖へ落ち入る者多くこれ有り。

一説に、犀ヶ崖、以前は崖も深く、両方に、薄《すすき》・茅《ちがや》茂り候。御人数は、元来、案内を能《よ》く存じ候。その上、御合戦前に、蒐引《かけひき》の為とて、小橋を仰せ付けられ候て、引き入れ時にこれを退《の》く。甲兵、これを知らず。多くは崖へ馳せ落ちると云う説あり。

一、鉄砲十六挺にあらず。百余挺と云う。然れども、伊場村権兵衛先祖、相祖次郎左衛門、不意と云う物を以って、自分の鉄炮に交えて、石を打ち掛け候と云う。然らば、鉄炮少なきか。次郎左衛門、三方ヶ原、御引き取りの節も、御供仕り、粉骨を尽くし候に付、御褒美、来國行の御刀拝領《はいりょう》仕り、今に、家に持ち伝え候。

一、翌廿三日の朝、御味方討死の首百六、信玄、馬場（古馬場なるべし）と云う所に掛けさせ、実検あり。浜松よりも、三方原へ御人数御出し、甲州方、押一番、穴山陸奥守備《そな》え蒐《かか》りて、足軽迫合《せりあ》い御座候。

一、勝頼、穴山、典厩、逍遥軒、馬場、山縣、小山田、内藤修理亮重昌、小幡上総介信真、真田源太左衛門則之（「之」異に「幸」と作る）を初め、この度、幸いに浜松の城を取り囲み、御討ち果し、然るべきと申す。高坂弾正晴久は、昨日の敗け軍《いくさ》にも夜討ちを仕懸け、今日も足軽を蒐《か》ける敵なれば、慢《あなど》る事難し。縦《たと》え攻落すとも、廿日も手間を取る内には、岡崎、岐阜より、追々後詰《ごづ》めあるべし。然る時は、味方大軍、他邦にて、兵粮、塩噌の運送、容易《たや》すからず。却って味方難義の負《お》いとなるべし。所詮《しょせん》、敵を奥深く饗應の社、弓箭《きゅうせん》の功者《こうしゃ》とは申《もう》すべけれと云えば、信玄は感ぜらるの由。

一、信玄、富塚の内、権家谷に陣取る。百姓の妻子に乱妨に取り仕るに付、百姓、地焼きして退き申し候。平口の原へ引き取り、陣屋を立てらるべく支度の処に、これをも百姓地焼きして逃げ申し候に付いて、廿四日、刑部の内、前山へ引き取り、前山、陣平、二ヶ所に（気賀、堀川の陣の当国二ヶ所）陣屋を立つ。（陣平は大陣屋、前山は小陣屋）三方ヶ原、小豆餅、大反《おおそり》、小反《こそり》の間にて迫合《せりあ》いあり。後は三瀧嶺まで引き入れ、陣城《じんしろ》を構えて、信玄越年せらる。

権現様（御年三十一）、信長公（三十九歳）、信玄（五十二歳）。

［備考］

「浜松御在城記」は、永禄十一年（一五六八）に徳川家康が遠江国に侵攻してから、武田氏が滅亡するまでの十五年間を記しています。江戸ではなく浜松藩の藩士により書かれた貴重な文献です。著者の名は明確ではありませんが、浜松藩主青山忠雄に仕えていた儒者・永井随庵が編纂したものと伝わり、成立年代は天和年間（一六七三〜一六八四）頃と考えられています。

「三方ケ原の戦い」から百十年後に書かれた書物であり、先発の「甲陽軍鑑」「三河後風土記」「三河物語」などを引用してまとめ上げています。

「三河後風土記」などの文章と対比すると、その引用度合いが分かります。成立時期は貞享三年（一六八六）成立の「武徳大成記」の少し前ですが、すでに神君となった家康に対する忖度が認められます。

引用元が示されていないため、加筆部分が地元浜松の伝承によるものなのか、創作によるものなのか見極めが付きませんが、細部まで緻密に組み立てられており、読み物として面白く書かれています。

ただ、「三河後風土記」に書かれている家康の脱糞や、「甲陽軍鑑」の二俣城への援軍阻止など、徳川の威信に関わる内容は排除されており、山県昌景も二俣城の戦いから合流したことになっています。

「一言坂の戦い」で、天竜川を渡った徳川の兵数は書かれておらず、家康が浜松城で指揮したか否かは触れていません。三方ケ原の戦いについても、勇ましく浜松城を打って出て、信玄に果敢に挑戦する家康として描かれ、恥辱の表現を和らげています。

「一言坂の戦い」の時に家康が浜松城に留まっていたとは書いていないため、「武徳大成記」の前段階の本と考えられ、徳川の威厳を損なう内容が語られなくなる過程を知ることができます。

遠州濱松軍記

遠州浜松城合戦の事

甲州、信州両国の大将、武田大膳太夫晴信入道信玄公、新羅三郎の後裔なり。智・仁・勇の良将なり。その外、十四ヶ国も切り随え、天下を窺う心にぎり、遠州、三州、尾張、三ヶ国を相攻めんとて、軍兵を率いし。その勢、都合四万余騎、出陣これ有るなり。遠州多々羅、飯田の両城を切落し、犬居天野宮之太郎左衛門に、遠州の定番を堅く言い附け、久野の城、後見して、見附の台へ籏を建つ。

家康公御勢は三ヶ野川切りて、一言坂にて戦い給う。家康公御軍勢、八千余騎、先陣に三千余騎を相立て、後陣天龍川へ出張《でばり》を構え、信玄勢四万余騎なれば、中々三千余騎にて防ぐべき様なく、一言坂も打やぶられ、天龍川へ引き退く。甲州勢いよいよ勝に乗り、天龍川を越しせめ戦う。家康公御勢は武田方の大軍中々防ぐべき様なし。御旗本も散々に見えにけり。

その時、本多平八郎忠勝、味方勢、殊の外、弱りたるを見て、一先ず浜松城へ引き退き、家康公へ申し上げ候は、武田勢は殊の外大軍なり。これは織田上総之介信長公へ御加勢御頼み遊ばさるべきやと。則ち、もっともと思し召し、信長公へ早打ちにて、大久保次右衛門罷り越し、相頼み候えば、信長公にて、先年の恩ありと思し召し候て、柴田修理亮を大将として、御加勢ありき。

然る時、本多平八郎忠勝、鹿の角打たる兜を居首に着なし、勝色おどしの鎧を着し、栗毛の馬に打ち乗り、十方切の鑓を馬の小脇にかい込み、信玄勢大軍の中へ乗り込みて、かの十方切、渦まくばかりに打ち合い〱相戦いけるに、当たる敵を中天突き上げ、当らざる敵をば大地にどうと石突にて突き伏す。誠に鬼神も及ぶまじくと、本多が武者振り、武田方兵者《つわもの》、馬場美濃守信房、山形（県）三郎兵衛政（昌）景、横田備中守、小幡（畠）山城入道、原五郎、匂坂彈正、三田兵部、多田淡路、山本勘助など、本多平八郎が働きを見て、自らを驚かざる者はなし。

それより武田勢引き退きしなり。その時甲州方より狂歌に、
家康に　過ぎたる者が　二つ有り　唐の頭に　本多平八と読むるなり。

［備考］
著者、編纂時期不明ですが江戸末期か明治の頃かと推定します。江戸で書かれた本ではなく、遠州地方で

書かれた本です。「浜松御在城記」に比べ資料的価値は大きくありませんが、浜松で家康が語り継がれていることに価値があります。

成瀬家文書《なるせけ》　「御由来書」

「見付町の畑年貢・田畑定等の由諸」　延宝二年（一六七四）七月　磐田市史資料編二　近世

信玄公、度々遠州へ御出成され候。駿河通り御出成され候節は、浜松御城へ、早速知らさせられ候様に、合図の煙《のろし》、遠州、小夜の（中）山にて壱ケ所、掛川西の山の上にて壱ケ所、見付東三ケ野坂上にて壱カ所、同西一言坂上にて壱ケ所、のろしを仰せ付けさせられ候に付、信玄公駿州山西へ御出成され候えば、則、小夜の（中）山にて、のろし火を上げ申すに付、それより順々見付町問屋、米屋弥次郎始め、地下の者ども、三ケ野・一言坂にて煙《のろし》立て申し候。

一言坂火《のろし》、浜松御城へは手に取り申す様に相見え申すに付、御神公（家康）様、浜松を御立ち遊ばさせられ、金谷の上、いろう（色尾）、小山の御城、日坂・大井川辺、御巡見遊ばさせられ、御家中衆を御残し置かせられ、先様（家康公）、浜松へ御帰り遊ばせられ候刻《とき》は、見付町弥次郎、地下の者ども罷《まか》り出で、御供仕り、浜松まごめ川端まで御見送り仕り、御城へ入らさせられ候まで見奉り、罷《まか》り帰り申し候。その時分は、袋井の町は御座なく（候）に付、御出陣の御時は　御陣御道具などを持ち、見付町の者ども、金谷、牧之原、何方までも御供仕り、御帰陣の御時は、また浜松まで御見送り申し上げ奉り候。尚また、元亀中、信玄公遠州浅羽の内、芝原と申す所にて、御陣屋成され候に付、同三年十月、御物見として、本多平八郎様、その他の御衆中、見付寄場の上まで御出覧成され候えば、信玄衆、急に押し詰め申すに付、平八郎様は見付より御帰り成され、その時弥九郎始め町中《まちなか》に火をかけ、自燃仕り候。

右にて信玄衆、北の原に御廻り候内には、平八郎様と程隔たり申すべきとのはたらきにて御座候所、然るに信玄衆かけ付け、一言坂にて御合戦に相成り候所、平八郎様御勝利に相成り、信玄公は首尾悪しく候て、二俣へ御引き成され候。

右度々の御合戦に御奉公仕り候故、権現様、御称美在らさせられ、已後、何事に限らず 御上意次第、早々帯刀にて御供仕るべきとの御上意を蒙り、本多平八郎様より仰せ渡し置かれ候由、代々申し伝え候。

［備考］

成瀬家は中世・近世を通して問屋と宿屋を営み、見付宿の有力者でした。この文書は、延宝二年（一六七四）、見付町の問屋太郎兵衛らが、松平市右衛門に提出した「見付町田畑定納諸書上控」の中に記録されています。成瀬家が徳川家のために働いたことを記録し、子孫代々に伝えるために遺したものと考えられます。「遠州浅羽の内、芝原と申す所にて、御陣屋成され候に付」と書かれており、信玄が木原に進出する前日に芝原に一泊したと考えられます。芝原は大井川方向から木原に向う道筋にあります。

また、文書には、信玄の大井川方向からの侵攻に備え、見付町衆が協力して狼煙台が準備されたことや、徳川勢が見付寄場の上まで進出し、武田軍に急に攻めこまれ、町屋に火を付けたことが書かれています。

いずれも戦いの流れに沿った内容であり、貴重な記録として第一章に採用しました。

［付記］小笠原悃望《こんもう》と、仏坂の戦い

近年、元亀年間の高天神城の攻防に関して、いくつかの新説が語られています。

その中で、最も注目する新説は、元亀三年十月の信玄遠州侵攻において、高天神城の小笠原氏助が籠城せずに降伏したとする説です。ただ、この時に信玄に攻略されたとすれば、一年半後に勝頼が攻撃した時の城主が、同じ氏助であることに不自然さが生じます。氏助がこの間に再び徳川に帰順したことになるからです。

私が家康なら三方ヶ原の最大の危機の時、籠城すらせず戦わずして降伏した氏助に、守りの要である高天神城を再び任せることはありえません。氏助は降伏せずに籠城したと考える方が自然です。

ここでは、本書が、なぜ、高天神城が降伏していなかったと位置付けたのかを付記しておきたいと思います。

降伏説の基になっているのは、信玄が書いた書状の存在です。

戦武一九六七号　　「山梨県史」資料編５一八号
不違兼日之首尾各忠節、誠感入存候、於向後者、追日可令入魂存分候、弥戦功専要候、
当城主小笠原悃望候間、明日国中へ進陣、五日之内越天竜川、向浜松出馬、可散三ケ年之鬱憤候、
猶山県三郎兵衛尉可申候、恐々謹言、
十月廿一日　信玄（花押）　道紋（奥平貞勝宛て）

［読み下し］
違わざる兼日（日頃）の首尾（成果）、各（おのおの）忠節、誠に感に入り（感じ入る）存じ候。向後（この後）に於いては、追日（増々）入魂（魂を入れる）存分（十分に）候。弥（いよいよ）戦功（戦での手柄）専要（極めて大切）候。
当城主小笠原（高天神城主・小笠原氏助）悃望（ひたすら願い望む）候間、明日国中（遠江の中心部）へ進陣、五日之内、天竜川を越し、浜松に向い出馬。三ヶ年の鬱憤（不満）を散ず（晴らす）べく候、猶（なお）山県三郎兵衛尉（へも）可申（もうすべく）候、恐々謹言（謹んで申し上げる）、
十月廿一日　信玄（花押）　道紋（奥平貞勝宛て）

なぜ信玄は、徳川から武田に恭順して間もない奥三河の国衆のひとり、道紋（奥平貞勝・山家三方衆奥平家当主定能の父）に、この書状を送ったのでしょうか。そのヒントは十月廿一日の日付にあると考えます。

翌日の十月廿二日は、家康の遠江侵攻時に功があった井伊谷三人衆が、山県勢に大敗した「仏坂の戦い」の日だからです。この戦いは広く知られていませんが、信玄の遠州侵攻における重要な一手でした。

信玄は、この書状を書いた翌日、山県別動隊を南下させ遠江国井平《いだいら》へ攻め込みます。その案内役として、山家三方衆に先鋒を命じていました。道紋は、家康服属を願った嫡子《ちゃくし》・定能《さだよし》を制して武田氏服属を決定し、山家三方衆に影響力を持っていた人物です。信玄は、明日の井平攻撃（仏坂の戦い）を前に、道紋に対して「鬱憤《うっぷん》を散ず」との強い決意を伝えました。さらに「小笠原悃望候間、明日国中《くになか》へ進陣」と記して、氏助が固く籠城していることを伏せて、悃望している（降伏ともとれる表現）とし、圧倒的に優勢な戦いであることを印象付けました。この書状は、徳川から武田に転じて日が浅い山家三方衆に、二心《ふたごころ》無く励むように命じたものであると考えます。文面から、道紋が山県昌景の陣近くにいたことも伺えます。

この誇張した表現は、十一月十九日に、同じく合代島から朝倉義景に送った書状にも見られます。信玄はまだ徳川方の掛川城、久野城、二俣城などが籠城しているにも関わらず、「十日當国へ乱入、敵領不残撃砕」と記しています。

ちなみに、信玄が天竜川を越えたのは、五日の内ではなく二カ月後でした。また、この書状を書いた場所は高天神城付近ではなく、合代島到着後の信玄本陣であると考えます。合代島から山県昌景の陣がある三河国柿本城付近へは、未明に発てば、廿一日の内に道紋に届けることができます。さらに合代島は、浜松城の家康を牽制し、家康が井平に援軍を出せば背後を突いて、挟み撃ちをすることができる位置にあるからです。

結局、家康は、援軍を出すことができず見殺しにすることになり、後々後悔し続けます。

信玄はなぜ「降伏」ではなく「悃望」と表現したのか、「悃望」とは高天神城の降伏を意味するのか、それとも戦術的表現なのか。将来、この分野の研究がさらに進み、この謎が解明されることに期待したいと思います。

おわりに

二〇二二年は、家康と信玄が三方ケ原で戦ってから、四百五十年の節目の年です。「三方ケ原の戦い」の前哨戦の地である磐田市の「一言坂」には、現在、歴史を伝える史跡碑が建てられています。

しかし、戦いの全容を知る人はほとんどいません。「一言坂」をテーマとした研究本は書かれておらず、検索しても得られる情報は限られています。なぜ家康は、退路を断たれる危険を冒して天竜川を渡り、磐田原に多くの兵を進め武田の大軍に近づいたのか。この戦術的に無謀とも言える行動の目的は「偵察」とされ、その動機が検証されることはありませんでした。本書では、その目的が織田信長による「桶狭間の戦い」と同じ、奇襲攻撃を目指したものだったと位置づけました。

奇襲に失敗した家康は、「一言坂」で武田軍に追われて撤退戦となり、続く「二俣城」と「仏坂」では援軍を出すことができず、さらに「三方ケ原」では野戦で大敗しました。信玄との四つの戦いすべてにおいて、圧倒的な武田軍に屈辱的な負けを喫したのです。しかも「一言坂」では、脱糞のおまけまで付いています。

家康生涯の戦いの中で、手も足も出せずに負けたのは武田信玄のみです。あの豊臣秀吉にさえ、小牧・長久手の戦いで、秀吉の大軍をものともせず五分以上に戦いました。

幕府は神君家康の威信を守るために、これらの信玄との戦いにおける家康の関与を和らげ、家康を偶像化しました。そして、敗れはしたものの信玄に果敢に挑戦した若き日の家康として、美化して語り継ぎました。

歴史は、後世の為政者によって、都合よく書き替えられるものです。

歴史の楽しみ方には、現在伝えられている伝承を、創作されたであろう部分を含めて、そのまま受け入れて楽しむ方法と、常に疑問を持って読み解き、本来の姿を推理して楽しむ、二通りがあります。

「三方ケ原の戦い」の時、なぜ家康が浜松城から無謀な野戦に打って出たのか。これは、戦国史上、最大の謎のひとつです。この謎を解こうとする時、その前哨戦である「一言坂」と「二俣城」、そして「仏坂」との関連性を俯瞰的《ふかんてき》に眺め、伝えられていない部分を推理して、真実を見極める作業が必要だと思います。

家康は、三方ケ原で大敗しましたが、信玄との戦いで得た教訓を以降の戦いに活かします。

この後、家康が野戦を得意とするのは、信玄との戦いで戦略や戦術を学び、武田氏滅亡後に多くの武田家臣を抱え込んだからです。家康は、信玄の戦術を負け戦によって学び、「小牧・長久手の戦い」や、天下分け目の「関ヶ原の戦い」に活かして天下統一を果たしました。

私は、ノンフィクションが好きであり、フィクションは苦手です。しかし、一次資料がほとんど遺されていない戦国時代を書こうとすると、不足している部分は、推理を膨らませてフィクションで書くしかありません。

武田信玄の遠州侵攻から四百五十年、「一言坂の戦い」や「仏坂の戦い」が、日常生活の中で語られることがなくなり、人々の記憶から消えようとしています。

忘れ去られようとしているこれらの戦いを、自分なりの形で次世代に伝えようとの思いから、本書を書き進めました。歴史は語り継がなければ、すぐに忘れ去られてしまいます。


「歴史は推理の学問であって、暗記の学問ではない」

歴史学者の高柳光壽氏の言葉です。「歴史推理書」である本書は、推理を積み上げたフィクションであり、基礎研究を積み上げて書いた歴史書ではありません。

本書を読まれた皆さんが戦国時代へ思いを巡らせる一助になることができれば幸いです。

高柳光壽氏は、一九五八年に「戦国戦記・三方原之戦」を出版しました。

この本によって歴史学者を志した小和田哲男氏は、四十年後の二〇〇〇年に「歴史ドキュメント・三方ケ原の戦い」を出版しました。そのあとがきの中で、さらに四十年後の二〇四〇年に、私の研究を乗り越えた「三方ケ原の戦い」が現われることに期待すると記しました。

それから二十年が経過しました。

私も、次世代の「三方ケ原の戦い」像が現われるであろう二十年後に期待しています。

年齢的に、私がその本を目にすることは難しいかもしれませんが、若い世代の奮起に期待したいと思います。


末筆ながら、本書をまとめ上げることができたのは、ボランティアで多くの古文書を読み下していただいた、島田市の木下惠生さんのご協力があったからです。

また、表紙絵は、本多平八郎忠勝が城主となった千葉県大多喜町出身のイラストレーター・福田彰宏さんに手掛けていただきました。福田さんは本文中の挿絵も担当してくださり、私が描いた下絵を華やかなイラストに仕立てていただきました。この挿絵を順に辿れば絵物語になるようになっています。

ここに改めて、ご協力いただきましたお二方に御礼を申し上げます。

終わりに、この難解な本の編集に御尽力頂きました、静岡新聞社出版部の鈴木淳博さんに感謝申し上げます。

令和三年十二月　岡部英一

参照・引用文献一覧

現代訳　甲陽軍鑑　(株)教育社　一九八〇年

三方原之戦(戦国戦記)　高柳光壽/(株)春秋社　一九五八年

定本　徳川家康　本多隆成/吉川弘文館　二〇一〇年

三方ケ原の戦い(歴史ドキュメント)　小和田哲男/(株)学習研究社　二〇〇〇年

孫子　浅野祐一/講談社学術文庫　一九九七年

遠江古蹟圖繪　修訂解説　神谷昌志/明文出版社　一九九一年

武田信玄　四　山の巻　新田次郎/文春文庫　一九七四年

徳川家康　五　うずしおの巻　山岡荘八/講談社　一九八七年

三河後風土記　正説大全　中山和子翻刻・校訂/新人物往来社　一九九二年

改正三河後風土記(上)　桑田忠親監修/秋田書店　一九七六年

三方原の戦いと小幡赤武者隊　岩井良平/文芸社　二〇〇八年

私の手が語る　本田宗一郎/講談社文庫　一九八五年

本田宗一郎伝　中部　博/三樹書房　二〇〇一年

武将たちと駿河・遠江　小和田哲男/清文堂　二〇〇一年

三方原の戦　新書戦国戦記5　高柳光壽/春秋社　一九七七年

原本現代訳　三河物語(上・下)　小林賢章訳/教育社　一九八〇年

参照・引用文献一覧

検証・三方ケ原合戦　小楠和正／静岡新聞社　二〇〇〇年
遠州濵松軍記　浜松市北部公民館古文書同好会　二〇〇四年
浜松の城と合戦　城郭遺産による街づくり協議会／サンライズ出版　二〇一〇年
徳川家康と武田氏
　信玄と勝頼の十四年戦争　本多隆成／吉川弘文館　二〇一九年
図説　武田信玄　平山　優／戎光祥出版　二〇二二年
戦国期東国の大名と国衆　黒田基樹／岩田書院　二〇〇一年
城と武将と合戦と　小和田哲男／静岡新聞社　二〇一五年

著者作品略歴

磐田歴史三部作　①

不味と宗雅と見付宿

岡部英一　著

初版　平成二十七年八月

◆

天明八年（一七八八）九月十八日。

東海道見付宿（現静岡県磐田市）で大名行列同士の、華麗かつ感動的な出会いがあった。

茶車道の師弟である、松江藩主松平治郷（号不昧）と、姫路城主酒井忠以（号宗雅）の出会いである。

姫路市に遺されている古文書から、茶道史に残る二人の見付宿での出会いを紐解く。

緑十字機の記録

岡部英一　著

初版　平成二十七年八月

◆

昭和二十年八月二十日夜。静岡県磐田市の鮫島海岸に一機の飛行機が不時着大破した。

この飛行機は降伏条件を打合せのために、日本の命運を掛けて沖縄まで飛行した「降伏軍使機」である。

戦後七〇年、この不時着は語られる事なく年月の経過に埋もれていった。

緑十字機は何故不時着に至ったのだろうか。日本の命運を分けた七日間の記録。

平成二十八年八月
テレビ朝日「ザ・スクープスペシャル」にて映像化され全国放送、
第五十四回　ギャラクシー賞選奨受賞番組。

磐田歴史三部作　②

緑十字機
決死の飛行

岡部英一　著

初版　平成二十九年六月

◆

昭和二十年八月二十日夜。静岡県磐田市の鮫島海岸に一機の飛行機が不時着大破した。

この飛行機は降伏条件を打合せのために、日本の命運を掛けて沖縄まで飛行した「降伏軍使機」である。

「緑十字機の記録」を、七十ページ書き加えて内容を充実させた作品。

「緑十字機　決死の飛行」と改題して出版。

第十八回　静岡県自費出版大賞　　大賞
第八回　ふるさと自費出版大賞　最優秀ノンフィクション賞

短編歴史ドキュメンタリー

沖縄戦

大田實少将、大君の御旗

岡部英一　著

インターネットブログで全文公開中。

「大田實少将、大君の御旗」で検索して下さい。

◆

昭和二十年六月六日、二十万人が亡くなった沖縄戦終焉の時、海軍守備隊の大田實少将は東京宛てに
「沖縄県民斯ク戦へリ　県民ニ対シ後世特別ノ御高配ヲ賜ランコトヲ」と打電した。

そして六月十二日夜、海軍司令部壕の司令官室で軍艦旗に「沖縄の日没」「昭和二十年六月十二日」

と記し、その筆で壁の前に立ち、「大君の御はたのもとに死してこそ　人と生まれし甲斐ぞありけり」

と書き込んだ後、自決した。

この時、司令官室内には二枚の大きな御旗（軍艦旗と少将旗）が存在していた。

自決の二日後、壕内に入った米軍のウイリアムズ中佐達は、一枚の大きな旗（軍艦旗）を発見し回収した。

そして、二か月余り後の八月二十八日、再び壕内に入ったパーシー中佐達は、遺体近くの棚に置かれた
もう一枚の大きな旗（少将旗）を発見し回収した。その旗は爆風と漏水にさらされ痛みが激しかった。

戦後六十六年目に祖国へ戻った少将旗と、御旗のもとに沖縄を護って自決した太田實少将の思いを描く。

※軍艦旗は現在所在不明、少将旗は呉市大和ミュージアム所蔵。

司令部壕から回収された軍艦旗

磐田歴史三部作　③

武田信玄、遠州侵攻す

一言坂の戦い

岡部英一　著

初版令和三年十二月

◆

侵す信玄、抗う家康。

三方ヶ原の戦い450年。

本多平八郎忠勝、一言坂に戦う。

家康は、なぜ天竜川を渡り、武田の大軍に近づいたのか。

桶狭間から信玄の死まで、家康12年間の戦いを描く。

本多平八郎と本田宗一郎、どこか似ている響きの名前です。本田宗一郎は、明治三十九年、三方ケ原台地の北に位置する磐田郡光明村船明（現浜松市天竜区船明）に生まれました。私（著者）と同郷であり、生家はすぐ近くです。宗一郎の祖父寅市は、江戸末期に生まれ、講談が大好きでした。明治八年「平民苗字必称義務令」により、「本田」姓とし、家紋は、平八郎と同じ「立葵」としました。寅市は、家長として初孫に、強い武将「本多平八郎」にあやかって、宗一郎と命名したのではと思います。その寅市が話してくれた「一言坂の戦い」の演目は、宗一郎のお気に入りの合戦話だったことでしょう。

私はおじいさん子だった。祖父のふところのぬくもりは幼い頃の私にとって、まことに親しいものであった。浜松の北側に当たる三方ケ原台地は戦国時代、武田信玄の甲州軍と織田信長・徳川家康の連合軍が戦った、三方ケ原の合戦で有名なところだ。郷里の村からは五里（二十キロ）とは離れていないから、戦国の歴史は明治の庶民の暮らしの中にも語りつがれていた。

夜の闇の中で、祖父の体温に包まれながら合戦の話を聞く。大音声に名乗りをあげつつ、つぎつぎに登場する武将、豪傑たちにあこがれているうちに、遊び疲れていた私はいつのまにか眠りにおちていったものだ。おじいさんの話には結末がない。だから私はまた同じ話をねだるのだった。

本田宗一郎著「私の手が語る」肌のぬくもり　より

岡部英一（おかべ　えいいち）

著者略歴

1951年、静岡県磐田郡光明村船明（現・浜松市天竜区船明）生まれ。
浜松工業高校電気科卒業後、メーカー勤務を経て、定年退職後に
歴史豊かな地元磐田市の、郷土史の掘り起しに取り組む。
「不昧と宗雅と見付宿」、「緑十字機決死の飛行」に続く本書にて、
「磐田歴史三部作」の完成となる。

作品履歴

平成二十五年六月　「不昧と宗雅と見付宿」出版
平成二十七年八月　「緑十字機の記録」出版
平成二十八年八月　テレビ朝日「緑十字機、決死の飛行」と題して
全国放送
平成二十八年度ギャラクシー賞選奨受賞番組
平成二十九年六月　「緑十字機 決死の飛行」と改題し出版
第十八回　静岡県自費出版大賞　大賞受賞
第八回　ふるさと自費出版大賞　最優秀ノンフィクション賞受賞

一言坂の戦い 武田信玄、遠州侵攻す

令和三年十二月十五日　初版発行
令和四年七月七日　二刷発行

著者・発行者　岡部英一　静岡県磐田市緑ケ丘
制作・発売元　静岡新聞社
〒四二二－八〇三三
静岡市駿河区登呂三－一－一
電話　〇五四（二八四）一六六六
印刷・製本　藤原印刷株式会社